Abogados, sociedad y derecho de interés público

Las obligaciones sociales de los abogados y el trabajo pro bono

BIBLIOTECA UNIVERSITARIA
Ciencias Sociales y Humanidades

NUEVO PENSAMIENTO JURÍDICO

Colección dirigida por Daniel Bonilla Maldonado
y Jorge González Jácome

Abogados, sociedad y derecho de interés público

Las obligaciones sociales de los abogados y el trabajo pro bono

Scott L. Cummings
David Luban
Deborah L. Rhode

Estudio preliminar
Daniel Bonilla Maldonado

Siglo del Hombre Editores

Universidad de los Andes
Facultad de Derecho

INSTITUTO PRO BONO

Luban, David
   Abogados, sociedad y derecho de interés público: las obligaciones sociales de los abogados y el trabajo pro bono / David Luban, Deborah L. Rhode, Scott L. Cummings; traducción Carlos Morales de Setén Ravina; prologuista Daniel Bonilla Maldonado. – Bogotá: Siglo del Hombre Editores: Universidad de los Andes: Instituto Pro Bono, 2016.
   296 páginas; 18 cm. – (Nuevo pensamiento jurídico)
   1. Derecho como profesión 2. Abogados - Ética profesional 3. Abogados - Aspectos sociales 4. Abogados - Práctica profesional - Aspectos morales 5. Ética legal I. Rhode, Deborah L, auto II. Cummings, Scott L, autor III. Morales de Setén Ravina, Carlos, traductor IV. Bonilla, Daniel, prologuista V. Tít. VI. Serie.
   347.069 cd 21 ed.
   A1547927

                CEP-Banco de la República-Biblioteca Luis Ángel Arango

Artículos originales

© David Luban, "Lawyers as Upholders of Human Dignity (When They Aren't Busy Assaulting It)", 2005 *U. Ill. L. Rev.* 815-845. By permission.

© Deborah L. Rhode, "Lawyers as Citizens", 50 *William & Mary Law Review* 1323 (2009). By permission.

© Scott Cummings, "The Politics of Pro Bono", *UCLA Law Review*, Vol. 52, No. 1 (2004). By permission.

© Scott Cummings and Deborah L. Rhode, "Managing Pro Bono: Doing Well by Doing Better", 78 *Fordham Law Review* 2357 (2010). By permission.

© La presente edición, 2016

© De la traducción, Carlos Morales de Setién Ravina

© Del estudio preliminar, Daniel Bonilla Maldonado

© Siglo del Hombre Editores
http://libreriasiglo.com

© Universidad de los Andes | Vigilada Mineducación
Reconocimiento como Universidad: Decreto 1297 del 30 de mayo de 1964.
Reconocimiento personería jurídica: Resolución 28 del 23 de febrero de 1949 Minjusticia.
www.uniandes.edu.co

© Instituto Pro Bono
www.probono.org.br

Portada
Amarilys Quintero

Armada electrónica
David Reyes

ISBN: 978-958-665-418-0
(Colección) ISBN: 978-958-665-000-6

Impresión
Nomos Impresores
Diagonal 18Bis n.º 41-17, Bogotá D. C.

Impreso en Colombia - Printed in Colombia

ÍNDICE

LAS OBLIGACIONES SOCIALES DE LOS ABOGADOS
   Y EL TRABAJO PRO BONO 11
   Daniel Bonilla Maldonado

I.   Introducción 13
II.   El concepto transnacional de trabajo
      jurídico pro bono 19
III. Los fundamentos del trabajo jurídico
      pro bono 27
IV.   Las críticas y las posibles respuestas 37
V.   El trabajo pro bono en Latinoamérica y la
      relevancia de Luban, Rhode y Cummings 50

LOS ABOGADOS COMO CIUDADANOS 59
   Deborah L. Rhode

I   63
II   66
III   74

LOS ABOGADOS COMO DEFENSORES DE LA
DIGNIDAD HUMANA (CUANDO NO ESTÁN
OCUPADOS ATACÁNDOLA) 81
  David Luban

I.   La dignidad humana y el derecho a un
     abogado: el argumento de Alan Donagan 89
II. Paternalismo hacia los clientes 99
III. Dignidad humana, confidencialidad
     y derecho a declararse culpable 111
IV. La dignidad humana como no humillación.... 126
V.   El pro bono y sus críticos 130

LA POLÍTICA DE LA PRÁCTICA PRO BONO 141
  Scott L. Cummings

I.   La institucionalización de la práctica
     pro bono 143
II. La nueva arquitectura de los servicios
     pro bono 151
     Colaboración 151
     Eficiencia 160
     Rendición de cuentas..................................... 167
III. Pro bono y bien público 171
     Posibilidad... 171
     Tensión... 173
     Limitaciones 176

GESTIONAR EL PRO BONO: QUE TE VAYA BIEN
  HACIÉNDOLO MEJOR... 195
  Scott L. Cummings y Deborah L. Rhode

I.   Diseño de la investigación 199
II. La institucionalización de los programas
     pro bono: causas y consecuencias 201
     Causas 202

Consecuencias 206

¿Calidad? 213

III. Diseño, coordinación y evaluación de
programas pro bono 214

Estructura organizativa.................................. 215

Políticas.. 220

Obligaciones de información y evaluación 233

La nueva economía del trabajo pro bono....... 249

IV. El pro bono en la práctica: poder,
profesionalismo y la posibilidad
de la reforma... 267

La función del consejero pro bono 267

La relación funcional del pro bono con
el despacho 279

Modificación de los incentivos 287

V. Conclusión... 293

LAS OBLIGACIONES SOCIALES DE LOS ABOGADOS Y EL TRABAJO PRO BONO

Daniel Bonilla Maldonado[*]

* Profesor de la Facultad de Derecho, Universidad de los Andes.

I. INTRODUCCIÓN

Los abogados tienen dos tipos de obligaciones profesionales en las democracias liberales. Las primeras son obligaciones contractuales que exigen que los abogados representen ética y competentemente a sus clientes. Estas obligaciones incluyen múltiples dimensiones de las relaciones bilaterales que los abogados tienen con las personas a quienes representan o asesoran: desde el secreto profesional hasta el cobro de honorarios equitativos, pasando por la defensa leal de sus intereses. Las obligaciones profesionales, por tanto, precisan cuáles son las tareas que deben realizar los abogados (y cómo deben realizarlas) cuando litigan o aconsejan a terceras personas. Los contenidos precisos de estas obligaciones, los procedimientos que deben adelantarse para determinar si han sido violados y las sanciones que deben imponerse en caso de su efectiva transgresión son típicamente determinados por los ordenamientos jurídicos[1] o por los colegios de abogados.[2] Los códigos de ética profesional, no importa si su origen es público o privado, generalmente se estructuran alrededor de este tipo de obligaciones.

Esta clase de deberes profesionales también contribuye a crear la imagen que las personas del común tienen de los abogados y del trabajo que realizan. Es usual que los ciudadanos conciban al abogado como a un profesional liberal que representa intereses particulares y que asuman que debe hacerlo siguiendo los estándares morales y técnicos establecidos por la disciplina. La imagen social estándar proyectada por los abogados es por lo común poco positiva y se construye a partir del supuesto incumplimiento de estos deberes profesionales.[3] Los abogados, se da por hecho, entre otras cosas, violan el secreto profesional, cobran honorarios desmedidos y sirven a sus intereses y no a los de sus clientes. La literatura académica en materia de ética profesional no escapa a la fuerza centrípeta que ejerce este tipo de obligaciones. Una parte sustancial de las publicaciones especializadas en esta área se concentran en el análisis y la crítica de los deberes que tienen los abogados para con sus clientes.[4]

---

[1] En Colombia, por ejemplo, el Estado expidió el Código de Ética del Abogado mediante la Ley 1123 de 2007.

[2] Véanse, por ejemplo, las reglas y comités de aplicación de las reglas éticas que controlan a los abogados de la American Bar Association, (http://www.americanbar.org/groups/professional_responsibility/committees_commissions.html).

[3] Cynthia Fuchs Epstein, "Stricture and Structure: The Social and Cultural Context of Pro Bono Work in Wall Street Firms", *70 Fordham Law Review* 1689 (2002), p. 1693.

[4] La literatura en América Latina sobre las obligaciones sociales y el trabajo pro bono, por ejemplo, es muy escasa. Uno de los pocos profesores de derecho que se han ocupado del tema es Martín Böhmer. Véase, Martin Böhmer, "Igualadores retóricos: las profesiones del derecho y la reforma de justicia en la Argentina", 15 *Cuadernos*

Es común, por tanto, que estas publicaciones tengan como fin aclarar sus contenidos, precisar sus relaciones y examinar los retos prácticos que genera su aplicación.

Las segundas, las obligaciones sociales de los abogados, establecen los deberes que los profesionales del derecho tienen para con su comunidad política. Estas obligaciones están construidas por tres aristas que se complementan: por un lado, los abogados deben servir de intermediarios entre los intereses de sus clientes y los intereses de la sociedad.[5] Unos y otros no siempre son complementarios. En ocasiones, entran en conflicto. En consecuencia, los abogados deberían hacer explícitas estas tensiones, precisar que los intereses de sus clientes no siempre deben prevalecer, ofrecer, cuando sea posible, alternativas que permitan su adecuada ponderación y, cuando no lo sea, señalarles a sus clientes que los intereses sociales deberían priorizarse sobre su autointerés.[6] En los conflictos entre el interés particular y los intereses sociales, estos últimos deberían prevalecer. Así, por ejemplo, los abogados tendrían la obligación de hacer explícito que el interés que tiene un cliente en adelantar un proyecto minero en un ecosistema particularmente sensible puede afectar negativamente el medio ambiente

---

de *Análisis Jurídico*, Escuela de Derecho, Universidad Diego Portales, Santiago, Chile (2003), p. 187. Martín Böhmer, "Trabajando como si no pasara nada: las obligaciones del derecho en sociedades desiguales", *Jurisprudencia Argentina*, SJA 24/2/2010 (2010).

[5] Robert L. Nelson & David M. Trubek, "New Problems and New Paradigms in Studies of the Legal Profession", en *Lawyers' Ideals/ Lawyers' Practices: Transformations in the American Legal Profession* (Robert L. Nelson *et al.*, eds., 1992), pp. 177, 181.

[6] Russell G. Pearce, "Lawyers as America's Governing Class: The Formation and Dissolution of the Original Understanding of the American Lawyer's Role", 8 *U. Chi. L. Sch. Roundtable* 381 (2001), p. 381.

o que la interposición mecánica de recursos judiciales puede debilitar la administración de justicia.

Por otro lado, los abogados deben contribuir en el diseño, consolidación y conservación del Estado de derecho.[7] Los abogados han tenido y deben tener un papel central en la articulación de las instituciones y normas jurídicas que constituyen la columna vertebral de la esfera pública de una democracia liberal. Los abogados, dado el conocimiento especializado que controlan, deben contribuir, entre otras cosas, en la redacción de las leyes y decretos, la articulación y promoción de las entidades estatales encargadas de su aplicación y la defensa del autogobierno como elemento central de la forma de gobierno con la que está comprometida una democracia liberal. El discurso jurídico es altamente técnico y está controlado por un grupo relativamente pequeño de individuos: aquellos que se formaron en la disciplina y que son reconocidos por el Estado o sus pares como capacitados para ponerla en práctica. No obstante, paradójicamente, este discurso es necesario para la construcción de la estructura básica de la comunidad política. El derecho genera efectos individuales y colectivos a los que ningún ciudadano puede escapar. Un ejemplo que ilustra este tipo de obligaciones sociales es el papel que jugaron en América Latina abogados como Andrés Bello, Dalmacio Vélez Sarsfield y Augusto Texeira de Freitas.[8] Estos tres abogados fueron centrales en la construcción del derecho civil latinoamericano y, por tanto, en la construcción y consolidación de una parte central de los Estados-nación de la región.

---

[7] Deborah Rhode, "Lawyers as Citizens", 50 *Wm. & Mary L. Rev.* 1323 (2008-2009), pp. 134-135.

[8] Nelly Dora Louzan de Solimano, "El romanismo de los juristas latinoamericanos: Dalmacio Vélez Sarfield". *Derecho PUCP* 40 (2013).

Finalmente, los abogados deben contribuir a la materialización del derecho al acceso a la justicia de las personas que no tienen la posibilidad de contratar a un abogado para que represente sus intereses.[9] La justicia, estabilidad y prosperidad de la comunidad política depende en parte de que cualquier ciudadano pueda acudir ante los tribunales y la rama ejecutiva para exigir que cesen, castiguen o compensen las violaciones a sus derechos.[10] Estos no son más que reglas y principios de papel si no pueden reclamarse ante los jueces y la Administración. El derecho al acceso a la justicia, en consecuencia, contribuye a que los conflictos sean resueltos pacíficamente y a que las personas se sientan incluidas plenamente en la comunidad política. El paso del estado de naturaleza al estado civil o político pretende alcanzar este objetivo.[11] El Estado, según la teoría contractualista, que es central en la justificación del liberalismo, fue creado por los asociados como un tercero imparcial para proteger los derechos de las personas y solucionar los problemas de violencia e inestabilidad que surgen con

---

[9] Deborah L. Rhode, *Essay: The Pro Bono Responsibilities of Lawyers and Law Students*, 27 *William Mitchell Law Review* 1201 (2000), pp. 1201-1215.

[10] Mauro Cappelletti y Bryant Garth afirman que "... el derecho a un acceso efectivo [a la justicia] se reconoce cada vez más como un derecho de importancia primordial [...], ya que la posesión de derechos carece de sentido si no existen mecanismos para su aplicación efectiva. El acceso a la justicia se puede considerar, entonces, como el requisito más básico —el 'derecho humano' más fundamental— en un sistema legal igualitario, que pretende garantizar y no solamente proclamar los derechos de todos". Véase Mauro Cappelletti & Bryant G. Garth, *El acceso a la justicia: la tendencia en el movimiento mundial para hacer efectivos los derechos* (México, D. F., Fondo de Cultura Económica, 1996), pp. 12-13.

[11] David Boucher & Paul Kelly, eds., *The Social Contract from Hobbes to Rawls* (New York, Routledge, 1994).

su transgresión.[12] Este tercer tipo de obligaciones sociales puede concretarse de diversas formas. Tres de ellas son la abogacía de oficio,[13] los consultorios jurídicos[14] y el trabajo jurídico pro bono.[15] La primera se da cuando los tribunales obligan a los abogados a representar a clientes de bajos recursos económicos. Los segundos, cuando los estudiantes voluntariamente, u obligados por el Estado o las universidades en las que están inscritos, prestan servicios jurídicos gratuitos bajo la supervisión de un profesor. La tercera, poco conocida en América Latina, será el objeto de estudio de este ensayo preliminar.

Los dos fines de este escrito, en consecuencia, son los siguientes: analizar críticamente la estructura básica del discurso que articula y promueve el trabajo jurídico pro bono y examinar la manera como este se conecta con

---

[12] Thomas Hobbes, *Leviatán* (Buenos Aires, Editorial Losada, 2003), pp. 127-132 y John Locke, *Dos ensayos sobre el gobierno civil* (Buenos Aires, Espasa Calpe, 1991), pp. 205-213.

[13] Carlos Álvarez Rodríguez y Javier Martín García (coords.), *La justicia gratuita: guía del abogado de oficio* (Valladolid, Fundación Lex Nova, 2010), y Defensoría del Pueblo, *Investigación, defensa de oficio*, Oficina en Colombia del Alto Comisionado de las Naciones Unidas para los Derechos Humanos, Defensoría del Pueblo, *XX Informe del defensor del pueblo al Congreso de la República, 20 de julio de 2013*. Disponible en http://www.defensoria.org.co/red/anexos/pdf/02/20_informe_congreso_II.pdf.

[14] Frank S. Bloch, *Access to Justice and the Global Clinical Movement*, 28 *Washington University Journal of Law and Policy* 111 (2008), p. 126; Felipe González, *La enseñanza clínica en derechos humanos e interés público en Sudamérica* (2004). Disponible en http://biblio.juridicas.unam.mx/libros/5/2466/19.pdf; y Erika Castro-Buitrago, Nicolás Espejo-Yaksic, Mariela Puga & Marta Villareal, "Clinical Legal Education in Latin America", en *The Global Clinical Movement: Educating Lawyers for Social Justice* (Frank S. Bloch, ed., Oxford, Oxford University Press, 2011).

[15] Lucie E. White, "Pro Bono or Partnership: Rethinking Lawyers' Public Service Obligations for a New Millennium", 50 *Journal of Legal Education* 134 (2000), p. 140.

las obligaciones sociales de los abogados. El escrito, por tanto, busca introducir a los abogados y estudiantes de derecho al tema del trabajo pro bono, hacer explícitas sus fortalezas y debilidades y hacer evidente su relevancia para América Latina. Para cumplir con estos objetivos, este ensayo preliminar se divide en cuatro partes. En la segunda parte, que le sigue a esta introducción, examino los componentes del concepto transnacional dominante de trabajo pro bono. En esa sección analizo el contenido del concepto y, por tanto, el sentido que usualmente se les da a los elementos que lo estructuran. En la tercera sección presento las razones de principio y estratégicas que fundamentan las labores pro bono. Así, en esa sección analizo los argumentos que utilizan los abogados para justificar el discurso transnacional de trabajo pro bono. En la cuarta examino las críticas que se le hacen a este tipo de labor jurídica y las posibles respuestas a estas objeciones. En la última sección de este ensayo preliminar indico la relevancia del discurso y la práctica pro bono para América Latina y señalo cómo el trabajo de los tres autores que se traducen en este libro, Deborah Rhode, David Luban y Scott Cummings, puede ayudar a iluminar la teoría que lo justifica y la práctica que lo hace realidad. El trabajo de estos tres profesores de derecho estadounidenses constituye un referente ineludible para la comprensión y el análisis crítico de las obligaciones sociales de los abogados, en general, y del trabajo jurídico pro bono, en particular.

II. El concepto transnacional de trabajo jurídico pro bono

El discurso que articula y promueve el trabajo jurídico pro bono es un discurso transnacional que nombra al conjunto de servicios jurídicos gratuitos e institucionalizados que prestan voluntariamente los abogados a personas de bajos recursos socioeconómicos, a las organizaciones que promueven sus intereses o al interés público.[16] Este discurso, aunque tiene como fuente primordial a las grandes firmas de abogados estadounidenses,[17] circula y se promueve en los materiales y páginas de internet de las principales organizaciones comprometidas con el trabajo jurídico pro bono, entre otras, la Red Pro Bono Internacional,[18] el Vance Center for International

---

[16] La Declaración Pro Bono de las Américas, por ejemplo, define el trabajo pro bono de la siguiente manera: "Los abogados tienen la responsabilidad de prestar servicios legales *pro bono*. Esta responsabilidad se deriva de la función de la profesión en la sociedad, y de su compromiso implícito con un sistema legal justo y equitativo. Para los propósitos de esta Declaración, *pro bono* significa prestar servicios legales gratuitamente o sin la expectativa de recibir pago, y que benefician principalmente a personas o comunidades pobres o menos privilegiadas y a las organizaciones que los asisten. Estos pueden incluir la representación y asesoría de personas, comunidades u organizaciones en temas de interés público, que de otra manera no las obtendrían de una manera efectiva. Además, los servicios legales *pro bono* también pueden beneficiar a instituciones cívicas, culturales y educativas que sirvan al interés público y que de otra manera tampoco obtendrían representación y asesoría efectiva. Los servicios legales *pro bono* deben ser prestados con la misma calidad profesional con que se prestan los servicios remunerados y en cumplimiento de las normas y estándares éticos aplicables". Disponible en http://www2.nycbar.org/citybarjusticecenter/pdf/ PBDA_Text_Castellano.pdf. Véase también Fiona McLeay, The Legal Profession's Beautiful Myth: Surveying the Justifications for the Lawyer's Obligation to Perform Pro Bono Work, 15 *International Journal of the Legal Profession* 249 (2008) y Deborah L. Rhode, *supra* nota 9.

[17] Estados Unidos ha sido líder en la articulación y promoción del trabajo pro bono en el mundo. Deborah L. Rhode, *Access to Justice* (Oxford, Oxford University Press, 2004), y Marlene Coir, "Pro Bono and Access to Justice in America: A Few Historical Markers", 90 *Michigan Bar Review* 54 (2011).

[18] http://www.pilnet.org/public-interest-law-resources.html.

Justice,[19] el Global Network for Public Interest Law (PILnet),[20] la Fundación Pro Bono Chile,[21] la Fundación Pro Bono Colombia[22] y la Comisión de Interés Público y Trabajo Pro Bono de Argentina.[23] Este discurso también aparece en la Declaración Pro Bono de las Américas,[24] que hasta 2015 había sido firmada por aproximadamente quinientas firmas que reúnen alrededor de diez mil abogados de todo el continente americano.[25]

Los contenidos del concepto de trabajo pro bono promovido por este discurso transnacional pueden dividirse en tres partes: quién presta el servicio, cómo se presta y quiénes son sus destinatarios. El pro bono se entiende como un servicio jurídico que prestan únicamente los abogados.[26] En esta medida, el concepto excluye los servicios jurídicos gratuitos que ofrecen personas que no son reconocidas como miembros de la disciplina por el Estado o los colegios de abogados. El concepto trans-

---

[19] http://www.vancecenter.org/vancecenter/index.php/library/publications.

[20] http://www.pilnet.org/public-interest-law-resources.html.

[21] http://www.probono.cl/publicaciones/documentos/.

[22] http://probono.org.co/servicios/guias-para-abogados-probono/.

[23] http://www.probono.org.ar/declaracion-pro-bono.php y http://www.probono.org.ar/compromiso-de-buenas-practicas-pro-bono.php.

[24] Una versión completa de la Declaración se puede encontrar en http://www.vancecenter.org/vancecenter/images/stories/pdfs/English.pdf y http://redprobono.org/declaracion-pro-bono-para-las-americas/.

[25] Cyrus R. Vance Center for International Justice. *Pro Bono Partnerships*. Disponible en http://www.vancecenter.org/vancecenter/index.php/our-partners/pro-bono-partnerships (última fecha de consulta: 4 de agosto de 2015).

[26] Fiona McLeay, "The Legal Profession's Beautiful Myth: Surveying the Justifications for the Lawyer's Obligation to Perform Pro Bono Work", 15 *International Journal of The Legal Profession* 249 (2008), p. 249.

nacional de trabajo pro bono solo nombra a aquellos individuos que han cumplido con los requisitos previamente establecidos para hacer parte de la profesión, por ejemplo, estudios universitarios, exámenes y prácticas. Así, el trabajo jurídico gratuito que pueden adelantar líderes comunitarios, organizaciones sociales y funcionarios públicos que dominan el lenguaje jurídico, pero no son miembros de la profesión, estaría excluido del concepto transnacional que se examina en este texto.

El concepto de trabajo pro bono, además, hace referencia únicamente a actividades jurídicas que adelantan los abogados en procura del bienestar común.[27] En consecuencia, este concepto solo nombra actividades de litigio y asesoría que están directamente relacionados con el saber legal. En esta medida, no comprende otro tipo de actividades que los abogados en ocasiones adelantan en bien de la comunidad o del interés público, por ejemplo, donar dinero a causas sociales, participar en las juntas directivas de organizaciones sociales o colaborar directamente en el desarrollo de actividades comunitarias, por ejemplo, estructurar o liderar organizaciones barriales que promueven actividades políticas locales y de defensa del patrimonio público.[28]

Los servicios jurídicos que prestan los abogados deben tener las siguientes tres características: ser gratuitos,

---

[27] Véase, por ejemplo, "El trabajo pro bono en Colombia, 2009-2012" (en adelante, Informe-Colombia), secciones III.A y III.A.1; "El trabajo pro bono en Chile, 2000-2014" (en adelante, Informe-Chile), sección III.B, y "El trabajo pro bono en Argentina, 2000-2015" (en adelante, Informe-Argentina), secciones III.A.2. Estos tres informes se publicaron en Daniel Bonilla *et al.*, *Los mandarines del derecho: análisis cultural, trasplantes jurídicos y el trabajo jurídico pro bono en América Latina* (Bogotá: Siglo del Hombre Editores, 2016).

[28] Deborah L. Rhode, Deborah L. Rhode, Cultures of Commitment: Pro Bono for Lawyers and Law Students, 67 *Fordham Law Review* 2415 (1999), p. 2421.

voluntarios e institucionalizados. Para el discurso transnacional que se analiza en este texto, el pro bono es una clase de trabajo que no debe generar ningún tipo de remuneración para quienes lo prestan.[29] En cuanto que este es un servicio mediante el cual los abogados laboran por el bien de la sociedad, la compensación que reciben debe ser solo simbólica, el reconocimiento de su comunidad, o indirecta: entre otras, la proyección de una imagen social positiva o el reclutamiento de abogados talentosos. Estos servicios jurídicos gratuitos, además, no deben ser impuestos por el Estado o los colegios de abogados.[30] Uno y otros, claro, pueden promover su realización entre los miembros de la disciplina. No obstante, el desarrollo de este tipo de actividades deber ser consecuencia del reconocimiento que hace cada abogado de las obligaciones sociales que tienen quienes pertenecen a la profesión.[31] En consecuencia, el concepto transnacional dominante de trabajo pro bono está en desacuerdo con las decisiones que han tomado algunas jurisdicciones, como la del estado de Nueva York, que ha hecho obligatorio que todos los abogados realicen cincuenta horas de labores pro bono anualmente.[32]

Finalmente, los servicios jurídicos gratuitos que prestan voluntariamente los abogados deben ser parte integral de sus actividades profesionales para que puedan

---

[29] Lucie E. White, *supra* nota 15, p. 140 y Fiona McLeay, *supra* nota 26, p. 259.

[30] Deborah L. Rhode, *supra* nota 28, p. 2426 y Deborah L. Rhode, *Pro Bono in Principle and in Practice* 7-12 (Stanford Law School, Public Law Working Paper n.° 66, 2003), disponible en http://ssrn.com/abstract=458360 o http://dx.doi.org/10.2139/ssrn.458360.

[31] Véanse, por ejemplo, Informe-Colombia, sección III.A; informe-Chile, sección III.B, e Informe-Argentina, sección III.A.2.

[32] Véase https://www.nycourts.gov/attorneys/probono/baradmissionreqs.shtml.

ser considerados como pro bono por el discurso transnacional.[33] Consecuentemente, este tipo de labores se distinguen de las que los muchos abogados han desarrollado históricamente de manera individual, ocasional e informal a favor de personas de bajos recursos socioeconómicos. El trabajo pro bono que nombra este discurso, por ende, debe hacer parte de las estructuras organizacionales de las firmas de abogados: estas deben incluir políticas que precisen los fines y los medios para alcanzarlos, recursos humanos encargados de su administración y los recursos económicos necesarios para su adecuada gestión. El discurso transnacional promueve una estructura institucional tripartita para gestionar el trabajo pro bono que hace cada una de las firmas: coordinador pro bono, socio pro bono y comité pro bono. Usualmente, esta estructura administra los casos que son enviados por las organizaciones que median entre la oferta y la demanda de servicios jurídicos gratuitos (*clearing houses*), como las Fundaciones Pro Bono Chile y Colombia y el Vance Center.[34]

El concepto transnacional dominante de trabajo pro bono no excluye la posibilidad de que los abogados independientes realicen este tipo de labor. Sin embargo, conceptual y empíricamente está ligado a las firmas de abogados.[35] El discurso parte de la premisa de que las empresas jurídicas son aquellas que tienen los recursos económicos y humanos para adelantar de manera continua y

---

[33] Scott L. Cummings, *Access to Justice in the New Millenium: Achieving the Promise of Pro Bono*, 32 *Human Rights* 6 (2005), p. 6.

[34] Véase The Committee on Inter-American Affairs, The Association of the Bar of the City of NY, "Report on the Buenos Aires Conference on Pro Bono and Access to Justice", 57 *The Record* 479 (2002).

[35] Jolie L. Justus, "Using Business Strategies and Innovative Practices to Institutionalize pro bono in Private Law Firms", 72 UMKC *Law Review* 365 (2003), p. 365.

sistemática este tipo de labor.[36] Este concepto, además, fue articulado por las grandes firmas de abogados estadounidenses, las organizaciones sociales que estas han creado para su promoción, como el Vance Center, y posteriormente por las grandes empresas jurídicas europeas, latinoamericanas, asiáticas y africanas. El pro bono, tal y como se concibe en el discurso transnacional, es una creación de las grandes firmas de abogados del mundo.

El concepto transnacional de trabajo pro bono precisa quiénes pueden ser sus beneficiarios. El primer sujeto en beneficio de quien se destina este tipo de labor son las personas de bajos recursos socioeconómicos.[37] En consecuencia, las labores pro bono deben prestarse a personas que no tienen la posibilidad de contratar un abogado. El pro bono no debería convertirse en un instrumento para conseguir nuevos clientes pro lucro. Es por ello que las casas de derivación de casos pro bono típicamente hacen un análisis de la capacidad económica de los posibles clientes antes de admitir sus solicitudes. Organizaciones, como el Vance Center, la Fundación Pro Bono Colombia, la Fundación Pro Bono Chile y la Comisión de Trabajo Pro Bono e Interés Público de Argentina sirven como mediadoras entre la oferta y la demanda de servicios jurídicos gratuitos.[38] Ellas son quienes reciben

---

[36] Scott L. Cummings, "The Politics of Pro Bono", 52 *Ucla Law Review* 33 (2004), p. 41.

[37] *Ibid.*, pp. 1, 4.

[38] La misión de la Fundación Pro Bono Chile incluye promocionar "la práctica del *pro bono* entre los actores de la profesión, como una contribución del sector privado al mejoramiento del acceso a la justicia, a través de encuentros, seminarios, talleres y charlas" (en http://www.probono.cl/fundacion/mision/). La "Comisión nació en diciembre de 2000 por iniciativa de un grupo de socios del Colegio de Abogados de la Ciudad de Buenos Aires, con el fin de canalizar y estimular el servicio de los abogados vinculado a temas de interés público" (en http://www.probono.org.ar/la-comision.php).

las solicitudes de los clientes potenciales, quienes las examinan y admiten, y quienes posteriormente las envían a las firmas afiliadas para que estas les asignen un abogado. Todas ellas incluyen como uno de sus criterios de selección de casos el socioeconómico.

El segundo posible destinatario del trabajo pro bono son las organizaciones sociales que promueven y defienden los intereses de las personas que pertenecen a estratos socioeconómicos bajos. El concepto transnacional de trabajo pro bono considera útil que los abogados sirvan a las organizaciones que atienden a los sectores sociales desfavorecidos. Mediante los servicios jurídicos gratuitos que los abogados les prestan, se argumenta, se puede generar un efecto multiplicador. Apoyar a una organización es apoyar indirectamente a quienes se benefician de sus actividades. Los temas que usualmente trabajan las firmas de abogados cuando asesoran o representan a organizaciones sociales tienen que ver con su constitución como personas jurídicas, la reforma de sus estatutos, asuntos tributarios o conflictos laborales con sus empleados. En contraste, cuando asesoran o representan a un individuo tienen que ver con cuestiones penales, laborales, civiles o de familia que los afectan de manera directa.[39]

"La Fundación Pro Bono Colombia, busca la consolidación de una cultura *pro bono* entre los abogados colombianos a través de la creación de un espacio inclusivo para la vinculación de profesionales del derecho quienes, comprometidos con la responsabilidad social, voluntariamente donen su tiempo de trabajo para facilitar el acceso a la justicia de la población más vulnerable en nuestro país" (en http://probono.org.co/quienes-somos/nuestra-organizacion/vision/). Véase también http://www.vancecenter.org/vancecenter/index.php/what-we-do.

[39] Scott Cummings, *supra* nota 33 p. 10; véase también Informe-Colombia, sección III.D.8; Informe-Chile, sección III.D.6, e Informe-Argentina, sección III.C.6.

Finalmente, el concepto transnacional de trabajo pro bono señala que esta labor puede hacerse en defensa del interés público.[40] El concepto transnacional, no obstante, no precisa qué se debe entender por *interés público*. En la medida en que esta es una noción que tiene una textura abierta, puede llenarse de contenido de diversas maneras, por ejemplo, la defensa de los intereses de la mayoría o la defensa del Estado de derecho. Sin embargo, en la práctica pro bono, la noción de *interés público* usualmente se ha asociado con la idea de cambio social estructural por medio del derecho. Así, mientras los casos individuales que llevan las firmas y que les envían las organizaciones de derivación de casos tienen como objetivo contribuir a la materialización del derecho al acceso a la justicia de personas de bajos recursos socioeconómicos, el trabajo pro bono de interés público tiene como objetivo contribuir a la solución de un problema social de base que afecta a un grupo poblacional extenso. Por ende, este tipo de trabajo pro bono generalmente se asocia con actividades como el litigio estratégico y la asesoría legislativa, esto es, la redacción de proyectos de ley, el enriquecimiento del debate público sobre temas que se discuten en la rama legislativa o el cabildeo a favor de causas sociales.

III. LOS FUNDAMENTOS DEL TRABAJO JURÍDICO PRO BONO

El trabajo pro bono puede justificarse apelando a razones de principio o estratégicas. Las primeras parten del supuesto de que el trabajo jurídico pro bono es consecuencia de las desigualdades epistemológicas, socioeconómicas

---

[40] *The Law Firm Pro Bono Challenge, Statement of Principles*, disponible en http://www.probonoinst.org/challenge.text.php.

y del mercado jurídico que impiden que los ciudadanos puedan acceder a la justicia o defender el interés público por medio del derecho.[41] Las razones de principio que fundamentan el trabajo pro bono parten del supuesto de que los abogados deben contribuir a enfrentar estas desigualdades. Las primeras, las epistemológicas, describen las diferencias que existen entre los juristas y los no juristas con respecto a la capacidad de poner en acción el ordenamiento jurídico.[42] El derecho es un discurso especializado que requiere de conocimientos y habilidades técnicas para su uso. No obstante, es un discurso que resulta fundamental para alcanzar fines colectivos como la justicia, la estabilidad y la prosperidad, así como fines individuales relacionados con la defensa de los derechos de los que cada sujeto es titular. Existe, por tanto, una distancia considerable entre los muchos efectos que tiene el derecho para la autonomía y el patrimonio de las personas, y las facultades que estas generalmente tienen para materializar los fines que persigue el ordenamiento jurídico.[43]

Las desigualdades epistemológicas, claro, se pueden neutralizar mediante la consecución de un abogado. Los juristas, en el ámbito privado o público, ponen su conocimiento experto al servicio de los intereses de sus clientes. No obstante, no todas las personas tienen los recursos económicos necesarios para pagar un abogado,[44] y las

---

[41] *Los mandarines del derecho, supra* nota 27.

[42] Véase *supra* nota 9, p. 1203.

[43] Shunko Rojas, *"Acceso a la justicia y pobreza"*, 80 *Lecciones y Ensayos, Universidad de Buenos Aires* 519 (2004), pp. 522-523.

[44] Joseph R. Thome, *New Models for Legal Services in Latin America*, 6 *Human Rights Quarterly* 521 (1984), p. 527 y María Inés Bergoglio, *Cambios en la profesión jurídica en América*, 5 *Academia: Revista sobre Enseñanza del Derecho* 9 (2007), p. 12.

instituciones estatales que se encargan de estos temas, como la defensoría pública,[45] generalmente no tienen la capacidad de satisfacer las necesidades jurídicas de la población económicamente vulnerable.[46] Estas desigualdades económicas, además, generan un desbalance injustificado en un sistema jurídico adversarial.[47] Mientras que en caso de conflicto las personas naturales y jurídicas pudientes pueden contratar a un abogado, las pobres no pueden hacerlo. En esta medida, las posibilidades de que en un proceso judicial o administrativo las personas socioeconómicamente débiles puedan hacer oír su voz y valer sus derechos disminuyen de manera considerable.[48] Estas desigualdades, entonces, reducen las probabilidades de que los jueces puedan tomar decisiones adecuadas y, consecuentemente, afectan negativamente los niveles globales de justicia social en la comunidad política.

Las desigualdades socioeconómicas también impiden que todo aquel que lo quisiese pudiera estudiar derecho y, por tanto, que tuviera la posibilidad de hacerse parte de la disciplina. No todos los individuos tienen el dinero para pagar una universidad privada, y las universidades públicas muchas veces no tienen la posibilidad de satisfacer la demanda existente entre los miembros de la comunidad política. Las desigualdades socioeconómicas,

---

[45] Defensoría del Pueblo, *¿Qué es la defensoría pública?* Disponible en http://www.defensoria.org.co/red/?_item=1101&_secc=11&ts=2.

[46] Germán Silva García, *El mundo real de los abogados y de la justicia*, vols. I al IV (Bogotá, D. C., Universidad Externado de Colombia, 2001) y Deborah L. Rhode, "Access to Justice: Again, Still", 73 *Fordham Law Review* 1013, (2004-2005), pp. 1014-1015.

[47] David Luban, "Faculty Pro Bono", 49 *J. Legal Educ.* 58 (1999), pp. 63-70.

[48] Rob Atkinson, "A Social-Democratic Critique of Pro Bono Publico Representation of the Poor: The Good as the Enemy of the Best", 9 *Am. U. J. Gender Soc. Pol'y & L.* 129 (2001), p. 157.

por tanto, impiden que las personas puedan utilizar las herramientas que les ofrece el ordenamiento jurídico para alcanzar fines valiosos en una democracia liberal, desde la redacción de un contrato hasta la defensa de sus derechos frente a posibles abusos del Estado en materia penal o tributaria, pasando por la distribución futura de su patrimonio por medio de un testamento.

Las desigualdades creadas por el Estado en relación con el mercado de servicios jurídicos imponen de igual forma restricciones para que las personas puedan hacer uso del derecho.[49] La mayor parte de las democracias liberales contemporáneas impiden o restringen radicalmente que personas que no sean abogadas puedan actuar en procesos administrativos o judiciales.[50] El mercado jurídico, por tanto, es un monopolio creado por el Estado y controlado por los abogados.[51] Así por ejemplo, un autodidacta con profundos conocimientos jurídicos no podría, por regla general, representarse a sí mismo o a terceros en procesos que se desarrollan ante la rama judicial o ejecutiva. El propósito normativo de este monopolio es proteger a las personas. El derecho es un discurso técnico y las consecuencias que este genera son usualmente notables. Los Estados, en consecuencia, consideran que solo aquellos que cumplen con los requisitos formales para ser considerados miembros de la profesión deberían poder usarlo en procesos que sobrepasen ciertos niveles de complejidad.

---

[49] Deborah Rhode, "Access to Justice: An Agenda for Legal Education and Research", 62 *Journal of Legal Education* 531 (2012-2013), p. 543 y Jonathan R. Macey, "Mandatory Pro Bono: Collective Discharge of Duty or Welfare for the Rich", 77 *Cornell L. Rev.* 1115 (1992), pp. 1121-1122.

[50] Shunko Rojas, *supra* nota 43, pp. 523-524.

[51] Véase *supra* nota 26, pp. 259-260.

El trabajo jurídico pro bono se presenta, entonces, desde una perspectiva deontológica, como uno de los instrumentos que los abogados tienen para confrontar estos tres tipos de desigualdades. Los argumentos más precisos que justifican por qué los abogados deberían contribuir a enfrentar estas desigualdades son de diverso tipo. Por un lado, apelando a una moral religiosa, se acude a la virtud de la caridad para hacerlo.[52] Los cristianos tienen el deber de socorrer desinteresadamente a aquellos menos afortunados. Esta es una consecuencia del amor que siente Dios por los seres humanos, y del amor que estos deberían sentir entre sí. La religión cristiana, en este caso, sirve de fundamento a una obligación profesional. Este es un argumento, por ejemplo, que un sector de los abogados latinoamericanos usa para justificar el trabajo pro bono. En Chile, Argentina y Colombia, una parte de los abogados que trabajan con la Fundación Pro Bono Chile, la Fundación Pro Bono Colombia y la Comisión de Trabajo Pro Bono e Interés Público de Argentina hacen referencia a la caridad cristiana para justificar los servicios jurídicos gratuitos con los que están comprometidos normativamente.[53]

Por otro lado, desde una moral secular, se apela al valor de la solidaridad.[54] Los miembros de la comunidad política, se argumenta desde esta perspectiva, tienen deberes de respeto y ayuda mutua. La interdependencia social exige que las personas se apoyen entre sí para alcanzar los fines colectivos que consideran valiosos. Una gran parte de los abogados argentinos afiliados a la Comisión, por ejemplo, argumentan que deben hacer

---

[52] Véase, por ejemplo, Informe-Chile, sección III.A.

[53] Véase, por ejemplo, Informe-Chile, sección III.A.

[54] Véase, por ejemplo, Informe-Colombia, sección III.A.

trabajo pro bono para retribuir socialmente el hecho de que recibieron una educación universitaria pública de calidad. El principio de reciprocidad implícito en el de solidaridad les exige apoyar a aquellos argentinos que no tienen la posibilidad de acceder a la justicia.[55] Una parte sustancial de los abogados colombianos afiliados a la Fundación, en contraste, apelan a los altos índices de pobreza del país para justificar el trabajo jurídico pro bono.[56] Para estos profesionales del derecho, el principio de solidaridad les exige ayudar a aquellos que tienen menos recursos socioeconómicos, haciendo uso del saber experto que controlan.

El trabajo jurídico pro bono puede también justificarse acudiendo a razones estratégicas.[57] El trabajo jurídico pro bono se fundamenta, desde este punto de vista, apelando tanto al consecuencialismo como al autointerés. Esta perspectiva se resume usualmente en la literatura con la frase "hacer el bien para que te vaya

---

[55] Para algunos abogados, la justicia compensatoria, más precisamente, les exige que hagan trabajo pro bono. Los abogados deben compensar los beneficios que reciben de la sociedad, por ejemplo, educación jurídica gratuita y el monopolio del mercado jurídico. Elissa Madeline Stoffels Ughetta, "La responsabilidad social y el trabajo *pro bono*: el abogado como un agente de cambio en negocios ganar-ganar en el siglo XXI", 5 *Derecho en Sociedad* (2013), p. 9.

[56] Véase, por ejemplo, Informe-Colombia, sección III.A.

[57] Deborah L. Rhode, "Rethinking the Public in Lawyers' Public Service: Pro Bono, Strategic Philanthropy, and the Bottom Line", 77 *Fordham Law Review* 1435 (2009); Karen A. Lash, "Pitching Pro Bono: Getting to First Base with the 'Big Firm'", MGMT. *Info. Exchange J.,* (Fall 2008), pp. 3, 7-8; Robert Granfield, "The Meaning of Pro Bono: Institutional Variations in Professional Obligations Among Lawyers", 41 LAW & Soc'Y Rev. 113 (2007), p. 139; Esther F. Lardent, *Pro Bono Institute, Making the Business Case for Pro Bono* (2000), disponible en http://www.probonoinst.org/pdfs/businesscase.pdf *y* Esther F. Lardent, "*Pro Bono Work Is Good for Business*", Nat'l L. J. (Feb. 19, 2001), p. 1320.

bien".[58] Desde una perspectiva estratégica, el pro bono resulta valioso en la medida en que permite a las firmas reclutar a los mejores abogados y mantener el talento que ya hace parte de sus estructuras.[59] Los recién graduados en las facultades de derecho y los abogados jóvenes y asociados que ya han sido contratados por las firmas, se argumenta, están cada vez más interesados en que las empresas para las que trabajan logren un balance entre el individuo y la sociedad.[60] Para los profesionales que empiezan o están en la mitad de sus carreras, las firmas de abogados deben ser competentes, deben ofrecer salarios que correspondan a la calidad de sus trabajadores y deben tener una buena reputación en la comunidad jurídica. No obstante, también deben tener conciencia y honrar las obligaciones que los abogados tienen frente a la sociedad.

El trabajo pro bono también resulta útil para que los abogados jóvenes de las firmas se familiaricen con la práctica profesional.[61] Los casos pro bono típicos,

---

[58] Véase un análisis de las razones estratégicas que justifican el trabajo pro bono en Cynthia Fuchs Epstein, "Stricture and Structure: The Social and Cultural Context of Pro Bono Work in Wall Street Firms", 70 *Fordham Law Review* 1689 (2002), pp. 1692-1693. Véase también Steven A. Boutcher, *The Institutionalization of Pro Bono Publico in Large Law Firms: An Analysis of the Causes and Consequences of Large Firm pro bono programs*, 26 (disertación doctoral, Universidad de California-Irving, 2010).

[59] Deborah L. Rhode, "The Lawyer's Role in a Contemporary Democracy, Promoting Access to Justice and Government Institutions, Rethinking the Public in Lawyers' Public Service: Pro Bono, Statgic Philanthropy, and the Bottom Line", 77 *Fordham L. Rev.* 1441 (2009).

[60] William J. Dean, "A Firm's Bottom Line", *N. Y. L. J.* (Oct. 28, 1991), p. 3 y Bryant Garth, "A Competition to Do Good: Big Firms Are Getting Into Pro Bono for Business, Recruiting Reasons", *A. B. A. J.* (Oct., 1995), p. 99.

[61] Véase Deborah L. Rhode, *supra* nota 17, p. 147.

se argumenta, tienen niveles bajos de complejidad. En consecuencia, los abogados recién contratados pueden acercarse a áreas del derecho que no dominan suficientemente, conocer las dinámicas diarias de la judicatura y desarrollar o consolidar habilidades que son fundamentales para convertirse en sólidos profesionales, por ejemplo, la redacción de memorandos o demandas y la entrevista de clientes. El nivel de compromiso y calidad que debe tener el trabajo de los abogados en los casos pro bono no debe ser distinto al que debe tener con los casos pro lucro. No obstante, dado que estos casos son sencillos, desde el punto de vista técnico, son supervisados por abogados con mayor experiencia y se desarrollan con el apoyo administrativo y técnico de las organizaciones sociales a las que sus firmas están afiliadas, los abogados pro bono jóvenes pueden balancear adecuadamente la defensa de los intereses del cliente y su formación.

El trabajo pro bono también es útil para que las firmas y sus abogados proyecten una imagen positiva en la sociedad.[62] No es un secreto que muchos sectores sociales tienen una imagen negativa de los abogados.[63] Los profesionales del derecho son percibidos, entre otras cosas, como individuos que no ayudan a solucionar los conflictos, sino que los crean, los profundizan o alargan su solución. Asimismo, son percibidos como individuos que usan su conocimiento experto no para servir los intereses de sus clientes, sino para servir el suyo propio,

---

[62] Cynthia Fuchs Epstein, "Stricture and Structure: The Social and Cultural Context of Pro Bono Work in Wall Street Firms", 70 *Fordham Law Review* 1689, 1693 (2002).

[63] Véase, por ejemplo, Mauricio Rojas, "No el abogado, 'mejor el doctor'. La imagen social del profesional en derecho", 11 *Revista Estudios Socio-Jurídicos* 281 (2009) y Rogelio Pérez Perdomo, "Desafíos de la educación jurídica lationamericana en tiempos de globalización", 38 *El Otro Derecho* 11 (2008).

que se aprovechan de las necesidades de la gente para cobrar honorarios desmedidos o como sujetos que defienden únicamente los intereses de los grandes poderes económicos y políticos. El compromiso que los abogados muestran con el derecho al acceso a la justicia de las personas de bajos recursos socioeconómicos y con el interés público, cuando hacen trabajo pro bono, contribuye a cambiar esta imagen. Permite evidenciar el potencial que tiene el derecho para contribuir a la creación de una sociedad más justa y menos violenta. Permite también ver que los abogados pueden contribuir a la materialización de estos objetivos.

El trabajo pro bono posibilita igualmente que las firmas de abogados aumenten o mantengan su prestigio dentro de la comunidad jurídica.[64] El pro bono es un discurso y práctica transnacional promovido por las firmas más grandes y poderosas del mundo. Afiliarse a una organización que deriva casos pro bono, llevar casos de interés público, participar en las reuniones y seminarios que discuten las fortalezas y debilidades de los servicios jurídicos gratuitos les permite hacerse miembros de una élite de empresas jurídicas que se describen como comprometidas socialmente. La relevancia de este argumento se hace aún más evidente en países como Estados Unidos, en donde existen publicaciones ampliamente reconocidas en la comunidad jurídica que jerarquizan las firmas de abogados.[65] Estas publicaciones utilizan el pro bono como uno de sus criterios de evaluación y ordenación

---

[64] Maya Steinitz, "Internationalized Pro Bono and a New Global Role for Lawyers in the 21st Century: Lessons from Nation Building in Southern Sudan", 12 *Yale Human Rights and Development Law Journal* 205 (2009).

[65] La clasificación más conocida e influyente es la que hace la revista *American Lawyer*. Scott Cummings, *supra* nota 36, p. 7.

de las empresas jurídicas. Las firmas que no hacen este tipo de labor, por ende, están en clara desventaja frente a las que sí lo hacen. La posibilidad de quedar clasificados en una posición alta en estas jerarquías aumenta si la firma tiene un programa pro bono sólido y el número de horas que realiza en esta área es notable.

Asimismo, el trabajo pro bono permite que los abogados conozcan la realidad en la que vive la mayor parte de la población.[66] Mediante el contacto con sus clientes pro bono, los juristas tienen la posibilidad de acercarse a la vida y las necesidades de amplios sectores de la comunidad política.[67] Por razones de clase, los abogados de las firmas de élite, que son quienes hacen trabajo pro bono, generalmente no están en contacto con personas que pertenecen a estratos socioeconómicos bajos. El pro bono, entonces, sería un instrumento para enriquecer la educación moral y política de los abogados.[68] Además, sería una herramienta que contribuiría a la integración social y, por tanto, facilitaría la acción colectiva que es necesaria para alcanzar los fines propios de una democracia liberal. El pro bono, adicionalmente, permitiría que los abogados se sientan mejor consigo mismos y con la profesión.[69] Los estudios muestran que aquellos que donan su tiempo y trabajo se describen como más tranquilos, más felices o con más alta autoestima.[70] Este tipo

---

[66] Rhode, *Cultures of Commitment, supra* nota 28, p. 2420.

[67] David Luban, *Lawyers and Justice: An Ethical Study* (1988), p. 282.

[68] David L. Shapiro, "The Enigma of the Lawyer's Duty to Serve", 55 *N. Y. U. L. Rev.* 735 (1980), p. 786.

[69] James Regan, "How About a Firm Where People Actually Want to Work? A "Professional" Law Firm for the Twenty-First Century", 69 *Fordham L. Rev.* 2693 (2001), p. 2710.

[70] Martha F. Davis, "Access and Justice: e Transformative Potential of Pro Bono Work", 73 *Fordham L. Rev.* 903 (2004), pp. 907-909.

de labor permitiría también enfrentar las críticas que los abogados mismos le hacen a su trabajo: aburrido, repetitivo y socialmente aislado.[71]

Finalmente, el pro bono puede ser útil para posicionar las firmas de abogados en el mercado jurídico.[72] El pro bono es una herramienta para promover las firmas entre potenciales nuevos clientes. En países como Estados Unidos algunas de las grandes empresas comerciales exigen que las firmas que los asesoran y representan hagan trabajo pro bono. Para las firmas de abogados de élite de este país, por tanto, resulta ineludible tener programas en esta área del derecho si quieren mantener o mejorar el lugar que ocupan en del mercado de servicios jurídicos. En la medida en que este ha adquirido dimensiones globales y las grandes corporaciones tienen presencia en la mayor parte del mundo, parece inevitable que las firmas de abogados de otras partes del orbe también articulen programas pro bono si quieren conquistar a este tipo de clientes.[73]

IV. Las críticas y las posibles respuestas

Las críticas al trabajo pro bono cuestionan su impacto social, motivaciones y efectos políticos. El primer tipo de críticas señala que el impacto que tiene el trabajo pro bono en los niveles de materialización del derecho al acceso a la justicia y en la defensa del interés público es muy

---

[71] Scott Cummings, "The Politics of Pro Bono", *supra* nota 36, pp. 102-103.

[72] Bryant G. Garth & Ronit Dinovitzer, "Pro Bono as an Elite Strategy in Early Lawyer Careers", en *Private Lawyers in the Public Interest* (2009).

[73] Nuno Garoupa, "Globalization and Deregulation of Legal Services", 38 *International Review of Law and Economics* 77 (2014).

bajo.[74] El trabajo pro bono es un instrumento marginal para la solución de un problema estructural. Los niveles de insatisfacción de las necesidades jurídicas de la población socioeconómicamente desfavorecida son tan altos que nunca podrían cubrirse satisfactoriamente mediante el trabajo voluntario y gratuito que hacen las firmas de abogados en las márgenes de su práctica profesional. Las metas que las distintas comunidades jurídicas típicamente se proponen alcanzar con respecto al trabajo pro bono son muy bajas: la Declaración Pro Bono de las Américas, por ejemplo, establece como única obligación concreta para sus firmantes la realización de veinte horas pro bono por abogado al año.[75] La American Bar Association (ABA) recomienda a sus miembros adelantar cincuenta horas de trabajo pro bono anualmente.[76] De esta forma, si tomamos como estándar una jornada laboral de ocho horas, la Declaración exige que sus firmantes trabajen dos días y medio al año en beneficio de su comunidad política. La recomendación de la ABA a sus afiliados es

---

[74] Por ejemplo, en 2012 las tres iniciativas de Colombia, Chile y Argentina llevaron en promedio 324 casos. Ese es el año para el que se cuenta con información de las tres organizaciones. En ese año, en Colombia se atendieron 211 casos, en Argentina, 190, y en Chile, 573. El número de casos se ha incrementado en los últimos dos años. En 2013, en Argentina se atendieron 333 casos (aunque un porcentaje muy bajo provenía de la Comisión) y en Chile, 756. Véanse Informe-Colombia, sección III.C.1; Informe-Chile, sección III.C.1; e Informe-Argentina, sección III.B.1.

[75] Al respecto señala la Declaración: "NOSOTROS, los abajo firmantes, en concordancia con nuestro respectivo rol dentro de la profesión legal, nos comprometemos a: [...] Aportar anualmente un mínimo de 20 horas o tres días de servicios legales *pro bono* por abogado individual, o en promedio en el caso de firmas, instituciones o grupos de abogados. Este aporte mínimo se deberá alcanzar dentro del tercer aniversario de firmada esta Declaración". En http://www2.nycbar.org/citybarjusticecenter/pdf/PBDA_Text_Castellano.pdf.

[76] Model Rules of Prof'l Conduct R. 6.1 (1983).

un poco más alta: que trabajen aproximadamente seis días al año en favor del derecho al acceso a la justicia y el interés público.

Este número de horas es muy bajo, señalan los críticos, para siquiera enfrentar tangencialmente los problemas que enfrenta el interés público y que tiene el acceso a la justicia en todas las democracias liberales contemporáneas, aun las más consolidadas, como la estadounidense y las de Europa occidental. Los beneficios sociales marginales que genera el trabajo pro bono contrastan, además, con los efectos positivos que crea el discurso pro bono a las firmas de abogados. Aunque hagan muy poco en la materia, las grandes firmas de abogados tienen la posibilidad de recibir beneficios relacionados con su reputación, su posición en el mercado jurídico y la capacidad para retener a sus mejores profesionales.

Este primer grupo de críticas se fortalece cuando se examinan las prácticas de algunas de las iniciativas pro bono que parecen más consolidadas en América Latina.[77] Las firmas de abogados afiliadas a las fundaciones pro bono de Chile, Colombia y Argentina, por ejemplo, no cumplen con el modesto fin de adelantar las veinte horas de trabajo recomendadas por la Declaración, de la cual son firmantes.[78] En 2012, por ejemplo, las firmas chilenas afiliadas a la Fundación Pro Bono Chile cumplieron en promedio 573 horas de trabajo social, las colombianas afiliadas a la Fundación Pro Bono Colombia, 211, y las argentinas afiliadas a la Comisión, 190.[79] Esta realidad contrasta con el inmenso poder económico y político que

---

[77] Informe-Colombia, secciones III.A.1, III.B.5 y III.D.4; Informe-Chile, secciones III.D.2, III.D.6 y IV.A, e Informe-Argentina, sección III.C.2.

[78] *Los mandarines del derecho, supra* nota 27.

[79] Véanse Informe-Colombia, sección III.C.1; Informe-Chile, sección III.C.1, e Informe-Argentina, sección III.B.1.

tienen estas firmas. Los ingresos anuales y los contactos con las élites políticas y económicas que tienen sus abogados son bien conocidas. Si sus socios lo quisieran, es indudable que podrían hacer mucho más en beneficio del derecho al acceso a la justicia y el interés público. Las firmas afiliadas a estas tres iniciativas, por ejemplo, podrían identificar las horas pro bono con las horas pro lucro en las evaluaciones que periódicamente hacen de sus abogados.[80] No obstante, ninguna lo hace. En consecuencia, las empresas jurídicas descargan el deber de realizar trabajo pro bono en sus empleados. Las horas pro bono que adelantan los abogados deben concretarse luego de cumplir con las horas pro lucro mensuales, que en todas las firmas de abogados suman un número notablemente alto. Si no es así, los abogados verían sus bonos o posibilidades de ascenso dentro de la firma negativamente afectados. Sin embargo, quienes reciben los beneficios del trabajo pro bono son las firmas; su nombre es el que está asociado con las organizaciones pro bono y a quienes socialmente se identifican como los sujetos activos de este tipo de labor jurídica.

Los críticos igualmente argumentan que aun si se aumenta el número de horas laboradas por los abogados, el impacto del trabajo pro bono en materia del acceso a la justicia difícilmente se podría aumentar. El trabajo pro bono es ineficiente en la medida en que los abogados de las grandes firmas generalmente no conocen los temas alrededor de los cuales giran los casos pro bono típicos. La mayoría de los abogados que pertenecen a este tipo de empresa jurídica es experta en ciertas áreas del derecho privado, entre otras, derecho societario, financiero y fusiones y adquisiciones, que nada tienen que ver con

---

[80] Informe-Colombia, sección III.D.8; Informe-Chile, III.D.4, e Informe-Argentina, sección III.C.4.

las necesidades jurídicas insatisfechas de las personas de bajos recursos socioeconómicos. Defender adecuadamente los intereses de los clientes pro bono, por ende, implicaría que los abogados vuelvan a estudiar áreas del derecho que no han explorado desde que salieron de la universidad. Pocos abogados, se agrega, estarían dispuestos a hacerlo. Pocos considerarían que este sea un uso eficiente de su tiempo, energía y capacidades jurídicas.

El problema de la ineficiencia del trabajo pro bono se agudiza si se hace explícito que es muy poco común que las firmas de abogados o las organizaciones que coordinan su trabajo pro bono tengan mecanismos de evaluación de este tipo de trabajo.[81] No se sabe, en consecuencia, si este trabajo realmente ayuda a satisfacer las necesidades jurídicas de las personas pobres o a defender el interés público. La poca información de la que se dispone es anecdótica y generalmente aparece en las publicaciones de las firmas y las iniciativas pro bono que buscan promover el trabajo social que ellas mismas hacen.

Para algunos críticos, además, sería poco deseable que los abogados de las grandes firmas hicieran más trabajo pro bono.[82] Los críticos consideran que las posibilidades de que estas firmas utilicen el trabajo pro bono, particularmente el de interés público, para servir veladamente los intereses de sus clientes pro lucro no son despreciables.[83] No hay que perder de vista, se argumenta, que las firmas de abogados son empresas que tienen

---

[81] Scott L. Cummings & Rebecca L. Sandefur, "Beyond the Numbers: What We Know —and Should Know— About American Pro Bono", 7 *Harv. L. & Pol'y Rev.* 83 (2013), p. 85.

[82] Scott Cummings, supra nota 33, pp. 6, 10.

[83] Neil K. Komesar & Burton A. Weisbrod, "The Public Interest Law Firm: A Behavioral Analysis", en *Public Interest Law: An Economic and Institutional Analysis* 80 (Burton A. Weisbrod *et al.*, eds., 1978), pp. 99-100.

como fin repartir beneficios económicos entre sus socios. El objetivo principal de estas oficinas de abogados es, por tanto, proteger a sus clientes que pagan, quienes usualmente promueven que el interés público se interprete de manera que sea compatible con la misión de sus organizaciones empresariales. Los críticos del trabajo pro bono no quisieran que el riesgo de que las grandes firmas de abogados utilicen el litigio estratégico o la asesoría legislativa para vehicular los intereses de sus clientes pro lucro se viera materializado.

Las críticas que cuestionan los motivos por los cuales las grandes firmas de abogados hacen trabajo pro bono, el segundo tipo de objeciones, se entroncan con los anteriores argumentos. Para los críticos, las razones por las cuales las firmas hacen trabajo pro bono son fundamentalmente estratégicas. Son un instrumento mediante el cual lavan sus culpas sociales a un bajísimo costo económico.[84] El pro bono, desde esta perspectiva, no es otra cosa que la herramienta mediante la cual los abogados intentan, sin éxito, balancear las consecuencias sociales y políticas negativas que genera la labor que cumplen diariamente: defender los intereses de los grupos política y económicamente más poderosos de la sociedad. El pro bono, para estos críticos, por tanto, es un discurso vacío que solo puede generar beneficios notables para quienes lo promueven. La distancia real y potencial entre el discurso y el impacto de la práctica es y será siempre muy alto.

Finalmente, el tercer grupo de críticas señala que el discurso pro bono genera efectos políticos negativos.

---

[84] Steven Lubet & Cathryn Stewart, "A "Public Assets" Theory of Lawyers' Pro Bono Obligations", 145 *U. Penn. L. Rev.* 1245 (1997), p. 1262; David L. Shapiro, "The Enigma of the Lawyer's Duty to Serve", 55 *N. Y. U. L. Rev.* 735 (1980), p. 789 y Scott Cummings, Politics of Pro Bono, *supra* nota 36, p. 109.

El discurso, aun si se presenta por abogados que genuinamente reconocen sus obligaciones sociales y quisieran materializarlas de la mejor manera posible, desvía la atención sobre lo que es realmente importante:[85] la financiación adecuada de las instituciones estatales que se encargan de proveer gratuitamente abogados para las personas de bajos recursos socioeconómicos, y la articulación y aplicación de programas sociales que los beneficien.[86] Lo que realmente necesitan las democracias liberales, se argumenta, no es un placebo para solucionar los grandes problemas de acceso a la justicia que enfrentan desde hace décadas. Lo que se requiere es una intervención quirúrgica que ataque de raíz las causas del problema: las desigualdades epistemológicas, socioeconómicas y del mercado jurídico que las atraviesan. Estas desigualdades son un problema político que debe ser solucionado en la esfera pública, no un problema político que debe ser solucionado en la órbita privada mediante los esfuerzos voluntarios de algunos individuos caritativos o solidarios.

Una mejor solución, se argumenta, sería que los abogados donen el equivalente en dinero de las horas pro bono que estarían dispuestos a trabajar.[87] Este dinero podría ser entregado a organizaciones sociales reconocidas y supervisadas por el Estado que se especializan en la defensa del interés público y el derecho al acceso a la justicia. Otra estrategia, se agrega, sería la creación de

---

[85] Véase *supra* nota 48.

[86] *Ibid.,* pp. 130-131.

[87] Mary Coombs, "Your Money of Your Life: A Modest Proposal for Mandatory Pro Bono Services", 3 B.U. *Pub. Int. L. J.* 215 (1993), p. 220; Stephen Ellman, "Lawyering for Justice in a Flawed Democracy", 90 *Colum. L. Rev.* 116 (1990), p. 164; Charles Silver & Frank B. Cross, "What's not to Like About Being a Lawyer?", 109 *Yale L. J.* 1443 (2000) y Marc Galanter & Thomas Palay, "Let Firms Buy and Sell Credit for Pro Bono", *Nat'l L. J.* (Sept. 6, 1993), p. 17.

un impuesto progresivo mediante el cual los abogados paguen un monto diferenciado que compense las ventajas epistemológicas y económicas que reciben por el monopolio del mercado jurídico que controlan y que fue creado por el Estado.[88] Una tercera alternativa compatible con las que se acaban de mencionar sería la flexibilización de las normas jurídicas que determinan quién puede actuar en procesos judiciales o administrativos.[89] De esta manera, muchas más personas que tienen los conocimientos jurídicos, pero no el título de abogado, podrían entrar al mercado jurídico.[90] Adecuadamente reglamentada, esta estrategia permitiría que los servicios jurídicos se abarataran y que muchas más personas pudieran acceder a la justicia o proteger el interés público.[91]

Las críticas al discurso y a la práctica jurídica pro bono son poderosas. No obstante, hay algunas posibles respuestas a estas objeciones. El primer contraargumento sería que las estrategias para enfrentar los problemas en la implementación del derecho al acceso a la justicia y la defensa del interés público no son excluyentes.[92] Financiar adecuadamente las instituciones estatales que ofrecen servicios jurídicos gratuitos a las personas de bajos recursos económicos o que protegen el interés público no implica que los abogados no deban ofrecer este tipo de servicios en su práctica privada. Tampoco lo implicaría

---

[88] Véase *supra* nota 28, p. 132.

[89] Debra Burke, "Mandatory Pro Bono: Cui Bono?", 25 *Stetson L. Rev.* 989 (1996).

[90] Deborah L. Rhode, "The Delivery of Legal Services by Non-Lawyers", 4 *Geo. J. Legal Ethics* 209 (1990), p. 213.

[91] Alex J. Hurder, "Nonlawyer Legal Assistance and Access to Justice", 67 *Fordham L. Rev.* 2241 (1999), p. 2241.

[92] Scott Cummings, "The Politics of Pro Bono", *supra* nota 36, pp. 100-104.

el que el Estado articule y aplique sólidos programas sociales para combatir la pobreza y la desigualdad (que son dos de las principales causas de los problemas que enfrentan el derecho al acceso a la justicia y el interés público). Los defensores del trabajo pro bono podrían argumentar que existe un espectro amplio de mecanismos jurídicos que deben ser usados simultáneamente para atacar estos problemas. Las debilidades estructurales son de muy difícil transformación. El uso paralelo o entrecruzado de estas herramientas permitiría aumentar las probabilidades de tener éxito. No hay una relación necesaria, se agrega, entre promover el trabajo pro bono y debilitar o no atender las instituciones estatales encargadas de materializar el derecho al acceso a la justicia o el interés público. Si el primero se convierte en una causa de las segundas, se debe a variables contingentes que pueden ser cuestionadas y eliminadas.

La segunda respuesta a las objeciones que se ofrecen en contra del trabajo pro bono afirma que el deber de proteger el derecho al acceso a la justicia y el interés público no debe concentrarse únicamente en el Estado.[93] Si así fuera, las obligaciones sociales de los abogados se oscurecerían o marginarían. Aun si las instituciones del Estado son fuertes y eficientes, se argumenta, los abogados tienen deberes frente a la comunidad política, que deben honrar como individuos y como colectividad. Las desigualdades epistemológicas, socioeconómicas y del mercado jurídico mencionadas arriba así se lo exigen. El derecho subjetivo al acceso a la justicia genera obligaciones positivas y negativas correlativas no solo para el Estado: también para los juristas. El interés público

---

[93] Chesterfield H. Smith, "Sixth Annual Baron de Hirsh Meyer Lecture Series; Mandatory Pro Bono Service Standard: Its Time Has Come!", 35 *U. Miami L. Rev.* 727 (1981), p.731.

debe ser protegido no solo por las instituciones estatales: también por los abogados.

El tercer contraargumento a las objeciones presentadas arriba señala que el pro bono permite usar el poder económico y político de los abogados para defender, promover o consolidar el Estado de derecho.[94] Las firmas de abogados son estructuras empresariales verticales. En consecuencia, cuando quienes las controlan toman la decisión de trabajar a favor del bien común, el impacto de sus acciones puede ser notable. El conocimiento experto que controlan, los contactos políticos con los que cuentan y los recursos económicos y humanos que tienen a su disposición pueden invertirse en la protección del derecho al acceso a la justicia y el interés público.[95] Los procesos que permitirían que estas decisiones fueran tomadas, además, típicamente no son largos o burocráticos. Las empresas jurídicas generalmente pueden tomar estas determinaciones en poco tiempo. Las estrategias que pueden utilizar para su materialización, así como la evaluación de su efectividad, pueden articularse en periodos relativamente cortos y por grupos de personas identificables y chicos: los socios de las firmas de abogados.

Es cierto que puede haber conflictos de interés entre los clientes pro lucro de las firmas y las causas sociales o los clientes pro bono. También lo es que algunos abogados pueden hacer uso del trabajo pro bono para proteger

---

[94] William J. Wernz, "The Ethics of Large Law Firms: Responses and Reflections", 16 *Geo. J. Legal Ethics* 175 (2002), p. 199; y Scott Cummings, *supra* nota 33, pp. 10-11.

[95] Las firmas de abogados que hacen pro bono en Chile, Colombia y Argentina, por ejemplo, son algunas de las más grandes y más reconocidas empresas jurídicas de cada uno de estos tres países. Véanse http://www.probono.cl/miembros/; http://probono.org.co/quienes-somos/miembros/; http://www.probono.org.ar/miembros.php.

veladamente los intereses de sus clientes. No obstante, no hay una relación necesaria entre el trabajo pro bono y su uso indebido. En la práctica privada es común que se presenten conflictos de interés entre distintos clientes pro lucro de una misma firma, y la comunidad jurídica ya ha estandarizado la manera como deben solucionarse. La mayor parte de los abogados, además, identifica estos conflictos y aplica los procedimientos para solucionarlos, por ejemplo, negándose a representar a una de las partes. Tampoco existe una relación necesaria, se agrega, entre el trabajo pro bono y la no evaluación de sus consecuencias para los clientes o el interés público. Aunque históricamente esto puede ser cierto, es posible y deseable que tanto las firmas de abogados como las organizaciones pro bono articulen programas que permitan evaluar el impacto que tienen sus labores en la satisfacción de las necesidades jurídicas de las personas de bajos recursos socioeconómicos y el interés público.

Asimismo, esta línea de argumentación acepta que la mayor parte de los abogados que prestan servicios jurídicos gratuitos no conocen las áreas jurídicas con las que se relacionan los casos pro bono más comunes. No obstante, también se argumenta que este es un obstáculo fácilmente superable. Los abogados de las firmas de abogados tienen una formación sólida que les permite moverse con facilidad hacia otras áreas del derecho. Los casos pro bono son generalmente sencillos, no implican mayores complejidades técnicas. En poco tiempo, los abogados pueden investigar los temas necesarios para proteger competentemente los intereses de sus clientes. Las iniciativas pro bono, además, usualmente ofrecen ciclos de conferencias que tienen como objetivo acercar a los abogados afiliados a los temas pro bono típicos o programas de asesoría en los que abogados expertos en estas áreas guían a los abogados pro bono. No hay que perder de vista, además, que el cliente pro bono solo tiene dos opciones: no obtener asesoría o representación jurídica u obtenerlas de un abogado competente, pero que no conoce de manera precisa los temas relacionados con su caso. Para el cliente y para el interés público parecería que la segunda opción, aunque no ideal, es la mejor disponible en el mercado de servicios jurídicos de las democracias liberales contemporáneas.

Finalmente, para responder a los críticos del trabajo pro bono se argumenta que no es cuestionable recibir beneficios por actuaciones moralmente valiosas.[96] Por un lado, se puede argumentar que por lo menos algunas de estas consecuencias positivas son un efecto no buscado del actuar social apropiado de los abogados. El reconocimiento de la comunidad política, la retención o el reclutamiento de talento jurídico y el afianzamiento de las firmas en el mercado jurídico son las consecuencias de un trabajo social bien hecho. No habría ninguna razón moral que exija que los abogados rechacen estos beneficios. Recibirlos no es el objetivo del trabajo pro bono. No obstante, si algunos sectores sociales evalúan esta labor positivamente y toman decisiones que favorecen a los juristas que la desarrollan, no habría razón para que estos las resistieran. Algunos defensores del pro bono agregarían, además, que se trata de un reconocimiento debido a las prácticas socialmente responsables de los profesionales del derecho. El principio de reciprocidad justifica este tipo de respuestas sociales. Estas consecuencias positivas adicionalmente contribuirían a generar círculos virtuosos en los que las personas son

---

[96] Fred C. Zacharias, "The Lawyer's Role in a Contemporary Democracy, Promoting Social Change and Political Values, True Confessions about the Role of Lawyers in a Democracy", 77 *Fordham L. Rev.* 1436 (2009).

incentivadas a hacer lo correcto por medio de reconocimientos que se otorgan por hacer lo correcto.

Un ejemplo que parece ser coherente con las intuiciones morales de muchas personas podría ayudar a mostrar la fuerza de este argumento. Un profesor de secundaria socialmente comprometido no debe realizar su trabajo voluntario con alumnos de bajos recursos económicos porque quiere obtener un reconocimiento específico en dinero o en especie de su comunidad política. Sin embargo, no habría ninguna razón por la cual este profesor debería rechazar un premio de la alcaldía de su ciudad o del congreso de su país que, además de un agradecimiento simbólico (como una medalla o un diploma), incluya uno monetario. Estos reconocimientos, además, probablemente incentivarían al profesor a continuar realizando sus actividades solidarias en favor de las personas más vulnerables de su sociedad.

Por otro lado, los defensores del trabajo pro bono pueden argumentar que el motivo por el cual los abogados realizan este tipo de trabajo es irrelevante.[97] Lo que resulta realmente importante es que los abogados ofrezcan servicios jurídicos gratuitos de calidad a las personas o causas que los necesitan. Lo que resulta realmente importante es que las acciones de los abogados tengan un impacto positivo en la protección o consolidación del Estado de derecho, no si las razones que sustentan estas acciones son de principio o estratégicas. Los problemas de acceso a la justicia y la priorización del interés particular son tan serios en la mayor parte de las democracias liberales

---

[97] Carrie Menkel-Meadow, "The Causes of Cause Lawyering: Toward an Understanding of the Motivation and Commitment of Social Justice Lawyers", en *Cause Lawyering: Political Commitments and Professional Responsibilities* (Austin Sarat & Stuart Scheingold, eds., 1998), p. 31.

contemporáneas, que resulta marginal si los abogados adelantan su trabajo pro bono, competente y legalmente, buscando favorecer su autointerés.

V. El trabajo pro bono en Latinoamérica y la relevancia de Luban, Rhode y Cummings

En América Latina la discusión sobre las obligaciones sociales de los abogados es marginal entre los practicantes del derecho y la academia jurídica.[98] Las diatribas en contra de los abogados y el incumplimiento de sus obligaciones contractuales y sociales son, en contraste, comunes.[99] No obstante, la reiteración privada y pública de la supuesta inmoralidad de los juristas no se traduce en acciones concretas para cuestionar las transgresiones a las normas que regulan la profesión. Tampoco se traduce en una discusión seria y amplia dentro de la comunidad jurídica que permita entender las causas de las violaciones y articular medidas legales y sociales para sancionarlas, y evitar el futuro incumplimiento de dichas normas. Mucho menos se traduce en una discusión rica, compleja y especializada sobre la ética profesional. Es común que en las facultades de derecho esta materia sea considerada por profesores, alumnos y administradores como secundaria para la formación de las nuevas generaciones de abogados.[100] Pocos maestros quieren dictarla, y pocos estudiantes, tomarla. Sus contenidos, además,

---

[98] Véase, en general, Rodolfo Vigo, *Ética del abogado: conducta procesal indebida* (Buenos Aires, Abeledo-Perrot, 1997).

[99] Véase *supra* nota 54.

[100] Yules Alejandro Espinosa Blanco, "Educación jurídica a finales del siglo XX: la educación tradicional del derecho como responsable de las limitaciones de sus profesionales", *Historia de la Educación Colombiana* 9 (2006), pp. 163-184, 174.

por lo común resultan intelectualmente poco retadores o profesionalmente poco útiles.

En ocasiones estos contenidos giran alrededor de la filosofía moral. El curso en estos casos tiene como objeto de estudio las principales corrientes de esta rama de la filosofía práctica. Los docentes y los alumnos, por ende, describen los fundamentos y estructuras argumentativas de, entre otros, el utilitarismo, el deontologismo, el intuicionismo y el convencionalismo. La importancia de la teoría moral en la reflexión sobre la ética profesional del abogado es, creo, indiscutible. La buena práctica está siempre teóricamente informada. No obstante, usualmente, las conexiones que se hacen en estos cursos entre teoría y práctica del jurista son marginales. La discusión sobre conceptos con un alto grado de abstracción no se contextualiza: no se usa para iluminar y resolver los dilemas que enfrentan los abogados diariamente.

En otras ocasiones, los cursos giran en torno a una discusión más o menos pobre de los códigos de ética profesional. El objeto de estudio en estas clases son, por tanto, las normas que regulan la materia. En los cursos más débiles, esto significa una reiteración por los estudiantes de las interpretaciones exegéticas que articulan los profesores sobre las reglas y principios que controlan la práctica profesional. En los mejores, significa la reiteración de los contenidos del código, a los que se les agregan glosas que se nutren de la doctrina y que intentan mostrar las relaciones entre las normas de ética profesional y la realidad jurídica. Además, en pocos cursos de ética profesional en la región se discuten las obligaciones sociales de los abogados. La interpretación exegética y las glosas tienen como referente las obligaciones bilaterales que tienen los juristas con respecto a sus clientes.

La pobreza y marginalidad de la discusión pública y académica sobre las obligaciones sociales de los abogados son la regla, no la excepción. Los costos que pagan la comunidad jurídica y la comunidad política por esta situación no son menores. Las democracias liberales de la región están en proceso de consolidación. Su afianzamiento efectivo depende en parte del papel que jueguen los juristas en este proceso. Es importante que los abogados no solo representen y asesoren a sus clientes de manera competente y ética: es aún más importante que estos contribuyan a mediar adecuadamente entre los intereses sociales y los de sus clientes, que aporten al diseño y defensa del Estado de derecho y que realicen actividades para proteger el derecho al acceso a la justicia de las personas de bajos recursos socioeconómicos y para defender el interés público.

Es también relevante que tanto en la esfera pública como en las universidades se debata cuáles son los contenidos de estas obligaciones y cómo se diferencian de las obligaciones que tienen los abogados en las democracias liberales consolidadas. El entorpecimiento continuo de la administración de justicia mediante recursos legales que se interponen para dilatar los procesos puede, por ejemplo, tener un efecto mayor o distinto en una democracia liberal con niveles de eficacia del sistema jurídico y legitimidad bajos que en una democracia liberal en la que el ordenamiento legal tiene altos niveles de eficacia y legitimidad. Del mismo modo, parecería razonable pensar que los abogados que viven en Estados con índices de pobreza y desigualdad notables y que tienen instituciones de defensoría pública débiles deben tener un rol distinto a los abogados que ejercen en Estados poco desiguales y con entidades públicas que ofrecen servicios jurídicos gratuitos a los ciudadanos fuertes.

La discusión seria y minuciosa de las obligaciones sociales de los abogados y del pro bono en América Latina es también relevante para evaluar los resultados de las iniciativas pro bono que ya existen en la región. La Fundación Pro Bono Chile y la Comisión de Interés Público y Trabajo Pro Bono de Argentina nacieron en el año 2000. La Fundación Pro Bono Colombia, en el 2006, y el Instituto Pro Bono de Brasil, en 2001.[101] En México,[102] Perú,[103] Venezuela y República Dominicana[104] también existen organizaciones que tienen como misión la promoción del trabajo pro bono, aunque su creación sea más reciente, o sus niveles de consolidación, menores. Las firmas de abogados más grandes y prestigiosas de la región están afiliadas a estas organizaciones. El número y calidad de los abogados que hacen parte de estas empresas jurídicas es muy significativo. En Colombia, por ejemplo, 31 están afiliados a la Fundación Pro Bono;[105] en Chile, 50,[106] y en Argentina, 20.[107]

No obstante, para poder evaluar las debilidades y fortalezas de estos discursos y prácticas pro bono es necesario que la comunidad jurídica disponga de las herramientas conceptuales necesarias para hacerlo ricamente. Si no hay claridad sobre cuáles son los contenidos precisos de las obligaciones que los abogados tienen frente a sus clientes y su sociedad, los horizontes normativos que deben guiar las relaciones entre abogados y comunidad política y las prácticas que transgreden estos ideales, será muy difícil describir, criticar y articular proyectos normativos relacionados con el papel que deben jugar los abogados en los Estados de la región.

---

[101] http://www.probono.org.br/quem-somos.

[102] http://www.appleseedmexico.org/.

[103] http://www.probono.org.pe/.

[104] http://www.probonord.org/.

[105] http://probono.org.co/quienes-somos/miembros/firmas/.

[106] http://www.probono.cl/fundacion/historia/.

[107] http://www.probono.org.ar/miembros.php.

Los cuatro trabajos de Deborah Rhode, David Luban y Scott Cummings que se traducen en este volumen resultan particularmente útiles para contribuir a llenar este vacío. En "Los abogados como ciudadanos", Deborah Rhode recuerda a los lectores que el preámbulo de las Normas Modelo de Conducta Profesional del colegio de abogados de los Estados Unidos señala que los miembros de la profesión son representantes de los clientes, funcionarios del sistema de administración de justicia y tienen obligaciones especiales con respecto a la calidad de la justicia. Rhode, sin embargo, argumenta que no es claro cuál es el contenido de estas afirmaciones. Desde su punto de vista, estas frases son demasiado vagas para ser útiles: no precisan cuáles son los deberes que tienen los juristas en cuanto ciudadanos públicos, es decir, aquellos miembros de la comunidad política que participan activamente en su construcción o desarrollo. Rhode considera que la pregunta por cuáles son las obligaciones sociales de los abogados es muy importante. Sin embargo, también considera que habría dos preguntas más precisas sobre la materia que podrían ser una buena guía en la reflexión: ¿cuáles son las responsabilidades que deberían aceptar los abogados para contribuir a que haya una justicia de calidad?, y ¿qué debería hacerse para que los abogados asuman efectivamente estos deberes como propios? Rhode responde parcialmente estas preguntas mediante el análisis de tres de las obligaciones que deben tener los abogados: diseñar y defender los marcos jurídicos que constituyen al Estado de derecho, ser conscientes y actuar debidamente con respecto a los efectos que tienen para la justicia las actuaciones que adelantan los abogados en favor de sus clientes, y desarrollar actividades que, como el trabajo pro bono, contribuyen a materializar el derecho al acceso a la justicia.

En "Los abogados como defensores de la dignidad humana (cuando no están ocupados atacándola)", David Luban desarrolla su argumento en tres pasos. En el primero, explora los contenidos que la filosofía le ha dado a un concepto vago como el de la dignidad humana. Luban afirma que una parte importante de esta tradición le ha dado un contenido metafísico al concepto; por ejemplo, *ser digno* significa pertenecer a una especie cuyos miembros tienen alma o gozan de autonomía. No obstante, Luban cuestiona estas formas de llenar de contenido el principio. En su concepto, este debe interpretarse como una propiedad relacional, una propiedad que surge entre el *dignificador* (quien reconoce dignidad en otro ser humano) y el *dignificado* (quien es reconocido como un ser humano digno). En el segundo paso, Luban argumenta que la dignidad humana y los abogados están estrechamente relacionados. Desde su perspectiva, el fundamento moral de la abogacía es la defensa de la dignidad humana. Los juristas, desde su punto de vista, protegen la dignidad humana en su práctica profesional cuando protegen a otros de humillaciones, y la ponen en cuestión cuando los humillan. El tercer y último paso en la argumentación de Luban explora la manera como la relación entre abogados y el principio de dignidad humana opera en cuatro tópicos de la ética profesional de los juristas: el derecho a ser representado por un abogado, el deber de confidencialidad, el paternalismo de los abogados hacia sus clientes y el trabajo jurídico pro bono.

En "La política de la práctica pro bono", Scott Cummings examina el proceso de institucionalización de los servicios jurídicos gratuitos en Estados Unidos. Cummings argumenta que este proceso, que empezó en este país hace aproximadamente 35 años, centralizó y racionalizó el trabajo pro bono que prestan voluntariamente los abogados. Asimismo, afirma que el trabajo pro bono se ha vuelto más relevante que los servicios jurídicos que el Estado y las organizaciones sociales prestan a las personas de bajos recursos socioeconómicos. El trabajo pro bono, desde la perspectiva de Cummings, es el principal instrumento que existe actualmente en Estados Unidos para proteger el derecho de los grupos vulnerables de la sociedad al acceso a la justicia.

En su texto, Cummings también explora las causas, características y efectos que ha generado la institucionalización del trabajo pro bono. Más precisamente, Cummings analiza el papel que jugaron en este proceso las grandes firmas de abogados, el sistema federal de servicios jurídicos, el colegio de abogados y las organizaciones sociales. Igualmente, Cummings estudia la arquitectura institucional, las dinámicas y los mecanismos de evaluación y seguimiento que constituyen la espina dorsal del trabajo pro bono en los Estados Unidos. Finalmente, Cummings examina las consecuencias sistémicas que ha generado este proceso de institucionalización. En este análisis, Cummings hace énfasis en la relación costo-beneficio que hay entre el uso de los recursos de los que disponen las firmas de abogados para materializar un fin social valioso, como la defensa del derecho al acceso a la justicia y la dependencia social que este uso genera para su prestación futura.

En el último artículo de este volumen, "Gestionar el pro bono: que te vaya bien haciéndolo mejor", Deborah Rhode y Scott Cummings analizan las consecuencias que ha generado la profesionalización del trabajo pro bono en las grandes firmas de abogados estadounidenses. El análisis que hacen se basa en información empírica que recogen tanto de una encuesta realizada por ellos mismos como de fuentes secundarias, como el *American Lawyer* y el *National Association of Law Placement Employer Directory*. Para Rhode y Cummings, este proceso de institucionalización evidencia el intento de los abogados que pertenecen a las empresas jurídicas de los Estados Unidos por lograr un balance entre el servicio social y el autointerés. Cummings y Rhode, no obstante, concluyen que los programas pro bono de las grandes firmas están determinados fuertemente por los intereses de los abogados que los prestan. Estos programas priorizan la satisfacción de los abogados antes que la de los clientes, privilegian el número de casos frente a la calidad del servicio y su impacto social, y se transforman dependiendo fundamentalmente de los intereses económicos de las firmas. El artículo termina con algunas recomendaciones que permitirían que la calidad de los programas pro bono de las firmas aumente.

Las obligaciones profesionales de los abogados son un tema importante para cualquier democracia liberal. Más aún, como se argumentó arriba, para aquellas democracias liberales que, como las latinoamericanas, están en proceso de consolidación. Mi esperanza es que este libro contribuya a crear una discusión más sólida, compleja y crítica en América Latina sobre esas obligaciones en general, y sobre el trabajo pro bono, en particular. Mi esperanza es que este libro contribuya a generar reflexiones críticas sobre las distintas aristas que componen la relación entre los abogados y las comunidades políticas de la región. Mi anhelo, por tanto, es que este volumen ayude a promover una mayor y más rica discusión sobre temas como los deberes que tienen los abogados frente al derecho al acceso a la justicia, la manera como se han dictado y se deberían dictar las clases de ética profesional en las facultades de derecho de la región y el valor social que tiene el trabajo jurídico pro bono.

LOS ABOGADOS COMO CIUDADANOS

Deborah L. Rhode[*]

* Catedrática de Derecho Ernest W. McFarland y directora del Center on Ethics, Stanford Law School.

Si la juzgamos por su riqueza y poder,
nuestra época es la mejor de todas;
si la época nos inclina a juzgar por
la riqueza y el poder, es la peor que
nunca haya habido.

Randall Jarrell[1]

El preámbulo de las Normas Modelo de Conducta Profesional del colegio de abogados estadounidense, la American Bar Association, declara: "Un abogado, como miembro de la profesión legal, es un representante de los clientes, un funcionario del sistema jurídico y un ciudadano público que tiene responsabilidades especiales con

---

[1] Randall Jarrell, "The Taste of the Age", en Brad Leithauser (ed.), *No Other Books: Selected Essays* (New York: Harper Perennial, 1999), p. 314.

respecto a la calidad de la justicia".[2] A falta de pruebas empíricas, es útil como experimento mental preguntarse si los abogados se ven a sí mismos de esa forma. ¿Cuáles son exactamente las "responsabilidades especiales" del abogado como "ciudadano público"? ¿Esa pregunta se la plantea alguna vez un abogado practicante, o incluso los redactores del examen de responsabilidad profesional multiestatal? ¿Ese tipo de frases son solo parte de un ritual, florituras reservadas para discursos de celebración y simposios académicos? Si esa pregunta es retórica, entonces tal vez sea una pregunta equivocada y demasiado deprimente para esta ocasión. Una averiguación más útil sería: ¿Cuáles son las responsabilidades que deberían asumir los abogados en pro de la calidad de la justicia? ¿Y qué tendría que pasar para que los abogados se tomaran en serio esas responsabilidades?

Ese no es un territorio ignoto. La importancia esencial del derecho y los abogados en la cultura estadounidense han inspirado una gran cantidad de obras sobre las obligaciones cívicas de la profesión. Aunque Estados Unidos tal vez no sea el país con el sentido más desarrollado del mundo sobre las responsabilidades públicas de los abogados, sin duda es el que tiene más comentarios sobre el tema. Aunque solo una pequeña parte de la discusión haya tenido los efectos esperados, eso no es razón para abandonar el empeño. En su celebrado discurso de 1934, "The Public Influence of the Bar" ("La influencia pública de la profesión jurídica"), el magistrado del Tribunal Supremo de Estados Unidos, Harlan Stone, señaló que los académicos del derecho eran el sector de la profesión más "alejado […] de las presiones del nuevo orden económico que tan profundamente han afectado

---

[2] *Model Rules of Prof'l Conduct*, preámbulo, párr. 1 (2002).

a nuestros colegas practicantes".[3] Esa posición les ofrece la oportunidad de realizar un análisis imparcial de la

> profesión jurídica como institución, que busque tener una compresión informada de sus problemas, evaluar el desempeño de sus funciones públicas y encontrar formas de fomentar un desempeño más adecuado de ellas.[4]

Es así que los profesores de derecho podrían cumplir con sus propias responsabilidades públicas.

Con ese espíritu, este capítulo valora tres de las obligaciones fundamentales de la función cívica de un abogado. La primera implica desarrollar y mantener marcos jurídicos, como los que regulan el comportamiento mismo de la profesión. La segunda es resultado de las relaciones de los abogados con sus clientes, e implica alguna responsabilidad con respecto a la calidad de la justicia en la prestación de servicios jurídicos. La tercera obligación tiene que ver no solo con el acceso a la justicia, y las responsabilidades de la profesión jurídica de realizar trabajo pro bono, sino también con apoyar un sistema que consiga que los servicios jurídicos estén disponibles para los que más lo necesitan.

I

Las bases de la función cívica de la profesión jurídica en Estados Unidos suelen remontarse a los hombres de Estado, es decir, a los abogados que ayudaron a configurar las estructuras estadounidenses de gobierno a finales del siglo XVIII y a realizar las reformas legales de principios

---

[3] Harlan F. Stone, "The Public Influence of the Bar", 48 *Harv. L. Rev.* 1 (1934), p. 11.

[4] *Ibid.*

del siglo XX. Alexander Hamilton, en *The Federalist Papers*, ofreció una de las primeras expresiones de ese retrato idealizado:

> ¿Es que acaso no es el hombre de la profesión docta, que se siente neutral entre las rivalidades de las diferentes ramas de la industria, el que con mayor probabilidad realice un juicio imparcial entre ellas [...] beneficioso para los intereses generales de la sociedad?[5]

Alexis de Tocqueville y Louis D. Brandeis subrayaron en el mismo sentido la capacidad de los abogados de servir como "árbitros entre los ciudadanos"[6] y como intermediarios independientes "entre los ricos y el pueblo, preparados para controlar los excesos de cualquiera de los dos [...]".[7]

Según Woodrow Wilson, "la vida pública es el foro de un abogado", y ahí encuentra oportunidades, pero también le crea la obligación de intervenir en "asuntos de interés común".[8]

Una responsabilidad conexa está relacionada con la profesión jurídica como intermediaria entre los clientes y los intereses sociales. Como Brandeis argumentó, las

---

[5] *The Federalist n.° 35* (Alexander Hamilton) (Jacob E. Cooke, ed., 1961), p. 221.

[6] Alexis de Tocqueville, *Democracy in America* (J. P. Mayer y Max Lerner, eds., George Lawrence, trad., New York: Harper & Row, 1966), p. 243.

[7] Louis Brandeis, "The Opportunity in Law", en Louis Brandeis, *Business-A Profession* (1914), pp. 313, 321; véase Robert W. Gordon, "The Independence of Lawyers", 68 *B. U. L. Rev.* 1 (1988), p. 14.

[8] Woodrow Wilson, "The Lawyer in the Community", en Arthur Link (ed.), *The Papers of Woodrow Wilson* (Princeton: Princeton University Press, 1976), pp. 64, 67, 70.

cuestiones que surgen para los abogados que se ocupan de asuntos particulares son a menudo "cuestiones de hombre de Estado".[9] Para expertos sobre ética jurídica del siglo XIX, como George Sharswood, y también para sociólogos del siglo XX, como Talcott Parsons, el abogado tenía una función esencial a la hora de asesorar sobre el cumplimiento de las disposiciones legales y también servía como "una especie de amortiguador entre los deseos ilegítimos de sus clientes y el interés social".[10]

Un tercer aspecto de la función cívica del abogado tiene que ver con prestar servicios jurídicos pro bono a algunos clientes y para algunas causas. La tradición de ofrecer representación legal gratuita, bien de manera voluntaria o por orden de un tribunal, tiene raíces históricas lejanas.[11] Los Cánones de Ética Profesional de la American Bar Association, de 1908, exhortaban a los abogados a no renunciar a la representación legal de acusados penales pobres "por razones triviales"[12] y a "otorgarles una consideración especial y amable" a las

---

[9]   Brandeis, *supra* nota 7, p. 319.

[10] Talcott Parsons, "A Sociologist Looks at the Legal Profession", en *Essays in Sociological Theory* (New York: Simon & Schuster, rev. ed. 1964), pp. 370, 384. Sobre la afirmación de Sharswood de que los "abogados difunden principios sensatos entre la gente" y llevan el derecho al "hogar [...] de todas las personas", véase Russel G. Pearce, "Lawyers as America's Governing Class: The Formation and Dissolution of the Original Understanding of the American Lawyer's Role", 8 *U. Chi. L. Sch. Roundtable* 381 (2001), p. 390 (cita a George Sharswood, *An Essay on Professional Ethics* [Fred B. Rothman & Co. 1993] [5.ª ed. 1884], pp. 54, 310). Un análisis general puede verse en Gordon, *supra* nota 7, p. 14; David Luban, "The Noblesse Oblige Tradition in the Practice of Law", 41 *Vand. L. Rev.* 717 (1988), pp. 723-724.

[11] Véase una recensión en Deborah L. Rhode, *Access to Justice* (London: Oxford University Press, 2004), pp. 64-66.

[12] ABA *Canons of Prof' Ethics Canon* (1908), p. 4.

peticiones de ayuda de los "compañeros abogados".[13]
Durante el siglo XX, muchos de los líderes de la profesión legal, generosos, ofrecen gratis su tiempo y talento a causas sociales y clientes indigentes. Antes de aceptar un puesto en el Tribunal Supremo, Louis Brandeis era aplaudido por combinar una práctica profesional muy rentable como abogado con servicios pro bono.

> Algunos hombres compran diamantes y raras obras de arte —dijo Brandeis—, [pero] mi lujo es invertir mis esfuerzos sobrantes [...] en el placer de asumir un problema y solucionarlo, o ayudar a solucionarlo, en beneficio de alguien, sin recibir ninguna compensación [económica].[14]

II

El grado en el que las prácticas reales de los abogados reflejan esas responsabilidades públicas ha sido objeto de un debate amplio que no podemos recoger aquí en detalle. Sin embargo, hay pocas dudas de que, en la mayoría de los aspectos, el desempeño de la profesión no ha llegado a lo que se esperaba. Se dice que la profesión jurídica estadounidense está en declive desde hace más de un siglo y que su sentido del profesionalismo está en mora de una "resocialización".[15] Casi todas las expresiones

---

[13] *Ibid.*, Canon 12. Esa regla también señala que la pobreza del cliente podría justificar una tasa reducida, o "incluso no cobrar ninguna". *Ibid.*

[14] Clyde Spillenger, "Elusive Advocate: Reconsidering Brandeis as the People's Lawyer", 105 *Yale L. J.* 1445 (1996) (citas omitidas), p. 1478.

[15] ABA *Comm'n on Professionalism, "... In the Spirit of Public Service:" A Blueprint for the Rekindling of Lawyer Professionalism* (1986), pp. 1-3, disponible en http://www.abanet.org/cpr/professionalism/ Stanley-CommissionReport.pdf; ABA *Comm'non The Renaissance*

de la función cívica del abogado se dieron por primera vez en el marco de las críticas sobre la erosión de la profesión. Brandeis denunció en 1932 que "los abogados capaces, en gran medida, se dedicaron a ser asesores de grandes empresas y descuidaron su obligación de usar sus poderes para la protección de la gente".[16] Wilson afirmó en ese sentido que el "tipo predominante" de abogado a comienzos del siglo XX no era ya el consejero sobre "lo correcto y el deber, [...] [preocupado] por los aspectos universales de la sociedad".[17] Demasiadas veces, como advertía Stone, "la profesión docta del ayer [se ha convertido] en el lacayo de las empresas, contaminada [...] por la moral y los hábitos del mercado en sus manifestaciones más antisociales...".[18]

Ahora bien, los historiadores contemporáneos han encontrado relativamente pocas pruebas de que los abogados ayudaran al cumplimiento de las normas durante la supuesta época dorada de la virtud cívica. De hecho, muchas de las iniciativas de reforma institucional de la profesión jurídica fueron una reacción a la propia complicidad de los abogados con la mala conducta de los clientes.[19] Las recientes presiones competitivas y la

---

of Idealism in the Legal Profession, Renaissance of Idealism in the Legal Profession 2 (2006), disponible en http://www.abanet.orglrenaissance/downloads/finalreport.pdf. Otros ejemplos en Deborah L. Rhode, "The Professionalism Problem", 39 *Wm. & Mary L. Rev.* 283 (1998), pp. 283-84, 303-304, 307.

16 Brandeis, *supra* nota 7, p. 321.

17 Wilson, *supra* nota 8, p. 69.

18 Stone, *supra* nota 3, p. 7.

19 Mary Ann Glendon, *A Nation under Lawyers: How the Crisis in the Legal Profession is Transforming American Society* (Boston: Harvard University Press, 1994), p. 57; Stuart M. Speiser, "Trial Balloon: Sarbanes-Oxley and the Myth of the Lawyer-Statesman", 32 *Litig.* 5, 68 (2005).

orientación hacia la rentabilidad económica han empeo-
rado el problema, como muestran con creces ejemplos
como el de Enron. En demasiados casos, los abogados
han decidido cerrar a propósito sus ojos ante conductas inmorales o no han tenido interés en prevenirlas.[20]
No obstante, en gran medida la respuesta de la profesión
jurídica a una representación legal cegada por los intereses de los clientes no ha pasado de las exhortaciones.
Por ejemplo, unos cien colegios de abogados locales y
estatales han adoptado códigos de conducta cívica programáticos, a pesar de la impresionante falta de pruebas
de que tengan efecto alguno sobre aquellos que más lo
requieren.[21] En absoluto es evidente que normas cuyo
cumplimiento no es obligatorio sean suficientes para contrarrestar otros beneficios obtenidos mediante procedimientos brutales. Uno de los abogados practicantes más
incívicos del país, Joe Jamail, con una fortuna personal
de más de mil millones de dólares, tiene en la Facultad
de Derecho de la Universidad de Texas un pabellón, un

---

[20] Véase Robert W. Gordon, "A New Role for Lawyers? The Corporate Counselor after Enron", 35 *Conn. L. Rev.* 1185 (2003),
pp. 1185-86; David Luban, "Making Sense of Moral Meltdowns",
en Deborah L. Rhode (ed.), *Moral Leadership: The Theory and
Practice of Power, Judgment and Policy* (San Francisco: Jossey Bass,
2004), pp. 57-58; Deborah L. Rhode y Paul Paton, "Lawyers, Enron
and Ethics", en Nancy Rappaport y Bala G. Dharan (eds.), *Enron:
Corporate Fiascos and Their Implications* (New York: Foundation
Press, 2004), pp. 625, 633-640; William Simon, "Rethinking the
Professional Responsibilities of the Business Lawyer", 75 *Fordham
L. Rev.* 1453 (2006); William Simon, "Wrongs of Ignorance and
Ambiguity: Lawyers' Responsibility for Collective Misconduct",
22 *Yale J. On Reg.* 1 (2005), pp. 15-17; Speiser, *supra* nota 19,
pp. 66-67.

[21] Deborah L. Rhode, "Opening Remarks: Professionalism", 52 *S. C.
L. Rev.* 458 (2001), pp. 459-463.

centro de investigaciones jurídicas y dos estatuas en celebración de sus logros.[22]

Además, incluso los abogados más elogiados por la profesión no fueron tan magnánimos en la representación del bien público como suelen suponer las descripciones de la profesión. Por ejemplo, cuando los Padres de la Patria decían "Nosotros, el Pueblo", no estaban usando ese concepto de manera amplia; los derechos que contemplaban pertenecían solo a los varones blancos propietarios de tierras.[23] Por esa razón, el magistrado Thurgood Marshall del Tribunal Supremo declinó unirse a la consagración de los Padres de la Patria durante las celebraciones del bicentenario de la Constitución estadounidense. Señaló que la visión que tenían esos constituyentes de la justicia era "defectuosa en origen".[24] Para subrayar su posición, Marshall se negó a participar en una cabalgata que recreaba la firma de la Constitución, salvo si le dejaban interpretar un personaje que fuera históricamente exacto en lo relativo a su familia, que debía ir vestido con polainas de sirviente y llevar bandejas.[25]

Además, con independencia de cuáles hayan sido las contribuciones de la abogacía a la creación de estructuras equitativas de gobierno en general, su desempeño ha sido mucho menos destacable cuando han estado en juego

---

[22] Jonathan Macey, "Occupation Code 541110, Lawyers' Self-Regulation, and the Idea of a Profession", 74 *Fordham L. Rev.* 1079 (2005), pp. 1088-1089. Otros lugares alrededor de la Universidad también han sido bautizados con su nombre. *Ibid.* Sobre el patrimonio de Jamail, véase Rhode, *supra* nota 21, p. 461.

[23] Deborah L. Rhode, "Letting the Law Catch Up", 44 *Stan. L. Rev.* 1259 (1992), p. 1264.

[24] Mark V. Tushnet, *Making Civil Rights Law: Thurgood Marshall and The Supreme Court, 1936-1961* (New York: Oxford University Press, 1994), p. 5.

[25] Rhode, *supra* nota 23, p. 1264.

sus propios intereses. Como pasa con cualquier grupo de trabajadores, los abogados han tenido dificultades para separar los aspectos en los que sus intereses profesionales divergen de los públicos. La primera investigación sistemática de la ABA sobre procesos disciplinarios reveló lo que la propia comisión de esa organización llamó una "situación escandalosa".[26] Las encuestas sobre los procesos de admisión a los colegios de abogados han encontrado desigualdades crónicas y prácticas abiertamente excluyentes.[27] A pesar de las mejoras recientes, las prácticas de supervisión de la profesión dejan mucho que desear. Por ejemplo, menos del cuatro por ciento de las quejas de los usuarios que dan lugar a procesos disciplinarios acaban en sanciones, y pocos colegios de abogados proporcionan a los consumidores fuentes de información fácilmente accesibles sobre el desempeño de los abogados.[28] Los reguladores del colegio de abogados resuelven todavía con demasiada frecuencia los conflictos

---

[26] ABA *Comm'n on Evaluation of Disciplinary Enforcement, Problems and Recommendations in Disciplinary Enforcement* 1 (1970).

[27] Véase Deborah L. Rhode, *In the Interests of Justice: Reforming the Legal Profession* (New York: Oxford University Press, 2000), pp. 150-51 [Rhode, *In the Interests of Justice*]; Deborah L. Rhode, "Moral Character as a Professional Credential", 94 *Yale L. J.* 491 (1985), pp. 498-503.

[28] Para información sobre las sanciones públicas, véase ABA *Ctr. For Prof'l Responsibility, Survey on Lawyer Discipline Systems*, cuadros 1 y 2 (2006), disponible en http://www.abanet.org/cpr/discipline/sold/06-chl.pdf. Para un estudio general, véase Deborah L. Rhode y David Luban, *Legal Ethics* (5.ª ed. 2008). Para un ejemplo, véase Michael S. Fisch, "No Stone Left Unturned: The Failure of Attorney Self-Regulation in the District of Columbia", 18 *Geo. J. Legal Ethics* 325 (2005), pp. 332-336. Para información relativa a la falta de datos públicos, véase Leslie Levin, "The Case for Less Secrecy in Lawyer Discipline", 20 *Geo. J. Legal Ethics* 1 (2007), pp. 1-2. Para información relativa a los problemas de admisión, véase Rhode, *In the Interests of Justice, supra* nota 27, pp. 150-155.

entre los intereses profesionales y los intereses sociales hacia el lado que les interesa como abogados.[29] Lo mismo pasa con las iniciativas legislativas. La oposición de la profesión organizada a las reformas post Enron, que exigían revelar los fraudes de los clientes, representan solo un ejemplo bien conocido y reciente.[30]

Al problema se le suma el grado excepcional de independencia que la profesión legal ha mantenido sobre sus sistemas de gobierno. Puesto que los tribunales han afirmado tener una competencia inherente para regular la práctica del derecho, y puesto que los jueces estatales dependen a menudo del apoyo de los abogados para su elección y progreso profesional, la profesión jurídica carece de los controles adecuados para su supervisión.[31] Además, debido a que los abogados han tenido una intervención tan dominante en el campo legislativo y administrativo, los Estados Unidos han ido por detrás de otros países a la hora de imponer controles públicos estatales a la autonomía regulatoria de los colegios de abogados.[32]

---

[29] Rhode, *In the Interests of Justice, supra* nota 27, p. 19.

[30] Véase Susan P. Koniak, "When the Hurlyburly's Done: The Bar's Struggle with the SEC", 103 *Colum. L. Rev.* 1236 (2003); Rhode y Paton, *supra* nota 20; *cf.* Speiser, *supra* nota 19, pp. 68-69 (señala la necesidad de reforma y de regresar al estándar ético superior del pasado).

[31] Véase Rhode, *In the Interests of Justice, supra* nota 27, pp. 19-20 y n. 44.

[32] Véanse como ejemplos Legal Services Act, 2007, c. 29 (Eng.); Leslie C. Levin, "Building a Better Lawyer Discipline System: The Queensland Experience", 9 *Legal Ethics* 167 (2006), pp. 193-194; Richard Parnham, "The Clementi Reforms in a European Context-Are the Proposals Really that Radical?", 8 *Legal Ethics* 195 (2005); Deborah L. Rhode, "In the Interests of Justice: A Comparative Perspective on Access to Legal Services and Accountability of the Legal Profession", 56 *Current Legal Probs.* 93 (2003), pp. 114-119.

Así que el desempeño de la abogacía con respecto al acceso a la justicia revela también una bifurcación desalentadora entre principios y práctica. No hay ninguna investigación profunda con respecto a las contribuciones pro bono de los abogados antes de mediados del siglo XX, pero las pruebas limitadas disponibles no son muy tranquilizadoras.[33] Las encuestas muestran que los abogados promedian treinta y cinco horas anuales de trabajo caritativo de las que se benefician personas pobres.[34] La mayoría de los servicios pro bono son prestados a amigos, familiares y empleados de los abogados y a sus clientes, o a las asociaciones de abogados y organizaciones de clase media y alta, como pequeñas ligas deportivas y asociaciones sinfónicas.[35] Pocos abogados informan estar involucrados en la reforma del derecho.[36] Aunque la situación actual ha mejorado enormemente, los mejores datos disponibles señalan que la contribución pro bono promedio sigue siendo menos de medio dólar por día y media hora por semana.[37] Sin embargo, las propuestas

---

[33] Deborah L. Rhode, *Pro Bono in Principle and in Practice* (2005), pp. 5-6.

[34] Véase Richard L. Abel, *American Lawyers* (1989), pp. 129-130; *Jerold S. Auerbach, Unequal Justice* (1976), p. 282; Rhode, *supra* nota 33, p. 14; Joel F. Handler *et al.*, "The Public Interest Activities of Private Practice Lawyers", 61 *ABA J.* 1388 (1975), p. 1393.

[35] Véase los estudios citados en Rhode, *supra* nota 33, p. 14; Rhode, *supra* nota 32, p. 100.

[36] Véanse los estudios citados en Rhode, *supra* nota 33, p. 14.

[37] *Ibíd.*, p. 20. Los resultados de la encuesta de la ABA, que concluyen que una mayoría de los abogados informan prestar servicios pro bono, no son incongruentes con esta estimación, teniendo en cuenta que la contribución promedio de horas que ofrecen asistencia pro bono debe ajustarse con el número de los que no lo hacen y con las contribuciones pro bono que implican actividades como servicios al colegio de abogados. Para los resultados de la encuesta de la ABA, véase ABA Standing Commission on Pro Bono

que contemplan algún grado mínimo de asistencia legal gratuita han encontrado una resistencia formidable.[38] Todavía hoy solo cinco estados exigen informar sobre las contribuciones pro bono de los abogados, y casi no hay esfuerzos por evaluar la calidad del trabajo.[39]

Otras políticas de la abogacía sobre el acceso a la justicia han sido igual de inadecuadas.[40] Hasta la década de los sesenta, los abogados apoyaron poco la prestación de servicios legales subsidiados por el Estado, y muchas veces se opusieron de manera activa, alegando que produciría una "socialización" de la profesión.[41] La campaña de los colegios de abogados contra la "práctica no autorizada del derecho", incluso por competidores cualificados, ayudó a que el costo de la justicia estuviera fuera del alcance de la gran mayoría de las personas de bajos ingresos.[42] Aunque en tiempos recientes la profesión ha apoyado la asistencia jurídica gratuita provista por el Estado, no ha hecho demasiada presión política para que eso pase, y sus políticas sobre la práctica jurídica de los no abogados y el ejercicio de la defensa jurídica por el propio acusado reflejan el prejuicio tradicional contra la

---

and Pub. Serv., *Supporting Justice: A Report on the Pro bono Work of America's Lawyers* (2005), p. 4.

[38] Véase Rhode, *supra* nota 33, pp. 15-17, 31-46.

[39] ABA State-by-State *Pro bono* Service Rules, http://www.abanet.org/legalservices/probono/stateethicsrules.html (última consulta: 8 de febrero de 2009). Sobre la ausencia de datos de calidad, véase Rhode, *supra* nota 33, pp. 40-43, 174.

[40] Rhode, *supra* nota 11, p. 112.

[41] *Ibid.* p. 60 (cita una advertencia del presidente de la ABA hecha en 1950).

[42] Rhode, *In the Interests of Justice, supra* nota 27, pp. 135-140; Deborah L. Rhode, "Policing the Professional Monopoly: A Constitutional and Empirical Analysis of Unauthorized Practice Prohibitions", 34 *Stan. L. Rev.* 1 (1981), pp. 6-10. Véase un recuento histórico en Rhode, *supra* nota 11, pp. 75-76.

competencia.[43] En parte como consecuencia de esto, se calcula que cuatro quintos de las necesidades jurídicas individuales de los estadounidenses de bajos ingresos y dos tercios de los de ingresos moderados no están satisfechas.[44] Es una ironía vergonzosa que la nación que tiene la concentración más alta de abogados tenga uno de los sistemas menos adecuados para hacer accesibles los servicios jurídicos.

III

Según un informe reciente de la Comisión para el Renacimiento del Idealismo en la Profesión Jurídica, de la ABA, "mientras que es una verdad incuestionable que el ritmo y las presiones de la práctica moderna plantean retos a los valores de la profesión, es igual de cierto que está bien vivo el espíritu del idealismo necesario para abordar esos retos".[45] Si es así, harán falta mayores esfuerzos e ir más allá de las iniciativas, en gran medida exhortatorias, recogidas en ese informe (como son los reconocimientos públicos por los servicios prestados, los modelos de presentaciones de PowerPoint, las campañas publicitarias, los programas de educación continua, los consejos y los broches de solapa con el lema "Soy un idealista").[46] Plasmar las obligaciones cívicas de la profesión legal en las prácticas cotidianas requerirá una

---

[43] Rhode, *supra* nota 11, pp. 84-90.

[44] Para información sobre los estadounidenses de bajos ingresos, véase *Legal Serv. Corp., Documenting the Justice Gap in America* (2005), pp. 12-18. Para información sobre los estadounidenses de clase media, véase Rhode, *supra* nota 11, p. 79.

[45] ABA *Comm'n on the Renaissance of Idealism in the Legal Profession, supra* nota 15, p. 2.

[46] *Ibid.*, pp. 20-23.

retórica algo menos idealista y una reforma más estructural. No es ahora el momento de diseñar un modelo completo, pero la dirección general del cambio está clara. En esencia, la profesión jurídica necesita hacerse más responsable ante la sociedad por sus responsabilidades públicas. Si, como lamentan a menudo los abogados, la profesión se ha convertido más en un negocio, entonces necesita regularse más como si fuera un negocio.[47] Aunque sigue siendo necesario cierto grado de independencia profesional, modelos de otros países indicarían que esa independencia puede mantenerse con sistemas de gobierno que toman una mayor distancia con respecto a los propios intereses de la profesión legal organizada.[48] Como mínimo, esos sistemas necesitan proporcionar más transparencia con respecto al desempeño de los abogados y sanciones más duras para los cómplices de las malas conductas de los clientes.

La estructura regulatoria de la profesión y las normas laborales deben proporcionar más apoyo a las responsabilidades públicas de los abogados cuando representan clientes particulares. Una de esas responsabilidades es

---

[47] Véase, por ejemplo, David Barnhizer, "Profession Deleted: Using Market and Liability Forces to Regulate the Very Ordinary Business of Law Practice for Profit", 17 *Geo. J. Legal Ethics* 203, 221 (2004); Russell G. Pearce, "Law Day 2050: Post-Professionalism, Moral Leadership, and the Law-as-Business Paradigm", 27 *Fla. St. U. L. Rev.* 9 (1999); Russell G. Pearce, "The Professionalism Paradigm Shift: Why Discarding Professional Ideology Will Improve the Conduct and Reputation of the Bar", 70 *N. Y. U. L. Rev.* 1229 (1995); *cf.* Macey, *supra* nota 22 (investiga el giro en la abogacía y señala el incremento de la competencia y la reducción del sentido cívico y del profesionalismo que han ido de la mano de ese giro).

[48] Véase Rhode, *In the Interests of Justice, supra* nota 27, p. 162. Para descripciones de las estructuras corregulatorias en las que el colegio de abogados comparte la autoridad de vigilancia con órganos independientes, véase Rhode y Luban, *supra* nota 28, pp. 984-985.

fomentar el cumplimiento de los fines de la ley, además de su letra, y de los principios esenciales de honestidad y equidad de los que depende el debido proceso.[49] Eso, a su vez, requerirá mejores estructuras de supervisión de los despachos de abogados y de los departamentos jurídicos de las empresas, y criterios de responsabilidad civil más severos para los abogados que no cumplan con sus obligaciones.[50] La brújula ética de cada uno de nosotros se beneficia de algunos controles externos; los clientes necesitan presión de los abogados, y los abogados necesitan presionarse entre sí.[51]

Con respecto a los servicios pro bono, los abogados necesitan no solo exhortaciones, sino expectativas vinculantes, impuestas por los tribunales, los colegios de abogados o los empleadores de servicios jurídicos.[52] Debería haber más información disponible para el público en general sobre las contribuciones pro bono de los abogados y la calidad de los servicios prestados. Desde que Florida ha exigido informar sobre el trabajo pro bono, el número de abogados que presta servicios a los pobres ha aumentado un 35 por ciento, el número de horas ha aumentado un 160 por ciento y las contribuciones financieras han aumentado un 243 por cien.[53] Las clasificaciones de *The American Lawyer* sobre las contribuciones pro bono de los grandes despachos y la visibilidad especial que da a

---

[49] Véase *Model Rules of Prof'l Conduct R.* (2002), normas 3.3, 3.4; Deborah L. Rhode, "Moral Counseling", 75 *Fordham L. Rev.* 1317 (2006), pp. 1319, 1329.

[50] Véase Gordon, *supra* nota 20, pp. 1210-1211 (explica la posible estructura de supervisión); Rhode, *supra* nota 49, pp. 1333-1334.

[51] Rhode, *supra* nota 49, p. 1334.

[52] Rhode, *supra* nota 33, pp. 167-169.

[53] Standing Commission on *Pro Bono* Legal Service, *Report to the Supreme Court of Florida, The Florida Bar and the Florida Bar Foundation on the Voluntary Pro Bono Attorney Plan* (2006), p. 3.

los que tienen mejor desempeño y un "buen desempeño constante", han tenido también una repercusión considerable.[54] Pero son necesarios más esfuerzos y hacer prioritario que más estudiantes de derecho y más clientes pidan mejores registros públicos de información.[55]

Las facultades de derecho necesitan también ser socias más activas en esos esfuerzos. En demasiadas instituciones educativas las cuestiones de responsabilidad profesional son relegadas a un solo curso, que se concentra en gran medida en los requisitos mínimos de las Normas Modelo de Conducta Profesional de la ABA.[56] El resultado es una ética jurídica sin un componente ético y la poca atención que se les presta a las cuestiones más generales de acceso a la justicia.[57] Un estudio reciente de la Fundación Carnegie sobre la educación jurídica encontró que las cuestiones de responsabilidad social o los asuntos relativos a la justicia rara vez recibían cobertura en las materias centrales del currículo; cuando esas cuestiones surgían, era "casi siempre como apéndices".[58] En mi propia encuesta nacional reciente a varios miles de abogados, solo el uno por ciento informó que los servicios pro bono hubieran sido cubiertos en los

---

[54] Ben Hailman, "*Pro Bono* Starts at the Top", *Am. Law*, julio de 2007, http://www.law.comjsp/article.jsp?id=1 183107989276.

[55] Véase Rhode, *supra* nota 33, pp. 167-171. Una de esas iniciativas es Building a Better Legal Profession (literalmente, "conseguir una mejor profesión legal"), una base de datos que clasifica a los despachos en función de su diversidad y su historial pro bono. Building a Better Legal Profession, http://www.betterlegalprofession.org/leadership.php (última consulta: 8 de febrero de 2009); véase Adam Liptak, "In Students' Eyes, Look-Alike Lawyers Don't Make the Grade", *N. Y. Times*, 29 de octubre de 2007, p. A10.

[56] Rhode, *In the Interests of Justice*, *supra* nota 27, pp. 200-201.

[57] *Ibid.*

[58] William M. Sullivan *et al.*, *Educating Lawyers* (San Francisco: Jossey Bass, 2007), p. 187.

programas de orientación y en los cursos de responsabilidad profesional; solo el tres por ciento informó que esas cuestiones recibían un apoyo visible de los profesores de la facultad.[59] Otro estudio nacional determinó que menos de la mitad de los estudiantes realizaron trabajo pro bono cuando estuvieron en la facultad de derecho. Si los educadores de los abogados se toman en serio reforzar los valores del servicio público, no pueden tratar estas cuestiones de responsabilidad profesional como si fueran responsabilidad de otros.

Hace 65 años Harlan F. Stone les recordaba a las facultades de derecho su necesidad de recoger casos y hechos que estimularan[60] el "idealismo latente" de la profesión.[61] David Wilkins recoge temas parecidos en un discurso a la plenaria de la Association of American Law Schools.[62] En sus comentarios sobre las responsabilidades profesionales de las facultades universitarias que forman profesionales, Wilkins habló de la responsabilidad de estudiar la profesión jurídica y enseñar sobre ella:

> En una época en la que la profesión jurídica estadounidense está transformándose radicalmente en casi todas sus características, [...] el mundo académico del derecho tiene que convertirse en un participante activo en el desarrollo [...] [de un] conocimiento sobre la práctica del derecho

---

[59] Rhode, *supra* nota 33, p. 162.

[60] *Ind. Univ. Cir. for Postsecondary Research, Student Engagement in Law Schools: A First Look* (2004), p. 8.

[61] Stone, *supra* nota 3, p. 12.

[62] David B. Wilkins, "The Professional Responsibility of Professional Schools to Study and Teach About the Profession", 49 *J. Legal Educ.* 76 (1999).

que nos permita crear una visión de la abogacía apropiada para el siglo XXI.[63]

Si queremos que esa visión incluya las obligaciones de los abogados como ciudadanos públicos, con una "responsabilidad especial con la calidad de la justicia", debemos también asumir esa responsabilidad nosotros mismos como abogados.

---

[63] *Ibid.*, pp. 76-77.

LOS ABOGADOS COMO DEFENSORES DE LA DIGNIDAD HUMANA (CUANDO NO ESTÁN OCUPADOS ATACÁNDOLA)

David Luban[*]

---

[*] Profesor de Derecho y Filosofía, Universidad de Georgetown.

Cuando reflexionaba sobre el sentido de esas afirmaciones, me pareció que no eran suficientes las tantas cosas dichas sobre la excelencia de la naturaleza humana: que el hombre es el vínculo entre las criaturas, familiar de las superiores, soberano de las inferiores; intérprete de la naturaleza por su agudeza de los sentidos, por la indagación de la razón, por la luz de su intelecto; intersticio entre la inmutabilidad de lo eterno y el flujo del tiempo, y cópula, o más bien síntesis, del mundo, solo un poco inferior respecto a los ángeles (según el testimonio de David). Cosas grandes e importantes todas ellas, pero no tanto como para que reivindique con justicia el privilegio de la máxima admiración.

Pico della Mirandola, *Oración sobre la dignidad del hombre* (1486)[1]

---

[1] Pico della Mirandola, *Oración sobre la dignidad del hombre* (1486) (traducción propia).

Hace unos pocos meses cené con una socia del departamento procesal de un despacho de abogados de Washington, famoso por su combatividad, especializado en la defensa de delitos financieros —de "cuello blanco"— y en la representación belicosa de políticos y abogados en problemas. Me preguntó en qué estaba trabajando, y le dije que había estado pensando sobre el concepto de *dignidad humana* y su conexión con el derecho. Esperaba la respuesta cauta, neutral, que las personas con sentido práctico de las cosas dan a menudo ante cuestiones filosóficas abstractas; una de esas respuestas cautas apropiadas cuando tu compañero de cena te explica que ha estado pensando mucho en los últimos tiempos sobre el Bien, la Verdad y la Belleza. En lugar de eso, sonrió y me contestó: "Me parece algo de enorme interés, porque defender la dignidad humana es lo que hago en mi trabajo todos los días".

Su respuesta fue espontánea y sin atisbo de duda. Me parecía destacable que dijera eso. Después de todo, "defender la dignidad humana" es una forma muy abstracta, intelectualizada, de describir un trabajo tan concreto como librar a clientes de cárceles sórdidas, el trabajo de mi amiga. No creo que sus adversarios usen la frase "defender la dignidad humana" para describir las combativas tácticas judiciales por las que su despacho es famoso. Sin embargo, espero que muchos abogados, y no solo los que trabajan con tribunales, estén de acuerdo con ella. Además, reflexionando después, he terminado por reconocer que es justo la preocupación por la dignidad humana la que está en el fondo de los argumentos sobre ética jurídica que me han interesado durante más de veinte años. Hoy quiero revisar algunos de esos argumentos y usarlos para comprobar un par de hipótesis de trabajo: en primer lugar, que la defensa de la dignidad humana es lo que hace que merezca la pena practicar el derecho y, en segundo lugar, que el proceso contradictorio cae en excesos erróneos cuando ataca la dignidad humana en lugar de defenderla.

Como es obvio, el concepto de *dignidad humana* plantea problemas complejos, de difícil solución, para un filósofo, y no podemos limitarnos a usar la expresión sin ocuparnos del estudio de lo que significa, si es que tiene algún significado específico. Como dijo Pico della Mirandola hace cinco siglos, las razones para defender la dignidad humana que alegan muchas personas (incluido, por cierto, Pico della Mirandola) no consiguen satisfacerme. El concepto de *dignidad humana* surge de las raíces teológicas de las religiones abrahámicas. Las razones usuales para proclamar la dignidad humana son que la humanidad es creada a imagen de Dios, que los humanos tienen dominio sobre el resto de la naturaleza o que el hombre está formado de espíritu. Todas esas razones son artículos de fe que están más allá de toda prueba y no creo que sea posible una reformulación racional equivalente de carácter secular. Las pruebas racionalistas de que tenemos alma inmortal no han sobrevivido las críticas filosóficas de Kant, Nietzsche o, a esos efectos, Aristóteles. En cualquier caso, la inmortalidad conferiría dignidad al alma solo si el alma ya poseyera dignidad por otras razones: unas cucarachas inmortales no tendrían más dignidad que sus homólogas mortales; solo sería más difícil librarse de ellas. Por desgracia, la imagen de la psique humana que surge de la psicología científica es más humillante que dignificante.[2] Más con-

---

[2]   Es una imagen de seres que, en una amplia variedad de casos, falsean inconscientemente la realidad y cambian sus propios valores cuando lo necesitan para mantener la creencia esencial en su propia bondad inherente. Resumo y analizo los resultados relevantes en la psicología social experimental en David Luban, "Integrity: Its Causes and Cures", 72 *Fordham L. Rev.* 279 (2003), y David

trovertida es la identificación de la dignidad humana con la autonomía, por ser errónea, o así lo argumentaré.

A mi juicio, todos esos esfuerzos fracasan porque intentan presentar alguna propiedad metafísica de los humanos que nos convierte en la joya de la creación, en los eslabones mortales supremos de la Gran Cadena del Ser. Sospecho que la dignidad humana no es una propiedad metafísica de los humanos, sino una propiedad de las relaciones entre humanos, entre, por decirlo así, el dignificador y el dignificado. Para expresarlo de otra manera, la dignidad humana refleja una *manera* de ser humano, no una *propiedad* de ser humano. Puede incluso ser el nombre de más de una manera de ser humano. Pero eso es adelantarme. En este momento quiero enfocarme en la cuestión de definir la dignidad humana de forma modesta e inductiva, estudiando varios ejemplos de argumentos que conectarían con aquello que los abogados hacen para la defensa de la dignidad humana.

Hay que reconocer que hay algo bastante absurdo en el intento de aproximarse a una gran cuestión filosófica, profunda, echando un vistazo en los pasillos de los despachos de abogados. Pero me tomo a mi amiga procesalista con seriedad. No hay nada absurdo en conectar la dignidad humana con la persona reconocida por el derecho y los derechos jurídicos, y son los abogados los que elaboran y deshacen esos derechos. Al examinar argumentos sobre lo que hacen los abogados, espero proporcionar cierto sentido sobre qué significa *dignidad humana*, y de esa forma esbozar una imagen de lo que los abogados y los que los estudiamos queremos decir cuando invocamos la dignidad humana.

Luban, "The Ethics of Wrongful Obedience", en *Ethics in Practice* (Deborah L. Rhode, ed., 2000), p. 94.

Sin embargo, tengo también un proyecto más ambicioso, aparte de examinar unos cuantos argumentos sobre los abogados. El concepto de *dignidad humana* aparece brevemente, como tal, en las discusiones sobre ética jurídica, aunque argumentaré que ocupa una posición más central que lo que muchos autores estiman. Sin embargo, la dignidad humana tiene una relevancia crucial en el derecho contemporáneo de los derechos humanos.

Los documentos más fundamentales de los derechos humanos elaborados durante el siglo XX le reconocen a la dignidad humana un lugar prominente. El preámbulo de la Carta de las Naciones Unidas declara como fin reafirmar "la fe [...] en la dignidad y el valor de la dignidad humana...".[3] El artículo 1 de la Declaración Universal de los Derechos Humanos comienza diciendo: "Todos los seres humanos nacen libres e iguales en dignidad y derechos".[4] El proyecto de la Carta de Derechos Fundamentales de la Unión Europea comienza con un artículo titulado "Dignidad humana", que dice simplemente: "La dignidad humana es inviolable. Debe ser respetada y protegida".[5] Además, el principio VII de los Acuerdos de Helsinki presenta una proposición filosófica: que todos los derechos humanos "derivan de la dignidad inherente a la persona humana".[6]

---

[3] Preámbulo, Carta de las Naciones Unidas.

[4] Declaración Universal de Derechos Humanos, G. A. Res. 217A(InI), U. N. GAOR, 3d Sess., art. 1, p. 71, U. N. Doc. A/810 (1948), disponible en http://www.un.org/es/documents/udhr/.

[5] Carta de los Derechos Fundamentales de la Unión Europea, art. 1, 7 de diciembre de 2000, O. J. (C364) 1 (2000).

[6] "Final Act Conference on Security and Cooperation in Europe", 1 de agosto de 1975, 73 *Dep't St. Bull.* 323 (1975). Véase también, en general, Oscar Schachter, "Human Dignity as a Normative Concept", 77 *Am. J. Int'l L.* 848 (1983).

La frase "dignidad inherente de la persona humana" es, de modo evidente, vaga, y los redactores de esos instrumentos dejaron esa vaguedad a propósito. Cuando se redactó la Declaración Universal de los Derechos Humanos, parecía en principio una buena idea incluir a filósofos y teólogos de todo el mundo para ayudar a aclarar conceptos básicos. Sin embargo, como era predecible, se enfrascaron en disputas sectarias. Los redactores terminaron por acordar un texto que redujera las cuestiones metafísicas y teológicas conexas.[7] El resultado fue un documento que, como resultado de una estrategia consciente, nada dice sobre lo que significan conceptos como *dignidad humana*. Ese silencio es estratégico, porque permite que los individuos incorporen sus propias definiciones de esos conceptos.

¿Eso es lo que nos aconseja la sabiduría? No del todo, y el desarrollo de la doctrina de derechos humanos nos muestra por qué. Un concepto que puede significar cualquier cosa no significa nada; me parece que la invocación de la dignidad humana en los documentos de derechos humanos no efectúa ningún esfuerzo conceptual por explicar qué derechos debería tener toda persona. Por ejemplo, si alguien niega que el derecho a la libertad de expresión o a la maternidad pagada sean auténticos derechos humanos, y ambos aparecen en los instrumentos de derechos humanos, a pesar de que algunas naciones niegan su validez, ¿cómo podría defenderse o refutarse esa posición diciendo que los derechos humanos derivan supuestamente de la dignidad humana, cuando el concepto de *dignidad humana* se ha dejado de manera intencional vacío de contenido? Como es evidente, la

---

[7] Johannes Morsink, *The Universal Declaration of Human Rights: Origins, Drafting, and Intent* (1999), pp. 284-302.

respuesta es que se dan argumentos políticos y diplomáticos a favor o en contra de esa posición, y tal vez eso sea lo mejor que cabe esperar desde un punto de vista práctico. No obstante, si eso es así, entonces la invocación de la dignidad humana en los instrumentos jurídicos resulta ser una retórica vacía, una rueda conceptual separada del resto de la maquinaria.

Tendría la esperanza de llegar a algo más, de lograr una comprensión de la dignidad humana que no abarque demasiadas cuestiones importantes, pero que tenga, no obstante, suficiente contenido para ser usada de hecho en la crítica de las prácticas existentes. Esa es una tarea mucho más amplia, como es obvio, que comprender cómo los abogados defienden la dignidad humana (cuando no están ocupados atacándola). Pero querría emprender esa tarea más modesta como un paso hacia la más ambiciosa, hacia una comprensión de la dignidad humana en todas sus manifestaciones, no solo en aquellas que pertenecen a nuestras interacciones como parte de la profesión jurídica.

I. LA DIGNIDAD HUMANA Y EL DERECHO
A UN ABOGADO: EL ARGUMENTO
DE ALAN DONAGAN

Comencemos con la pregunta más básica sobre la función de los abogados como defensores en los tribunales: ¿Por qué los litigantes deben tener abogados? La respuesta que, en el transcurso de los años, me ha gustado más, es la del filósofo, ya fallecido, Alan Donagan: "No importa lo deshonesto que haya sido alguien en el pasado; no se respeta su dignidad como ser humano si en cualquier asunto serio uno se niega, siquiera provisionalmente, a tratar su testimonio como un argumento ofrecido de buena fe".[8] Un corolario inmediato de ese principio es que las partes que participan en un proceso deben tener la oportunidad de contar sus historias y argumentar la forma en que comprenden la ley. Un sistema procesal que se limitara a callar a una parte y se negara siquiera a considerar cuál es su versión del caso estaría, en efecto, tratando su relato como si no existiera y trataría su punto de vista como si fuera, en un sentido literal, despreciable.

Una vez que aceptamos que la dignidad humana requiere que los abogados litigantes sean escuchados, la justificación de contar con un defensor se hace evidente. Los individuos pueden ser malos oradores públicos. Pueden ser inconexos, incultos, mentalmente desorganizados o estúpidos sin más. Puede que no sepan nada de derecho y, por consiguiente, sean incapaces de argumentar su interpretación del derecho. Al no conocer el derecho, pueden omitir los hechos mismos que justifiquen su posición jurídica o concentrarse en partes de la historia que son irrelevantes o les perjudican.[9] Pueden ser incapaces de usar derechos procesales básicos, como objetar las preguntas principales de su contendiente judicial. Sus voces pueden ser chirriantes o demasiado confusas. Pueden hablar un dialecto o incluso no conocer el idioma del proceso. Nada de esto debería importar. La dignidad humana no depende de si se es estúpido

---

[8] Alan Donagan, "Justifying Legal Practice in the Adversary System", en *The Good Lawyer: Lawyers' Roles and Lawyers' Ethics* (David Luban ed., 1984), p. 130.

[9] "Cuando Clarence Gideon asumió su propia defensa en un caso de violación de domicilio porque no podía permitirse un abogado, gastó gran parte de su tiempo en demostrar que la noche del delito no estaba borracho, lo que era irrelevante para la acusación que se le hacía, y pasó totalmente por alto las debilidades reales del caso planteado por la fiscalía. ¿Cómo podía haber sabido que no era eso lo que tenía que hacer?" Anthony Lewis, *Gideon's Trumpet* (1964), pp. 59-62.

o listo. De ahí la necesidad de un defensor. Igual que alguien que no habla la lengua dominante necesita un intérprete, el que no tiene la capacidad de hablar la lengua del derecho, debería tener, en el mejor sentido del término, un portavoz.[10]

Por consiguiente, el argumento de Donagan conecta el derecho a un abogado con la dignidad humana en dos pasos: en primer lugar, la dignidad humana exige que los litigantes sean oídos y, en segundo lugar, sin un abogado no pueden ser oídos. Como es obvio, el argumento es una abstracción con respecto a la realidad. En la vida real, los defensores crean teorías del caso y estructuran sus argumentos y pruebas sin preocuparse demasiado de si su teoría es la teoría del cliente. Los clientes, a su vez, y por lo general, no tienen una teoría del caso, y lo que les interesa es el resultado final, no la fidelidad con la que su abogado representa la versión que tienen de la realidad. Esa no es una objeción determinante. El derecho fuerza una organización artificial y estilizada en la manera en que las historias son contadas; para el momento del juicio, todo relato legalmente coherente de la historia del cliente tendrá un parecido tenue con su versión bruta. Justo cuando el cliente es incoherente, irreflexivo o estúpido, sin más, es que la versión de la historia del cliente elaborada por el abogado será más fuerte, limpia y detallada que la propia versión del cliente. El abogado leerá entre líneas y tal vez le insufle a la historia más sutileza de la que jamás podría incorporar su cliente. No obstante, reconozco que si el abogado la adorna demasiado, en cierto punto la historia cesa de ser la del cliente y pasa a ser la versión dramatizada de la historia

---

[10] He desarrollado ese argumento en David Luban, *Lawyers and Justice: An Ethical Study* (1988) [Luban, *Lawyers and Justice*], pp. 85-87.

del cliente elaborada por el abogado. La diferencia es de grado, no de especie, pero eso no la hace menos real. Por el momento, pospondré el análisis de las implicaciones de este aspecto para nuestro análisis de la dignidad humana; pero quiero retomarlo otra vez brevemente.

Si el abogado es el portavoz del cliente o, para usar una expresión más favorable, su voz, que cuenta la historia del cliente e interpreta el derecho desde su punto de vista, se deduce que la defensa legal tiene límites. El abogado no puede, a sabiendas, contar una historia falsa, y tal vez en algunas circunstancias esa prohibición incluya la ignorancia consciente, por la cual el abogado toma medidas para evitar saber que la historia que cuenta es falsa.[11] Como lo expresa Donagan, la historia tiene que tener un mínimo de credibilidad necesaria, de manera que pueda presumirse provisionalmente como un relato de buena fe.[12]

Hace unas décadas, Lon Fuller y John Randall redactaron una declaración cuasi oficial del principio de la ética en los procesos contradictorios y argumentaron que un abogado "falta a sus obligaciones de responsabilidad profesional cuando su deseo de ganar lo lleva a enturbiar los fundamentos de la decisión, cuando en lugar de ofrecer una perspectiva necesaria en una controversia, distorsiona y ensombrece su auténtica naturaleza".[13] Sospecho que casi todos los abogados litigantes estarían en desacuerdo con esa conclusión. No obstante, en los

---

[11] Véase David Luban, "Contrived Ignorance", 87 *Geo. L. J.* 957 (1999) (en el que se analiza si los abogados pueden legítimamente eludir el conocimiento de la culpa con respecto a sus clientes).

[12] Donagan, *supra* nota 8, p. 130.

[13] Lon L. Fuller y John D. Randall, "Professional Responsibility: Report of the Joint Conference", 44 *ABA J.* 1159 (1958), p. 1161.

términos del argumento de Donagan, esa proposición me parece correcta en gran medida.[14]

Volvamos al principio subyacente al argumento de Donagan:

> No importa lo deshonesto que haya sido alguien en el pasado; no se respeta su dignidad como ser humano si en cualquier asunto serio uno se niega, siquiera provisionalmente, a tratar su testimonio como un argumento ofrecido de buena fe.[15]

¿Qué significa la frase *dignidad humana* en este principio? En apariencia, honrar la dignidad humana de una parte en un proceso significa dejar en suspenso la desconfianza y escuchar la historia que nos tiene que contar. Así que en ese contexto, la dignidad humana significa, a grandes rasgos, tener una historia propia.

Añado el adjetivo *propia* para subrayar el carácter subjetivo, en primera persona, que tiene la historia. Fuller describió una vez el trabajo del abogado como mostrar el caso "en el aspecto que asume cuando se ve desde esa esquina de la vida en la que el destino ha arrojado a su cliente".[16] La historia del cliente no es solo la historia en la que aparece: es la historia que tiene que contar. La historia es sobre él en ambos sentidos de la preposición: él es el objeto de la historia y también su centro.

---

[14] Pero sigue habiendo mucho espacio para la controversia sobre hasta dónde se extiende el margen del defensor para conducir a engaño. Véase David Luban, "Are Criminal Defenders Different?", 91 *Mich. L. Rev.* 1729 (1993), pp. 1759-1762.

[15] Donagan, *supra* nota 8, p. 130.

[16] Lon L. Fuller, "The Adversary System", en *Talks on American Law* (Harold Berman, ed., 1961), p. 32.

Gira en torno a él, como para los terrestres el sol gira en torno a la tierra (ni más ni menos).[17]

Ahora bien, la subjetividad es una cuestión esquiva. Como observó Wittgenstein, mi subjetividad, en sentido estricto, en absoluto es parte del mundo. Es el límite del mundo, como mi ojo es el límite de mi campo visual, más que una parte de él.[18] Si fuera a escribir un libro en el que constaran todos los hechos del mundo, incluidos todos los hechos relativos a mí, sobre David Luban, mi subjetividad no estaría en él. El libro, que Wittgenstein sugiere que titulemos como *El mundo tal y como lo encuentro*, registraría cada hecho sobre David Luban, excepto que *yo* soy David Luban.[19]

Parece evidente, intuitivamente, que, esquiva o no, mi propia subjetividad está en el núcleo mismo de nuestra preocupación por la dignidad humana. Como es obvio, solo un psicótico o un solipsista piensa realmente: "el mundo gira en torno a *mí*". Pero, aunque sea tautológico, *mi* mundo gira en torno a mí, es decir, soy el ser necesario en mi mundo. Eso es algo que a veces se conoce como *conflicto egocéntrico*.[20] La dignidad humana es, en cierto

---

[17] Mi propio pensamiento sobre las historias de las personas ha estado muy influenciado por el análisis de Hannah Arendt en *The Human Condition* (1958), pp. 181-188; esta idea concreta está en la p. 184. Véase David Luban, *Legal Modernism* (1994), en el que analizo la narrativa en las secciones Introduction y Concluding Reflections, y me concentro en las ideas de Arendt en el capítulo 4. Véase, en general, Robert P. Burns, *A Theory of the Trial* (1999) (en el que analizo los procesos judiciales como estructuras narrativas).

[18] Ludwig Wittgenstein, *Tractatus Logico-Philosophicus* § 5.632, 5.633, 5.6331, p. 117 (D. F. Pears y B. McGuiness, trad., 1961) (1921).

[19] *Ibíd.* § 5.631, p. 117. Mi formulación de este punto deriva de Wittgenstein y de Thomas Nagel, *The View from Nowhere* (1986), pp. 55-56.

[20] El concepto proviene de Ralph Barton Perry, "The Egocentric Predicament", 7 *J. Phil. Psych. & Sci. Methods* 5 (1910) (now *J. Phil.*).

sentido, una generalización del conflicto egocéntrico. Los seres humanos tienen un peso ontológico porque cada uno de nosotros es un "Yo", y yo tengo un peso ontológico. Si otros me tratan como si yo no tuviera peso ontológico, denigran de manera fundamental mi condición en el mundo. Equivale a una forma de humillación que viola mi dignidad humana. De ahí el principio de Donagan: honrar la dignidad de un demandante o un demandado como persona nos exige oír la historia que tiene que contarnos, porque no tenerla en cuenta y excluirla equivale a tratar la subjetividad de ese individuo, y su correspondiente punto de vista, como si fueran del todo insignificantes.[21]

Parecería, en este punto, que estoy explicando la dignidad humana mediante una teoría metafísica. La subjetividad nos da peso ontológico, por lo que ignorar la subjetividad de alguien implica negar que tenga peso ontológico, y eso la humilla. El problema es, como he señalado, que la subjetividad no es en verdad un hecho metafísico sobre nosotros: no aparece en ningún lado del *Gran libro de los hechos*, en "El mundo como yo lo encuentro".[22] Así que quisiera proponer otra forma de expresar nuestras principales intuiciones, invirtiendo el orden de la explicación. Ciertas formas de tratar a las personas las humillan; humillar a las personas niega su dignidad humana. Una de esas humillaciones consiste en suponer que ciertos individuos no tienen un punto de vista que merezca la pena ser escuchado o expresado, y eso equivale a negarle un peso ontológico a su punto

---

[21] Véase Donagan, *supra* nota 8, pp. 130, 133.

[22] Un kantiano diría que la subjetividad, en el sentido aquí descrito, es un hecho trascendente, no un hecho empírico. Véase, por ejemplo, Immanuel Kant, *Critique of Pure Reason,* *A346/B404, *A355, *B426-27.

de vista. En lugar de comenzar con una teoría metafísica de la subjetividad, identificando la subjetividad con la dignidad y usándola para explicar por qué humillar a las personas viola la dignidad humana, propongo que comencemos partiendo de la proposición de que humillar a las personas les niega su dignidad humana. Luego explicaré lo que es la dignidad humana intentando aislar las características fundamentales de la humillación, que en este caso es tratar la historia y el punto de vista de una persona como algo insignificante. En efecto, una explicación de tal clase comienza con una relación entre personas, entre el dignificador y el dignificado, llamada "honrar (o respetar) la dignidad humana". La dignidad humana pasa, de entenderse como un concepto originario, a convertirse en un concepto derivado de la relación. Si tomamos el argumento de Donagan en su literalidad, llegaremos a una explicación de sentido común, o como diría el filósofo, *naturalizada*, de la dignidad humana, que se apoya en tener una historia propia, e interpretaríamos el mal de negar la dignidad humana como humillación. El defensor defiende la dignidad humana al darle a su cliente voz y al ahorrarle la humillación de ser silenciado e ignorado.

Eso nos devuelve a una pregunta que ya nos hicimos: ¿Qué pasa con el defensor que elabora una historia que no tiene nada que ver con la versión de cliente? Considérese el ejemplo ofrecido por William Simon: Un hombre es arrestado mientras mete un televisor robado en su coche y lo acusan de poseer mercancía robada. Le dice a la policía que se lo compró a un extraño en la calle y que no tenía ni idea de que fuera robado. Durante el juicio, no testifica, pero su abogado quiere argumentar la versión del cliente sobre cómo consiguió el televisor. El abogado, en el contrainterrogatorio al policía que condujo el arresto, consigue que este admita que el defendido estaba colocando el televisor en los asientos traseros del coche, no en el maletero. Dirigiéndose al jurado, el abogado señala que si el demandado hubiera sabido que el aparato era robado, era improbable que la hubiera puesto a la vista de todos. El hecho de que lo colocara en el asiento trasero en lugar de en el maletero sería una sólida indicación de que era inocente. Pero el demandado no tenía llave del maletero, hecho que no conocen el jurado y la fiscalía, aunque sí el abogado.[23]

En ese caso, el abogado elabora una historia sobre su cliente que, suponemos, es una invención que el cliente no ha contado de buena fe. Los penalistas justifican la táctica del abogado con el siguiente argumento: el abogado no ha mentido, sino que se ha limitado a mostrar que las pruebas apoyan la versión de la historia que tiene su cliente. Tras considerar las pruebas, el jurado debería absolver al acusado, porque las pruebas apoyan de forma razonable una versión alternativa de inocencia, luego no es posible probar la culpa más allá de toda duda razonable. Todo lo que tiene que hacer el abogado es dramatizar la duda razonable, en lugar de defenderla en abstracto. Parecería ser una forma legítima de defender la duda razonable. Todos los litigantes saben que es necesaria una historia para derrotar otra historia. La argumentación en abstracto de la duda razonable nunca cambiará las preconcepciones de un jurado.

Creo que es un buen argumento e ilustra una de las cosas que los defensores habilidosos hacen: elaboran y promueven teorías del caso congruentes con las pruebas, aun cuando las teorías no tengan nada que ver con la realidad. Si eso es así, entonces al menos esta función del abogado no tiene nada que ver con contar la historia

---

[23] William H. Simon, *The Practice of Justice: A Theory of Lawyers' Ethics* (1998), pp. 171-172.

del cliente, dándole voz al mudo del lenguaje jurídico. Así que esa función del abogado no parece tener nada que ver con defender la dignidad humana del cliente, al menos según el argumento de Donagan que he apoyado.

Sin embargo, de hecho, sí tiene que ver con él. La razón está profundamente arraigada en el carácter excepcional del derecho penal. Honrar la dignidad humana del acusado en el sentido que hemos estado explorando, es decir, suponer desde el principio que el acusado tiene una historia de buena fe que contar, nos exige suponer su inocencia (si el acusado afirma su inocencia). Eso no basta para indicarnos cuál sería la clase de carga de la prueba necesaria para refutar esa presunción. La acción de escoger la prueba más allá de toda duda razonable se apoya en que una condena penal lleva aparejada consigo una condena moral.[24] Debido a que se presupone la inocencia, hay que ser extremadamente cuidadosos para evitar la condena moral; de ahí que apliquemos el estándar de "más allá de toda duda razonable". En esencia, ese estándar dice que, si a partir de las pruebas, el acusado *podría* elaborar de buena fe una historia de inocencia, que condenemos al acusado viola su dignidad humana, aun cuando esa historia no sea verdad. Así, el abogado defiende la dignidad humana de su cliente, bien de manera directa, contando su historia, o de forma indirecta, al demostrar que, a partir de las pruebas disponibles, podría elaborarse una historia de inocencia, contada de buena fe.

Ese es un relato más complejo del papel del defensor penal que nuestra idea inicial del defensor como voz

---

[24] Henry M. Hart, Jr., "The Aims of the Criminal Law", 23 *Law & Contemp. Probs.* 401 (1958) (en el que se argumenta que la única característica distintiva del derecho penal es el elemento de condena moral atribuido al castigo penal. Adopto esa perspectiva aquí).

del cliente. El defensor es, en efecto, la voz del cliente si el cliente quiere que se cuente su historia. Pero si no lo hace, el defensor protege aun así la dignidad humana de su cliente al demostrar que las pruebas son congruentes con la presunción de inocencia. Creo que ese papel dual del abogado como defensor de la dignidad humana deriva completamente del hecho de que la condena penal lleva consigo una condena moral, es decir, una pérdida de posición social. Fuera del proceso penal, perder un proceso judicial puede conllevar también un estigma moral —piénsese, por ejemplo, en una demanda civil por acoso sexual—, pero ese estigma no es como la condena de la comunidad implícita en una sanción penal. Es por ello que mientras los litigantes en procesos civiles se esfuerzan por nublar los ojos del que tiene que determinar los hechos, si eso beneficia los intereses de sus clientes, es difícil decir que eso tenga algo que ver con defender la dignidad humana de sus clientes.

II. Paternalismo hacia los clientes

La idea de los defensores como voces de aquellos que podrían ser mudos, si de hablar el derecho se trata, tiene una relevancia obvia para la cuestión del paternalismo de los abogados hacia sus clientes. Uso el concepto de *paternalismo* para referirme a una interferencia con la libertad de otro sujeto por su propio bien. En este contexto, el concepto se refiere de manera más específica a cuando el abogado se niega a hacer lo que el cliente quiere, porque le perjudicaría.

Piénsese en *Jones v. Barnes*.[25] Barnes, condenado por robo, quería que su abogado de oficio en apelación,

---

[25] 463 U. S. 745 (1983).

Melinger, incluyera algunos argumentos específicos en su apelación.[26] Aunque los argumentos no eran frívolos, Melinger se negó a incluirlos, y cuando se confirmó la condena de Barnes, presentó un recurso por asesoría ineficaz del abogado.[27] El Tribunal Supremo de Estados Unidos rechazó la reclamación, y la ponencia del presidente de ese tribunal, el magistrado Burger, dio razones abiertamente paternalistas para rechazar el recurso. Los defensores que presentan apelaciones saben que menos es más y que llenar una apelación de malos argumentos lo único que hace es perjudicar los buenos argumentos de la apelación. Darles control de las tácticas a los clientes "perjudicaría el propio fin de tener una defensa vigorosa y efectiva".[28]

Los magistrados Brennan y Marshall disintieron en su salvamento de voto y dijeron que la

> sentencia de hoy denigra los valores de la autonomía y la dignidad individuales [...]. El papel del abogado defensor debería ser, sobre todo, el de instrumento y defensor de la autonomía y de la dignidad del cliente.[29]

De una forma bastante clara, el concepto de *dignidad* usado está muy cerca del que hemos estado examinando. El respeto por la dignidad del cliente consiste en conseguir que el abogado exprese los argumentos del cliente, cuál es la perspectiva del cliente sobre el derecho y el proceso. Tal vez el argumento del cliente fue que su abogado fue ineficaz durante el proceso porque

---

[26] *Ibid.*, p. 747.

[27] *Ibid.*, pp. 747-749.

[28] *Ibid.*, p. 754.

[29] *Ibid.*, p. 763.

lo obligó a abandonar su intención de testificar o tal vez estaba irritado porque la policía lo engañó y le hizo revelar dónde estaba la mercancía robada, poniendo en duda su masculinidad. O tal vez solo quería argumentar que la norma de un único testigo ocular es insuficiente para establecer su identidad. Todos esos argumentos son sin duda perdedores, pero ninguno es frívolo, y podría importarle mucho al cliente el que Melinger los incluyera o no en su apelación. Esos argumentos representan la historia del cliente sobre por qué lo condenaron equivocadamente, y descartarlos, como hizo Melinger, es una afrenta a la dignidad de Barnes como ser humano y como portador de una historia.

Los jueces Brennan y Marshall se refieren a "los valores de la autonomía y la dignidad individuales".[30] Además, una pregunta importante que tenemos que considerar es si la autonomía y la dignidad son valores relacionados de hecho; si no, tal vez sean la misma cosa o, con mayor exactitud, el mejor análisis de la dignidad humana la identificará con la autonomía. Eso sería un análisis familiar y atractivo. Familiar, porque sus raíces están profundamente arraigadas en la historia de la filosofía, comenzando por los autores del Renacimiento, como Pico della Mirandola (que identifica la dignidad humana con la libertad de elección), e incluyendo, como es de todos conocido, a Kant.[31] Atractivo porque, como

---

[30] *Ibid.*

[31] Pico imagina que Dios se dirige a Adán: "La naturaleza de todos los otros seres está limitada y constreñida en los límites de las leyes prescritas por Nosotros. Tú, que no estás constreñido por límite alguno, de conformidad con tu libre albedrío [...] deberás determinar los límites de tu propia naturaleza [...] Con la libertad de elección y con el honor [...] puedes darte la forma que prefieras. Tendrás el poder de degenerarte en formas inferiores de vida, lo que es animalesco. Tendrás el poder, a partir del juicio de tu alma,

sabemos, los estadounidenses están enamorados de la libertad de elección. El historiador del derecho Lawrence Friedman, en su análisis de la cultura jurídica estadounidense contemporánea, se refiere a nosotros como "la República de la Elección".[32] El hecho de que no nos guste que alguien más nos diga qué hacer sugiere que la naturaleza ofensiva del paternalismo reside en su violación de la autonomía: el paternalismo ofende la dignidad humana porque la autonomía es igual a la dignidad humana, o es el fundamento de ella.

Antes de continuar, es importante señalar que el concepto de Kant de *autonomía* difiere considerablemente de lo que los estadounidenses llaman *libertad de elección*. Etimológicamente, *auto-nomía* significa *autolegislación*: darse leyes uno mismo y actuar acorde a ellas. Eso era lo que para Kant significaba *autonomía*, y la palabra entró en el vocabulario de la moral y el derecho principalmente a través de la filosofía kantiana. Kant modeló la moralidad sobre la legislación y concibió el agente moral como aquel que actúa a partir de leyes morales, en lugar de inclinaciones; por consiguiente, como alguien que se pregunta sobre cada acción propuesta: "Si fuera un legislador, ¿podría desear que esta máxima de acción fuera una ley universal?".[33]

---

de renacer en formas superiores, que son divinas". Della Mirandola, *supra* nota 1, p. 225. Pico añade: "¿Quién no admiraría a ese camaleón?"; *Ibid.*; cf. Immanuel Kant, *Foundations of the Metaphysics of Morals* 60-61 (Robert Paul Wolff, ed., Lewis White Beck, trans., 1969) (1785), *Ak. 434-436.

32   Lawrence M. Friedman, *The Republic of Choice: Law, Authority, and Culture* (1990).

33   Véase en general H. J. Paton, *The Categorical Imperative: A Study in Kant's Moral Philosophy* (1965) (en el que parafrasea a *Kant, Foundations of the Metaphysics of Morals, supra* nota 31, p. 44, *Ak. 421, 64, *Ak. 438). Siguiendo la tipología de Paton, que hoy es estándar, mi formulación en esta frase combina la fórmula III

No cabe duda de que no es eso lo que queremos decir con *autonomía* cuando pensamos en la libertad de elección en el sentido ordinario predominante en la cultura estadounidense. La libertad de elección significa hacer lo que yo quiero, es decir, no tener que hacer lo que otros quieren que haga, o ni siquiera considerar lo que otros podrían desear, salvo de una manera calculadora. La libertad de elección significa soberanía del consumidor. Significa "no pases por encima de mí". Significa hacer lo que yo quiero, o nada. La diferencia entre esto y la autonomía kantiana no podría ser más aguda. Para Kant, la autonomía reside en el poder de actuar a partir del deber, y no a partir de la inclinación, mientras que en la cultura estadounidense, con su fuerte tendencia libertaria, significa poder de actuar a partir de nuestras inclinaciones, y no a partir del deber. La autonomía kantiana representa una libertad conseguida mediante el autocontrol y el dominio estoicos de sí: significa una autorrestricción razonada. La libertad de elección representa suprimir las restricciones. Donagan, un estudioso profundo de Kant, se quejó con cierta justicia de que esa concepción libertaria de la autonomía es una "vulgaridad", pero, aunque así sea, es la vulgaridad favorita de la cultura popular.[34]

Sea en la forma de Kant o en la forma de soberanía del consumidor, sin embargo, quiero rechazar la

---

del imperativo categórico, la fórmula de la autonomía ("Actúa de forma que tu voluntad pueda al mismo tiempo convertirse en una ley universal mediante su máxima"), con la formula IIa, la fórmula del "reino de los fines" ("Actúa siempre como si por medio de tus máximas fueras un miembro del reino universal de los fines"). *Ibid.* Sin embargo, prefiero la traducción de Reich de *esfera* en lugar de *reino*, porque pienso que Kant concebía el *Reich der Zwecke* como una república de fines, no como un reino de fines.

[34] Donagan, *supra* nota 8, p. 129.

identificación de la dignidad humana con la autonomía. La autonomía se concentra en una única facultad humana, la voluntad, y en el mismo sentido identifica la dignidad humana con la voluntad y la elección. Creo que eso es una perspectiva errónea de la humanidad y la experiencia humana. Honrar la dignidad humana de alguien significa honrar su ser, no solo su voluntad. Su ser transciende las elecciones que hace. Incluye la forma en que experimenta el mundo, sus percepciones, pasiones y sufrimientos, sus reflexiones, sus relaciones y compromisos, aquello que le preocupa. Es sorprendente que la experiencia de preocuparse por alguien o algo tenga una fenomenología muy diferente de la de libre elección. Cuando me preocupo por algo, eso me escoge —a veces decimos que "nos atrapa"—, y no a la inversa. Preocuparse carece del "afecto por el mando", que Nietzsche creyó elemento esencial de la voluntad autónoma.[35] Sin embargo, lo que preocupa es fundamental con respecto a quién soy, y honrar mi dignidad humana es tomar en serio mis preocupaciones y compromisos. La objeción real contra el paternalismo de los abogados hacia sus clientes no es que los abogados interfieren con las elecciones autónomas de sus clientes, sino que a veces chocan con los compromisos que le dan significado a la vida del cliente y que son los que la hacen digna.[36]

Considérese un caso en especial problemático, el de Theodore Kaczynski, el "Unabomber".[37] Kaczynski, un

---

[35] Friedrich Nietzsche, *Beyond Good and Evil* 25, p. 19 (Walter Kaufmann, trad., 1966) (1886).

[36] Esa es la visión del paternalismo que desarrollo en David Luban, "Paternalism and the Legal Profession", 1981 *Wis. L. Rev.* 454. Véase, en general, Harry G. Frankfurt, *Importance of what We Care About: Philosophical Essays* (1988).

[37] Véase Michael Mello, "The Non-Trial of the Century: Representations of the Unabomber", 24 *Vt. L. Rev.* 417 (2000), p. 421.

matemático que se volvió anacoreta, acabó por creer que la sociedad tecnológica estaba destruyendo la humanidad.[38] En su cabaña aislada de montaña, en Montana, construía bombas y las enviaba a tecnólogos, académicos y empresarios cuyas actividades pensaba que eran emblemáticas de la sociedad tecnológica.[39] Después de años de asesinar y mutilar a sus víctimas, Kaczynski contactó anónimamente a los principales periódicos y les dijo que detendría el envío de bombas si publicaban su manifiesto de 35000 palabras contra la modernidad: *Industrial Society and Its Future*.[40] Hay que subrayar que eso es lo que hicieron. Kaczynski fue capturado cuando su propio hermano leyó el manifiesto, sospechó la identidad de su autor y lo entregó a cambio de la promesa del Gobierno (que luego incumplió) de que no pediría la pena de muerte.[41]

Los abogados de Kaczynski, que eran dos abogados defensores federales de primera clase y trabajaban para el turno de oficio, decidieron presentar una defensa basada en la inimputabilidad por enfermedad mental.[42] El problema era que no conseguían que Kaczynski estuviera de acuerdo con esa estrategia. Ni siquiera quería que lo entrevistara un psiquiatra. Tenía su propia teoría sobre cómo conseguir su absolución. Según él, sus abogados debían presentar una moción para excluir todas las pruebas conseguidas en su cabaña, puesto que en su opinión la búsqueda había sido ilegal y sin

---

[38] Véase *ibid.*, p. 426.

[39] Véase William Finnegan, "Defending the Unabomber", *New Yorker*, 16 de marzo de 1998, p. 52.

[40] Véase *Ibid.*

[41] Véase *Ibid.*

[42] *Ibid.*, p. 54.

esas pruebas el Estado no podía presentar con éxito una demanda.[43]

Es obvio que la probabilidad de que el tribunal excluyera las pruebas se reducía casi a cero —un matemático como Kaczynski hubiera dicho que la probabilidad era "épsilon"—, y el optimismo de Kaczynski sobre esa estrategia era producto de su ingenuidad con respecto al derecho, cuando no de su desequilibrio psíquico. Pero con independencia de su fe en la estrategia de exclusión de pruebas, a Kaczynski le repugnaba, sin más, la perspectiva de una defensa basada en su incapacidad mental. Como escribió en su manifiesto,

> Nuestra sociedad tiende a considerar una "enfermedad" toda forma de pensamiento o comportamiento que sea inconveniente para el sistema, y eso es razonable, porque cuando un individuo no encaja en el sistema le causa dolor al individuo, además de problemas al sistema. Por eso la manipulación de un individuo para hacer que se ajuste al sistema se ve como la "cura" para una "enfermedad" y, por consiguiente, como algo bueno.[44]

En una carta al juez, escribió:

> No creo que sea asunto de la ciencia cuestionar el funcionamiento de la mente humana y [...] mi ideología personal y la de las profesiones dedicadas a la salud mental son mutuamente antagónicas.[45]

---

[43] Véase *Ibid.*, p. 57.

[44] Theodore Kaczynski, "The Unabomber's Manifesto: Industrial Society and Its Future", párr. 155 (1995), disponible en http://www.panix.com/-clays/Una/una5.html#section20.

[45] *U. S. v. Kaczynski*, 239 F.3d, pp. 1108, 1123 (9th Cir. 2001) (Reinhardt, salvamento de voto).

Pero tuvo que enfrentarse a la presión incansable de sus abogados, de su hermano y de un asesor activista contra la pena de muerte que su hermano contrató para ayudar a "manejar" a Kaczynski.[46] Sus abogados le aseguraron que las pruebas psiquiátricas solo se usarían durante la etapa de fijación de la pena, en caso de que fuera declarado culpable, y no durante la etapa de determinación de la culpabilidad. Kaczynski, convencido de que el caso nunca llegaría a la etapa de fijación de la pena, porque sería absuelto, cedió y habló con el psiquiatra.[47] Parece ser que sus abogados también le aseguraron que la principal razón por la que querían que hablara con un psiquiatra era para conseguir pruebas que rebatieran las afirmaciones hechas por los medios de comunicación, que lo calificaban de demente.[48]

Pero luego lo traicionaron. En el último minuto anunciaron que en la etapa de determinación de la culpabilidad presentarían como defensa la inimputabilidad por enfermedad mental, que era la única que podía salvar su vida. Anonadado e impotente, Kaczynski pidió defenderse a sí mismo antes que dejar que los abogados presentaran esa defensa. Le escribió al juez:

> Es humillante dudar de la capacidad mental de una persona. [Mis abogados] me engañaron con frialdad para que les revelara mis pensamientos íntimos y luego, sin aviso previo, hicieron públicas las valoraciones frías e insensibles de sus expertos [...]. Eso fue un golpe durísimo para mí [...] y la peor experiencia que haya tenido en mi vida [...]. Prefiero morir o sufrir una larga tortura antes de que mis abogados

---

[46]   Finnegan, *supra* nota 39, pp. 52, 54.

[47]   Véase 239 F.3d, p. 1111.

[48]   *Ibid.*, pp. 1122-1123 (Reinhardt, J., salvamento de voto).

actuales me impongan así esa estrategia de defensa [por incapacidad mental].[49]

Poco tiempo después, intentó suicidarse.

Pero si Kaczynski estaba en una situación difícil, también lo estaba el magistrado Burrell. Si dejaba que Kaczynski se representara a sí mismo en el juicio, un proceso judicial que estaba en la primera plana de los periódicos se volvería un engendro horrible en el que un equipo de fiscales profesionales pasaría por encima de un acusado mal defendido en juicio, con problemas mentales, y conseguirían la pena de muerte, que el juez habría tenido la triste responsabilidad de imponer. El juez negó la moción Faretta de Kaczynski por la razón improbable de que Kaczynski lo único que estaba intentando era dilatar el inicio del juicio, aunque como Kaczynski señaló de manera correcta, él no tenía nada que ganar dilatando el inicio del juicio, porque ya estaba en la cárcel. Ante la alternativa de una defensa por incapacidad mental o una negociación de la pena si reconocía su culpabilidad, Kaczynski se declaró culpable y recibió una pena de prisión perpetua sin posibilidad de libertad condicional.

¿Podía tener Kaczynski razones respetables para rechazar una defensa psiquiátrica o su comportamiento obedecía a su enfermedad mental? En mi opinión, la respuesta es que sus razones eran del todo entendibles y respetables. La defensa de incapacidad mental desprestigiaría lo que él consideraba su principal contribución al bienestar humano, el manifiesto por el que había matado para que se lo publicaran. Si desacreditaban su manifiesto, entonces la justificación intelectual de sus actos terroristas se evaporaría. La defensa lo describiría,

---

[49] *Ibid.*, p. 1123.

en las propias palabras de Kaczynski, como si fuera un "lunático grotesco y repugnante" a los ojos de millones de personas.[50] ¿Qué dignidad hay en eso?

Quiero dejar claro que no estoy defendiendo a Kaczynski, que sin ningún remordimiento amputó los miembros y se cobró la vida de personas inocentes. Para mí, eso le convierte en un ser malvado. Tampoco niego que padezca alguna clase de enfermedad mental. Pero el manifiesto que escribió es una obra coherente de teoría social, sin duda tan coherente como muchos ensayos que he leído escritos por respetables filósofos. Además, su motivación para querer evitar una defensa de incapacidad mental es también coherente y expresada con una elocuencia sustancial. No quería ser descrito como un lunático grotesco y repugnante, porque entonces millones de personas rechazarían la obra de su vida como una locura grotesca y repugnante. La idea de que prefería la muerte o la tortura antes que una humillación abyecta, difícilmente podría considerarse loca. Al no respetar sus preferencias, sus abogados acabaron con su dignidad humana.

Sus abogados defensores podrían protestar. ¿Acaso el hecho de que Kaczynski estuviera dispuesto a permitir la defensa de incapacidad mental en la etapa procesal de fijación de la pena no indica que prefería la humillación a la muerte? La única razón por la que rechazó la defensa de incapacidad mental en la etapa de determinación de la culpabilidad fue debido a su fantasía de que no la necesitaba para conseguir que lo declararan inocente.

Pienso que la explicación es diferente. Los interrogatorios policiales con frecuencia desgastan a los sospechosos hasta que firman confesiones falsas solo para conseguir

---

[50] *Ibíd.*, p. 1121.

que paren los interrogatorios. Creo que los abogados de Kaczynski lo desgastaron y al final dio su consentimiento para entrevistarse con el psiquiatra para darles gusto y que pararan. Después de todo, eran abogados defensores de primera fila, incansables, y Kaczynski declaró que estaba completamente agotado.[51]

Cuando los abogados de Kaczynski vencieron su resistencia y lo humillaron frente a los ojos de millones, me parece que hicieron mal. Pero el mal que le hicieron no tenía nada en particular que ver con la autonomía de Kaczynski. Es cierto, había elegido no recurrir a una defensa por incapacidad mental, y ellos no le hicieron caso. Pero el mal que le hicieron no tuvo que ver con quitarle su elección de la defensa procesal, como si la elección sobre cómo iba a ser condenado importara mucho. El mal consistió en que hicieron parecer absurdos sus compromisos más profundos, aquello que más le importaba y que le hacía ser quien era. Eso fue una ofensa a la dignidad humana. La autonomía tiene poco que ver con eso.

Después de que acabara su juicio, Kaczynski escribió:

Tal vez debería odiar a mis abogados por lo que me hicieron, pero no los odio. Sus intenciones nunca fueron malas. Son personas convencionales, ciegas a algunas de las implicaciones de este caso, y actuaron como lo hicieron porque siguen ciertos principios profesionales que creen que no les dejan ninguna alternativa. Esos principios pueden parecerle rígidos, e incluso despiadados, a un lego, pero no hay duda de que mis abogados creen sinceramente en ellos.[52]

---

[51] *Ibid.*, p. 1124.
[52] Mello, *supra* nota 37, p. 502.

¿Condescendiente? Seguro que sí. Kaczynski describe a su abogado como un autómata profesional estrecho de miras. Visto el retrato que dibujaron de él, como un esquizofrénico, no como un terrorista, eso parece justicia poética.

III. DIGNIDAD HUMANA, CONFIDENCIALIDAD Y DERECHO A DECLARARSE CULPABLE

Como tercer ejemplo de los fundamentos de las responsabilidades de los abogados en la preocupación por la dignidad humana, consideremos la confidencialidad de las relaciones entre abogado y cliente y el deber consecuente de los abogados de no revelar las confidencias que les hagan sus clientes. La justificación usual de esas doctrinas es que sin la confidencialidad, los clientes serían reticentes a contarles a sus abogados lo que estos necesitan saber para poder representarlos. Los valedores de la confidencialidad suelen señalar ese argumento para mostrar la estrecha conexión entre la confidencialidad y la justificación fundamental del ejercicio del derecho, basada, como acabo de argumentar, en una preocupación por la dignidad humana. ¿De qué vale el derecho a un abogado que puede ayudarme a contar mi historia si tengo miedo de revelarle esa historia misma que se supone que tiene que ayudarme a contar?

Sin embargo, ese es un argumento débil, casi contradictorio en sí mismo, para defender la confidencialidad. Después de todo, la única razón por la que necesito la confidencialidad es por mi temor a que sin ella mi abogado puede ser obligado a revelar cualquier cosa que le cuente. El temor, en otras palabras, no es que abolir la confidencialidad convierta a mi abogado en un altavoz ineficaz; más bien el temor es que lo haga demasiado efectivo, un canal perfecto de una historia que preferiría que nunca se contara. La justificación del "altavoz" tras la defensa jurídica parece a primera vista proporcionar un argumento para abolir la confidencialidad, no para conservarla.

Tal vez porque entienden esto, los defensores de la confidencialidad invocan un argumento sistémico, utilitario, además del basado en la dignidad humana. Solo si los defensores conocen de antemano las fortalezas y las debilidades de su caso pueden investigar de forma adecuada y estructurar los argumentos más convincentes. Un sistema procesal contradictorio que funcione apropiadamente requiere investigación y argumentos fuertes.

Sin embargo, ese también es un argumento débil, porque la confidencialidad y el privilegio entre abogado y su cliente[53] pueden ser usados para mantener por fuera del sistema información esencial, y también para garantizar que es incluida en el sistema. Una doctrina que frustra la búsqueda de la verdad es difícil que pueda defenderse alegando que es buena para un sistema judicial basado en el proceso contradictorio. Hace casi doscientos años, Jeremy Bentham argumentó que abolir el privilegio entre abogado y cliente no perjudicaría al inocente, que no tiene nada que temer de la verdad y, por consiguiente, que el privilegio ayuda solo a los culpables.[54] El argumento de Bentham es demasiado

---

[53] Hay una diferencia en el derecho anglosajón entre el derecho a la confidencialidad, que tiene que ver con la obligación del abogado de no revelar a terceros información suministrada por su cliente, y el privilegio de las comunicaciones entre abogado y cliente, que no permite al abogado revelar ante un tribunal, como testigo, las comunicaciones a las que haya tenido acceso durante su trato con el cliente, salvo algunas excepciones. Aquí se mantiene esa distinción. (N. del T.).

[54] 5 Jeremy Bentham, *Rationale of Judicial Evidence, Specially Applied to English Practice* (London, Hunt & Clarke 1827), pp. 302-311.

simplista, porque podemos imaginarnos con facilidad casos en los que las personas inocentes no sean conscientes de que lo son y no lleguen a decirle a su abogado los hechos que permitirían exonerarlas. Pero los casos de esa clase son muy pocos y anecdóticos como para debilitar la conclusión de Bentham de que la confidencialidad es una mala apuesta desde el punto de vista utilitarista. Su perspectiva fundamental es que desde la perspectiva de la verdad y la justicia, estaríamos mejor si los abogados descreídos soltaran todo lo que saben y callan. ¿Por qué no cambiar la doctrina de la confidencialidad para obligar a que los abogados "canten"? De ser así, la verdad se revelaría o los sinvergüenzas no querrían revelar los hechos perjudiciales a sus abogados y, por consiguiente, avisarían a sus abogados que tendrían que esforzarse por encontrar algún método para hacer que la verdad parezca una mentira y la ficción parezca un hecho.

De hecho, la confidencialidad puede perjudicar al inocente. Es justo porque todos saben que los abogados deben mantener tanto los secretos de los clientes deshonestos como los de los honestos que los que tratan con los abogados desconfían de lo que dicen en nombre de sus clientes. Eso perjudica al cliente inocente que quiere que se confíe en lo que su abogado cuenta.[55] La obra pionera de Richard Painter sobre las normas de confidencialidad muestra por qué puede ayudar en la práctica a los clientes empresariales que intentan dar garantías a prestamistas potencialmente nerviosos el que los abogados y sus clientes renuncien a la confidencialidad, redactando términos contractuales que permitan prescindir de las protecciones ofrecidas por ella.[56]

---

[55] Véase Daniel R. Fischel, "Lawyers and Confidentiality", 65 *U. Chi. L. Rev.* 1 (1998), pp. 18-19.

[56] Richard W. Painter, "Toward a Market for Lawyer Disclosure

Por consiguiente, hasta ahora hemos mostrado solo las razones para abandonar la confidencialidad y el privilegio entre abogado y cliente, no para defenderlos. Intentémoslo otra vez. Supongamos que fueran eliminados del sistema jurídico el privilegio entre abogado y cliente y el deber de confidencialidad. Luego considérese la situación de un cliente que tiene algo que ocultar. El cliente enfrenta un trilema de opciones desagradables. En primer lugar, puede elegir no contar su historia al abogado porque tiene el temor de que este pudiera verse obligado a revelarlo. En segundo lugar, puede mentirle a su abogado. En cualquier caso, calle o mienta, el cliente perderá gran parte del beneficio que supuestamente proporciona un abogado. O, por último, puede revelar su historia al abogado, sabiendo que hacer eso equivale a revelársela al mundo en general. Si la historia está relacionada con un delito que ha cometido, revelarla al abogado equivale a declarar su culpabilidad a través de un tercero, porque sin el privilegio entre abogado y cliente, es posible obligar al abogado a testificar sobre cualquier cosa que el cliente le haya dicho. Las tres opciones son desastrosas: las dos primeras suponen una negación del derecho a un abogado, mientras que la tercera implica renunciar al derecho a no declarar contra uno mismo.

En este momento el argumento es isomórfico de un argumento paralelo del debate sobre el derecho a no declarar contra uno mismo (al que Bentham, por cierto, se oponía también por motivos utilitaristas).[57] El trilema de la confidencialidad que acabo de describir de manera resumida tiene un paralelo exacto en el análisis que hizo el Tribunal Supremo estadounidense en la sentencia *Murphy v.*

Services: In Search of Optimal Whistleblowing Rules", 63 *Geo. Wash. L. Rev.* 221 (1995).

[57] 5 Bentham, *supra* nota 53, p. 209.

Waterfront Commission.[58] Según la opinión unánime del tribunal, abolir el derecho a no declarar contra uno mismo es inhumano porque enfrentaría al demandado al "trilema de declarar contra sí mismo, del perjurio o del desacato".[59] Es decir, si el acusado se niega a testificar, puede ser encarcelado indefinidamente por desacato; si da testimonio fiel, se acusa, y si da falso testimonio, comete perjurio. Los trilemas de la confidencialidad y de no declarar contra uno mismo implican el mismo trío de opciones: el silencio autodestructivo, la declaración que implica culparse y mentir.

El argumento del trilema cruel de Murphy y, de hecho, toda la justificación del derecho a no declararse culpable son controvertidos,[60] puesto que cabría preguntarse: ¿por qué reconocer un privilegio (como el de la confidencialidad entre abogado y cliente) que ayuda con frecuencia al culpable a eludir la condena? ¿Y por qué es tan cruel declarar la propia culpabilidad? Como es obvio, declarar contra uno mismo es malo para el acusado, porque podrían condenarlo por un delito, pero por lo general suponemos que condenar a los culpables es algo más valioso que cruel, aun si el culpable lo encuentra fastidioso. Tal vez el castigo penal es inherentemente cruel. Pero si es así, sería cruel si al testigo lo consideran culpable tanto por su propia declaración como por los testimonios de otros. Una vez que concluimos que castigar los

---

[58]   378 U. S. 52 (1964).

[59]   *Ibid.*, p. 55. Las aclaraciones de voto no diferían de la opinión de la mayoría sobre la justificación del derecho a no incriminarse.

[60]   Algunos académicos, y en especial el profesor David Dolinko, han analizado con gran cuidado los argumentos del derecho relativos a no declararse culpable, y han concluido que ninguno de ellos funciona en verdad. David Dolinko, "Is There a Rationale for the Privilege Against Self-Incrimination?", 33 *UCLA L. Rev.* 1063 (1986), p. 1064.

delitos mediante la prisión no es algo inaceptablemente cruel, causa sorpresa que nos llevemos las manos a la cabeza ante la crueldad menor del testimonio forzado, que parece algo trivial en comparación con la cárcel. Ni tampoco hay nada intrínsecamente censurable en el acto de declarar contra uno mismo. Después de todo, si un demandado arrepentido confiesa de manera voluntaria su delito, podemos alabarlo por aceptar su responsabilidad. En cualquier caso, no lo condenaríamos por confesar. Así que, ¿de qué crueldad habla Murphy?

El profesor Akhil Amar cree que la crueldad que le preocupa a Murphy es "psicológica": la angustia de la dura lección.[61] Pero, como Amar y otros comentaristas observan de forma correcta, esa preocupación parece excesiva, y es difícil hacerla congruente con nuestra disposición a recurrir a otras técnicas de investigación criminal desgarradoras desde el punto de vista psicológico. Cabe obligar a los testigos a testificar contra sus amigos o miembros cercanos de su familia. Si acaso, la traición forzada es más "implacablemente cruel" que declarar a la fuerza contra uno mismo.[62] Además, los fiscales tienen pocos escrúpulos a la hora de ofrecer inmunidad a los miembros rasos de las bandas criminales con el fin de obligarlos a testificar, aun cuando los testigos corran el riesgo de ser asesinados o de que lo sean sus familias si "cantan".[63] Esa sí que es una elección desgarradora. Si el derecho está tan preocupado por la crueldad psicológica, ¿por qué permite esa clase de prácticas?

Creo que la respuesta es que la crueldad de declarar contra uno mismo no es en el fondo psicológica. De

---

[61] Akhil Reed Amar, *The Constitution and Criminal Procedure: First Principles* (1997), p. 65.

[62] *Ibid.*, p. 214, n. 130.

[63] Dolinko, *supra* nota 60, p. 1094.

hecho, el tribunal que decidió en el caso Murphy no menciona la psicología, pero dice que declarar contra uno mismo a la fuerza sería contrario a "nuestro respeto por la inviolabilidad de la personalidad humana".[64] Eso parece más una preocupación abstracta y filosófica que una preocupación por las experiencias psicológicas molestas que pueda tener el testigo. De hecho, es una preocupación sobre la violación de la dignidad humana.

La idea básica es que aunque a veces es admisible herir a alguien, por ejemplo, para castigarlo, es inmoral obligarlo a que se hiera a sí mismo. No se obliga a un prisionero a que se encierre en su celda cada noche, igual que no se castiga a un niño travieso haciendo que él mismo tire a la basura sus juguetes favoritos, aun cuando encerrar a un prisionero o quitarle los juguetes al niño son castigos admisibles cuando son administrados por una autoridad externa apropiada.[65]

Esta intuición parece correcta. Sin embargo, podría no bastar para explicar la crueldad de obligar a alguien a declarar contra sí mismo. Como David Dolinko señala, lo que nos repugna sobre obligar a las personas a administrarse ellos mismos los castigos es el elemento del sadismo deliberado.[66] El único propósito parecería ser humillar a la víctima. En comparación, el propósito de obligar a alguien a testificar no es humillar al testigo, sino encontrar la verdad. Si falta el aspecto de la humillación deliberada, podríamos concluir que no hay una afrenta especial a la dignidad humana en obligar a alguien a declarar contra sí mismo.[67]

---

[64] 378 U. S. 52 (1964), p. 55.

[65] Dolinko, *supra* nota 60, pp. 1104-1107.

[66] *Ibid.*, p. 1105.

[67] *Ibid.*, pp. 1105-1106.

Pienso que Dolinko tiene razón cuando dice que obligar a alguien a castigarse a sí mismo viola la dignidad humana porque humilla a la víctima. Pero se equivoca cuando dice que obligar a alguien a declarar contra sí mismo no humilla al testigo de la misma forma. En ambas prácticas, la humillación reside en recurrir a la voluntad misma de la persona en el proceso de castigarla y, por consiguiente, en obligarla a dividirse contra sí. Para ver esto, comencemos con el lenguaje literal de la cláusula contra la obligación de declarar contra uno mismo, que dice que nadie "se verá obligado a testificar contra sí mismo en un caso penal".[68] La frase crucial "testificar contra uno mismo" indica una especie de fractura o división del yo: una mitad es la persona con interés en eludir la condena; la otra, el testigo que proporciona desinteresadamente cualquier información requerida por el Estado. Un testigo cumple con una obligación cívica. Aun si es desagradable o inconveniente testificar, debe hacerlo por el bien de la comunidad, si es necesario bajo la coerción de una citación judicial. De manera temporal, en cualquier caso, el testigo se convierte en los ojos y los oídos de la comunidad, y busca el bien colectivo, en lugar del personal o individual.

Podría pensarse que el problema real de obligar a alguien a declarar contra sí mismo es lo que se le hace a la autonomía del testigo: su derecho natural (el lenguaje de Locke parece apropiado aquí) a rechazar al Estado y a la comunidad y al derecho y decir, en efecto: "Puedes encerrarme si quieres, pero no puedes obligarme a que te ayude a hacerlo". El profesor Michael Green compara al testigo con el prisionero de guerra que se niega a suministrar cualquier información que no sea su nombre,

---

68 U. S. Const., enmienda V.

rango y número de identificación.[69] En ese mismo sentido, Michael Seidman cuenta la siguiente historia sobre un proceso penal:[70] un fiscal agresivo, en el contrainterrogatorio a un acusado que tenía una coartada, lo intimida con preguntas capciosas que lo hacen parecer un mentiroso. Mientras continúa la andanada de preguntas, el acusado "se levanta, se estira cuan largo es y dice, en palabras que sobrevivirán mientras se hable el español: '¡A la mierda todo!'".[71] Lo condenaron y fue a prisión. Seidman comenta: "Pero en un sentido más profundo, era un hombre verdaderamente libre. Tenían su cuerpo, pero no podían tocar su alma".[72] Al decirle al Estado "¡A la mierda todo!", cabría pensar que lo que pretende defender la cláusula que prohíbe declarar contra uno mismo es el derecho a la autonomía. El derecho le ahorra al testigo la necesidad del melodrama heroico que vive el cliente de Seidman.[73]

Aunque es un argumento atractivo, no creo que en última instancia tenga éxito, y no creo que la autonomía

---

[69] Michael S. Green, "The Privilege's Last Stand: The Privilege against Self-Incrimination and the Right to Rebel against the State", 65 *Brook. L. Rev.* 627 (1999), pp. 634, 706 n. 245; véase también Louis Michael Seidman, "Points of Intersection: Discontinuities at the Junction Between Criminal Law and the Welfare State", 7 *J. Contemp. Legal Issues* 97, 131 (1996) (en el que expresa una versión de este argumento al observar que la obligación de culparse uno mismo es equivalente a obligar a un sujeto a consentir por la fuerza el castigo que se le imponga).

[70] Louis Michael Seidman, "Some Stories about Confessions and Confessions about Stories", en *Law's Stories* 162 (Peter Brooks y Paul Gerwitz, eds., 1996).

[71] *Ibid.*, p. 162-163.

[72] *Ibid.*

[73] Como es evidente, no estoy sugiriendo que el cliente de Seidman estuviera testificando contra su voluntad.

sea el problema real.[74] Ya he argumentado que identificar la dignidad humana con la autonomía supone un profundo error filosófico. Pero incluso aquellos obnubilados por la autonomía deben reconocer que en el contexto de las declaraciones contra uno mismo, la apelación a la autonomía demuestra ser excesiva. Si el derecho a no declarar contra uno mismo protege un supuesto derecho natural a hacerle un corte de mangas al Estado *sub silentio*, entonces ¿cómo explicar la práctica de citar judicialmente a los testigos, so pena de prisión, para testificar en contra de su voluntad contra otras personas? Recuérdese la paradoja que está en el núcleo del derecho a no declarar contra uno mismo: el derecho está dispuesto a obligar a la gente a testificar contra otras personas, aun cuando deseen apasionadamente no hacerlo, y el derecho está dispuesto a usar medios duros para que los delincuentes comparezcan ante la justicia; pero el derecho no está dispuesto a hacer que los criminales comparezcan ante la justicia recurriendo al duro medio de que atestigüen contra sí mismos. Es la combinación de las dos cosas, de la división interior y de la alienación por el propio sujeto, lo que está en el núcleo de obligar a declarar contra uno mismo, lo que genera la humillación que pretende ahorrarnos la norma que permite no declarar contra sí mismo. La autonomía tiene que ver con la voluntad individual, que el derecho se reserva el poder de desconocer con el fin de servir a importantes fines sociales. La alienación por el propio sujeto afecta

---

[74] De hecho, no creo que la autonomía sea la razón por la cual el derecho de guerra permite que los prisioneros guarden silencio. El valor de esta regla defiende la lealtad al propio Estado, lo que en cierto sentido es lo contrario a la autonomía individual, y la norma existe porque es de interés mutuo para los Estados beligerantes reconocerla; ese aspecto no tiene paralelo cuando el individuo está en guerra con el Estado.

algo más básico que la voluntad: tiene que ver con proteger el yo, que el derecho nunca debe ignorar, a riesgo de violar la dignidad humana.

Considérese a continuación que no hay derecho a permanecer en silencio en casos no penales, aun cuando lo que esté en juego sea de enorme importancia. Eso muestra que el propósito de la norma que permite no declarar contra uno mismo no es ahorrarle a la gente la carga de testificar contra sus propios intereses.[75] El derecho a no declarar concierne a un único interés específico: el interés de evitar la condena penal. La diferencia no puede ser que los castigos penales sean más duros que lo que está en juego en asuntos no penales, porque eso no siempre es verdad. Si la diferencia no reside en las consecuencias tangibles, entonces debe residir en el elemento moral del castigo penal, en el hecho de que una condena penal une a una pena tangible la condena social. Darse cuenta de esto ayuda a identificar con mayor precisión la división del yo que crea la obligación de declarar contra sí mismo. Obligar a testificar al testigo aliena su voluntad en el proceso de su propia condena moral. No es exactamente un *mea culpa* obligatorio, porque el testigo testifica sobre los hechos, no sobre la culpa, pero es un *mea inculpare* obligatorio, y eso parece ser igual de humillante.

El derecho estadounidense reconoce la afrenta especial a la dignidad humana que proviene de la confesión

---

[75] Holmes no se equivocaba cuando decía que "Ninguna sociedad ha admitido jamás que no sacrificaría el bienestar individual a su propia existencia". Oliver Wendell Holmes, *The Common Law* (Mark DeWolfe Howe, ed., Harv. Univ. Press 1963) (1881), p. 37. Eso incluye a las sociedades liberales que mantienen el derecho a no declarar contra uno mismo. Holmes continuaba: "Si los reclutas son necesarios para su ejército, los captura y los hace marchar, con bayonetas detrás de sus espaldas, hacia la muerte". *Ibid.*

forzada en solo un contexto: cuando la confesión es en sí espuria. Me estoy refiriendo a la curiosa práctica conocida como la moción *Alford*, por la que un acusado acepta negociar la pena, pero niega la culpa por los hechos.[76] El trasfondo es este: cuando un acusado acepta una negociación de la pena y reconoce su culpabilidad, el juez debe asegurarse de que la aceptación de culpa es voluntaria. El juez le preguntará al acusado si realmente reconoce los elementos del delito. Pero ¿qué pasa si no lo hace? ¿Qué pasa si acepta solo la negociación de la pena porque tiene miedo de lo que le ocurrirá si va a juicio? Ante la posibilidad de que pudiera presentarse un caso sólido de asesinato contra él, castigable con pena de muerte, Alford aceptó una negociación de la pena que excluía la pena de muerte, pero le dijo al juez:

> Me he declarado culpable de homicidio en segundo grado porque me dijeron que había demasiadas pruebas, pero yo no le he disparado a nadie, aunque asuma la culpa de otro hombre. Nunca habíamos tenido una discusión en la vida y me he declarado culpable porque me dijeron que si no lo hacía me esperaba la cámara de gas, y eso es todo.[77]

Condenaron a Alford. La cuestión que se planteó en su apelación fue si esa negociación de pena era o no voluntaria. El Tribunal Supremo dijo que sí.[78] Es probable que el resultado fuera una conclusión previsible, porque el Tribunal Supremo no iba a abandonar la práctica de la negociación de la pena, ni tampoco iba a decir que

---

[76] Véase *North Carolina v. Alford*, 400 U. S. 25, 31 (1970) (en el que defiende que esa declaración no se había obtenido por medios coactivos en el sentido de la quinta enmienda).

[77] *Ibid.*, p. 28, n. 2.

[78] *Ibid.*, p. 31.

Alford debería haber mentido bajo juramento. La alternativa restante era admitir mociones de culpabilidad en las que los acusados niegan su culpa sobre los hechos.

El resultado podría ser una *reductio ad absurdum* de la idea de que la negociación de la pena es aceptable desde el punto de vista moral. Pero, suponiendo, en aras del argumento de que la práctica de la negociación de la pena es aceptable, las mociones *Alford* pueden ser consideradas como un requisito de la dignidad humana, porque sin ellas los acusados estarían frente al "dilema cruel" de rechazar negociaciones de pena que les salvarían la vida o deshonrar sus propias historias al declarar en público que son culpables cuando creen que no lo son. Obsérvese que la moción *Alford* no tiene efectos en la sentencia del acusado: no supone ninguna diferencia práctica en absoluto. La única justificación parecería ser la protección de la dignidad del acusado.

Después de este rodeo prolongado por el derecho a no declarar contra uno mismo, volvamos a la confidencialidad y el privilegio entre abogado y cliente. Si eliminamos el privilegio entre abogado y cliente, las tres opciones del acusado serán declarar contra sí mismo por tercera persona, mentirle a su abogado o contarle poco o nada a este. En la práctica, las últimas dos opciones dejan vacío de contenido el derecho a tener un abogado, que hemos visto que está ligado muy de cerca al respeto a la dignidad humana. Por consiguiente, cada pie del trilema viola la dignidad humana del acusado de una forma u otra. Además, a medida que hemos analizado estas violaciones, nuestra comprensión de la dignidad humana se ha hecho más clara y completa. La dignidad humana consiste en que nuestra propia historia sea contada. Consiste también en no tener que presentar el propio punto de vista, la propia historia, a las necesidades impersonales del sistema jurídico.

Como es obvio, una discusión completa de la defensa de la confidencialidad entre abogado y cliente basada en la dignidad humana tendría que ocuparse de muchas otras cuestiones. Un problema es por qué este argumento del privilegio constitucional de no declarar contra uno mismo se aplica solo a los casos penales, pero el privilegio entre cliente y abogado se aplica a todos los casos. Otro problema está relacionado con las excepciones al privilegio entre abogado y cliente y la confidencialidad, temas de un debate perenne. Estos problemas los dejo para otra ocasión.

Sin embargo, deseo subrayar una conclusión que probablemente sea polémica. Debido a que, en mi opinión, la justificación de la confidencialidad del abogado y el privilegio de las comunicaciones entre abogado y cliente es proteger la dignidad humana del cliente, debería aplicarse solo cuando el cliente es una persona de carne y hueso. En *Lawyers and Justice* argumenté que el privilegio de las comunicaciones entre un abogado y una organización cliente de aquel debería abolirse, porque cuando los clientes son organizaciones no son sujetos que tengan dignidad humana, y el privilegio le cuesta demasiado a la sociedad al favorecer el encubrimiento de las conductas empresariales.[79] Ese argumento, que

---

[79] Luban, *Lawyers and Justice*, *supra* nota 10, p. 225. Muchos observadores han comentado el llamado problema del "agujero negro". Véase, por ejemplo, Michael L. Waldman, "Beyond Upjohn: The Attorney-Client Privilege in the Corporate Context", 28 *Wm. & Mary L. Rev.* 473, 496 (1987). Supóngase que el presidente de una empresa quiere hacer una investigación interna sin el riesgo de ser obligado a revelar los hallazgos. El presidente pone a cargo de la investigación a un abogado. Todas las conversaciones entre el abogado y los empleados son confidenciales, y el informe del abogado al presidente es también confidencial. El abogado es el agujero negro de la información: toda la información llega hasta él, pero no sale fuera. Una versión del problema del agujero negro que surgió tanto en *Dalkon*

ingenuamente consideré uno de los más sólidos de mi libro, no atrajo discusión posterior, ni siquiera críticas. Al parecer, mi recomendación era demasiado imaginativa para ser tomada en serio. Sin embargo, años después de que la publicara, los acontecimientos han confirmado ampliamente mis preocupaciones. Uno de esos acontecimientos fue el colapso de la industria de ahorro y préstamo a finales de los años ochenta, una catástrofe que requirió los servicios y la confidencialidad de los abogados en cada paso del camino. La decisión sangrante del magistrado Stanley Sporkin en el caso *Lincoln Savings and Loan*, con su famosa pregunta "¿Dónde estaban los abogados?", la provocó el hecho de que Sporkin entendió perfectamente que los abogados sabían todo, pero no habían dicho nada.[80]

El segundo acontecimiento importante fue la revelación gradual de los secretos de las grandes tabacaleras mediante una combinación de soplos y de demandas judiciales. Una de las revelaciones sorprendentes fue la manera tan exitosa en la que los abogados de las grandes tabacaleras habían abusado del privilegio entre cliente y abogado como medio para ocultar información. Ahora bien, algunos podrían decir que el caso del tabaco muestra que tarde o temprano, los mayores secretos saldrán a la luz, así que no hay necesidad de restringir el privilegio

---

Shield como en los procesos judiciales contra las tabacaleras era el relativo a los estudios científicos sobre seguridad de los productos, supervisados por los abogados en lugar de por los ejecutivos, con el fin de mantener el privilegio. Los estudios médicos ordenados y supervisados por los abogados son mi idea de una pesadilla.

80   "¿Dónde estaban esos profesionales [...] cuando estaban cerrándose esas transacciones claramente inapropiadas? [...] ¿Dónde estaban también los [...] abogados cuando las transacciones estaban celebrándose?", *Lincoln Say. & Loan Ass'n v. Wall*, 743 F. Supp. 901, 920 (D. D. C. 1990).

entre los abogados y las empresas clientes. Al final, un Merrell Williams o un Jeffrey Wigand darán el soplo. No tiene por qué ser un abogado.[81]

Pero pienso que la lección es la opuesta: el privilegio fue una herramienta esencial para suprimir la disponibilidad de información en los tribunales durante cuarenta años. El privilegio de las comunicaciones entre abogado y su empresa-cliente se ha convertido en una mala apuesta utilitarista para la sociedad, y la defensa deontológica basada en la dignidad humana del privilegio entre abogado y cliente no puede invocarse en nombre de una persona artificial sin alma que pueda dividirse: no hay un cuerpo que meter en prisión, no hay subjetividad que pasar por alto ni humillar.

IV. LA DIGNIDAD HUMANA COMO NO HUMILLACIÓN

En este punto, estamos en una posición de establecer algunas conclusiones preliminares sobre qué significa tener dignidad humana, tal y como el concepto se ha desarrollado hasta ahora. En primer lugar, significa ser el sujeto de una historia, sin que importe cuán monótona u ordinaria sea esa historia. Honrar la dignidad humana significa dar por sentado que alguien tiene una historia que puede ser contada de buena fe y, por consiguiente, puede pedir que se le escuche e insistir en que sea contada. En segundo lugar, hemos aprendido que tener una historia significa algo más que ser alguien que hace elecciones autónomas. Significa ser el sujeto de la experiencia y significa existir en una red de compromisos, por muy detestables o despreciables que sean esos compromisos.

---

[81] El número de informantes de la industria del tabaco al final resultó no ser tan pequeño. Véase, en general, David Kessler, *A Question of Intent* (2001).

Además, honrar la dignidad humana significa abstenerse de pasar por encima de esos compromisos por razones paternalistas. En tercer lugar, nuestra discusión sobre la confidencialidad y el derecho a no declarar contra sí mismo muestra que tener dignidad humana significa ser un yo individual que no está completamente subsumido en comunidades más grandes. No solo somos los sujetos de una historia, es *nuestra* historia, y la dignidad humana exige que no nos obliguen a contarla como un instrumento para nuestra propia condena.

Tras todos estos temas hay, en mi opinión, una sola idea básica. Sea cual sea el fundamento metafísico de la dignidad humana, o incluso con independencia de si la dignidad humana tiene o no ese fundamento metafísico, como mínimo, honrar la dignidad humana exige no humillar a la gente.[82] De hecho, propondría esto como una condición o criterio que toda teoría de la dignidad humana tiene que satisfacer: debe conllevar la no humillación como teorema.

¿Cuál es la conexión intuitiva entre dignidad humana y no humillación? Comencemos con el concepto de *dignidad*. Oscar Schachter, al reflexionar sobre la frase "dignidad y valor de la persona humana", que se usa en los documentos de derechos humanos, sugiere que la dignidad y el valor de la persona son sinónimos.[83] No estoy de acuerdo. Schachter se ha concentrado en uno de los significados léxicos de *dignidad*, es decir, en un

---

[82]   Los lectores del notable libro de Avishai Margalit, *The Decent Society* (Naomi Goldblum, trad., 1996), p. 1, lo reconocerán como fuente de mi propuesta. La tesis de Margalit es clara: sea lo que sea una buena sociedad, una sociedad decente es simplemente la que tiene instituciones que no humillan a la gente. Mi análisis de la dignidad y de la humillación difiere en ciertos aspectos de la de Margalit.

[83]   Schachter, *supra* nota 6, p. 849.

valor intrínseco. Pero otro significado más sobresaliente amenaza la dignidad como concepto-estatus. La dignidad está ligada a una posición: se sufre un trato indigno cuando alguien no es tratado acorde con esa posición. El efecto del trato indigno es la humillación, que está conectada semántica y también etimológicamente con la palabra *humillante* y sus cognados. La diferencia entre las dos es esta: sufro un trato humillante cuando me bajan los humos con razón, cuando mis propias insuficiencias, sacadas a la luz de todos, me muestran como un sujeto inferior al que he querido representar (frente a otros y frente a mí mismo). Soy humillado cuando de forma equivocada me bajan los humos, cuando otros me tratan como un sujeto inferior al que de verdad soy.[84] Esta humillación es una afrenta a mi dignidad.

La dignidad, como concepto conectado con la posición o el respeto social, variará en su significado concreto de una sociedad a otra. ¿Qué pasa con la dignidad humana? Como es obvio, debe referirse al respeto

---

[84] Reconozco que ese no es el único significado legítimo de la palabra *humillación*. A veces la usamos como sinónimo de "bochorno extremo", que puede ser merecido o inmerecido (considérese la frase "Se humilló él mismo"). En ese sentido, ser humilde es a veces sinónimo de sentirse derrotado en una lucha. Por lo tanto, mi uso de esas palabras es más restringido que en el uso ordinario. William Ian Miller argumenta que la humillación (distinta de la vergüenza y el bochorno) implica siempre desinflar las pretensiones de alguien. La humillación, en el sentido de Miller, puede ser justificada (cuando la víctima de la humillación se da aires, es pretenciosa, es un imbécil pomposo que necesita que alguien lo ponga en su sitio, como Malvolio en *Twelfth Night*), o injustificada (cuando la víctima no se da aires, cuando la humillación se hace por crueldad o indiferencia, como cuando los niños en la escuela se burlan de un compañero que tiene retraso mental). Estoy reservando esa palabra para la clase injustificada de humillación, y uso la expresión *sufrir un trato humillante* para referirme a la humillación justificada. Véase William Ian Miller, *Humiliation* (1995), pp. 137-141, 146-148.

conseguido por el mero hecho de ser humano. Violar la dignidad humana de alguien significa tratarlo como si estuviera en una posición inferior, como un animal, como una herramienta útil pero desechable, como una propiedad, como un objeto, como un subhumano, como un niño grande, como nada en absoluto.[85] La frase *morir con dignidad*, como se usa en las discusiones sobre el derecho a morir, incorpora esa forma de interpretar el concepto. *Morir con dignidad* significa salir de este mundo de pie, no ser mantenido como un "fantasma dentro de una maquina", como un simulacro frágil de sí mismo gracias a medicamentos, conectado a respiradores y catéteres y tubos intravenosos. La enorme disminución de la propia condición equivale a una pérdida de dignidad, a una humillación.

En nuestra discusión de los abogados como defensores de la dignidad humana, el trato indigno específico que se estaba discutiendo consistía en tratar a las personas como si sus propias historias y compromisos subjetivos fueran insignificantes. Toda persona es un sujeto, la historia de cualquiera es tan significativa para esa persona como la de cualquier otro, y los compromisos profundos de todo sujeto son fundamentales para su personalidad. Tratar a alguien como persona insignificante es reconocerle una condición inferior, y esa resulta ser la forma específica que toma la humillación cuando analizamos el derecho a disponer de un abogado, el derecho a no declarar contra sí mismo y el deber de confidencialidad del abogado. No afirmo que no tener en cuenta la subjetividad o los compromisos de otra persona sea la

---

[85] Margalit define la humillación como "el rechazo de un ser humano por la 'familia de los hombres', es decir, tratar a los humanos como no humanos, o relacionarse con los humanos como si no lo fueran". Margalit, *supra* nota 82, p. 108.

única forma que puede tomar el trato indigno contra la persona, pero sí afirmo que en el hecho equivocado de no tener en cuenta la subjetividad y los compromisos del otro radica la humillación que se le inflige al tratarlo por debajo de su condición humana.

V. EL PRO BONO Y SUS CRÍTICOS

Para desarrollar el tema de cómo la práctica del derecho puede defender, o atacar, la dignidad humana, quiero ligar la idea de *dignidad* con el concepto de *no humillación*, y discutir las obligaciones pro bono de los abogados. Para facilitar la discusión usaré un recurso antiguo de la literatura: el sujeto contrastante, un artículo publicado que, a mi juicio, enfoca la cuestión del pro bono justo de la forma equivocada.

Mi contrapunto es un artículo escrito por dos profesores, Frank Cross y Charles Silver, en el que de manera ingeniosa critican la idea de que los abogados deben prestar servicios pro bono.[86] No niegan que

> todas las personas con medios deberían ser caritativas, sobre todo con las viudas, los huérfanos, las personas con incapacidades y otras cuya pobreza es resultado de circunstancias que en gran parte están en alto grado o totalmente más allá de su control.[87]

Pero creen que los servicios jurídicos no son tan importantes para los pobres como

---

[86] Charles Silver y Frank B. Cross, "What's not to Like about Being a Lawyer?", 109 *Yale L.J.* 1443 (2000) (en que reseña la obra de Arthur L. Liman, *Lawyer: A Life of Counsel and Controversy* [1999]), pp., 1477-1493.

[87] *Ibid.*, p. 1479.

el dinero, la comida caliente, las reparaciones caseras, la asistencia médica, el transporte y la ayuda con las tareas domésticas [...]. Los abogados deberían proporcionar las formas de caridad que los pobres más necesitan, en especial donaciones de dinero.[88]

Por lo tanto, Silver y Cross rechazan el deber de prestar servicios jurídicos a los pobres, no porque no crean que haya deberes hacia los pobres, sino porque "los pobres preferirían tener otras cosas".[89]

Para ilustrar esa idea plantean una pregunta retórica:

¿Una persona pobre que espera recibir ayuda en un despacho de asistencia jurídica preferiría veinte horas de tiempo de un abogado [...o tres mil dólares...]? Tres mil dólares es mucho dinero para que una persona tan pobre lo rechace.[90]

Silver y Cross parecen pensar que ofrecer un dinero a la persona pobre, que esta podría gastar como deseara, honra más su autonomía que ofrecerle unos servicios legales determinados, que debe aceptar o rechazar tal cual se le ofrecen. Mi intuición es otra, y no solo porque no identifico la dignidad con la autonomía. Quisiera que imaginásemos a Silver y Cross seleccionando casos en su despacho de asistencia jurídica gratuita. Hay cuatro clientes sentados en su sala de espera, hojeando con descuido revistas viejas, como *People*, o panfletos mal impresos de "¡Conoce tus derechos!". Un niño de tres años tira del vestido de su madre, aburrido. Sin prestarle atención, la madre aparta la mano del niño. En ese

---

88 *Ibid.*, p. 1478.

89 *Ibid.*, p. 1483.

90 *Ibid.*, p. 1484.

momento el abogado la llama. Coge al niño y va a hablar con los abogados:

Posible cliente n.º 1: La ciudad intenta quitarme la patria potestad de mi hijo. ¿Pueden ayudarme?

Silver y Cross: Es un trabajo que nos demandará veinte horas. No la representaremos, pero le daremos tres mil dólares.

Están honrando su autonomía. ¿Qué preferiría la señora: el dinero o el niño? Ella elije.

Posible cliente n.º 2: El departamento de inmigración está intentando deportarme a mi país de origen. Me arrestarán allí si me devuelven, tal vez me torturen y me maten. ¿Pueden representarme en mi audiencia judicial de asilo?

Silver y Cross: Sí, claro. Pero nos demandará unas cuarenta horas hacerlo bien. Mire, en lugar de eso le daremos seis mil dólares. ¡Con eso puede cruzar la frontera con Canadá con toda comodidad!

Luego llega el tercer posible cliente:

Posible cliente n.º 3: La última semana mi novio me pegó y me rompió el brazo. Ahora amenaza con matarme. Mi prima me dijo que me pueden ayudar a conseguir un mandato judicial para que no se me acerque.

Silver y Cross: Podríamos conseguirlo. Nos demandaría unas cuatro horas. Pero ¿y si le damos seiscientos dólares en vez de eso? Podría comprarse un arma e irse a cenar con lo que le sobra.

Y ahora el último:

Posible cliente n.º 4: Mi arrendador quiere echarme de la vivienda y no tengo dinero para alquilar otro apartamento. No tiene derecho a echarme: he sido siempre un buen arrendatario y he pagado a tiempo el alquiler. Lo único que pasa es que no le gusto. La audiencia para el desahucio es la próxima semana. ¿Pueden ayudarme?

Silver y Cross: Aquí está el dinero para que alquile otro apartamento.

Ha sido un buen día en el reparto de limosnas. En lugar de ofrecer servicios jurídicos a los clientes, han honrado su autonomía dándoles un dinero que pueden gastar como deseen. Los abogados creen que los cuatros posibles clientes les estarán agradecidos por su respuesta. Lo que yo predigo es bastante distinto: aun si el posible cuarto cliente estuviera más feliz con el dinero para conseguir otro apartamento que con la asistencia jurídica, sospecho que también estaría enfadado y humillado por la oferta.

Esos diálogos imaginarios dramatizan unos cuantos aspectos que Silver y Cross pasan por alto. En primer lugar, los clientes prefieren servicios legales o dinero dependiendo del tipo de problema legal que enfrenten. En segundo lugar, cuánto vale el caso para el abogado no tiene nada que ver con cuánto le importa al cliente. En tercer lugar, no todos los problemas legales tienen un equivalente monetario.

Es evidente que nada impide que el cliente tome el dinero y se lo gaste en servicios jurídicos. De hecho, podrían contratar a alguien distinto a Cross y Silver para obtener los servicios legales. Pero el hecho de que algunos o todos esos clientes prefieran sin duda gastar el dinero en servicios jurídicos demuestra que la pregunta de Cross y Silver sobre si los clientes receptores de asistencia legal preferirían abogados o dinero no es puramente retórica.

Aunque son importantes, esos aspectos no se ocupan de la dignidad humana. Sin embargo, el siguiente aspecto lo hace: incluso si el problema jurídico del cliente solo tiene que ver con el dinero, como en el caso del desahucio, puede importar mucho la forma en que lo consigue. Las razones tienen que ver con el significado social completamente diferente de la ayuda y las dádivas. Las dádivas acentúan la sensación de impotencia y dependencia del beneficiario. No tienen efecto en el respeto hacia sí mismo de la persona.

La ayuda es diferente. Todos necesitamos ayuda algunas veces para hacer algunas cosas, así que no tiene sentido decir que recibir ayuda sea humillante. Cuando ayudas a alguien a manejar un problema, creas un sentimiento de propósito compartido. Su objetivo implícito es reducir su dependencia al eliminar un bloqueo. En comparación, sustituir la ayuda por dádivas es muy parecido a sobornar al beneficiario para que se vaya. Las dádivas aumentan la distancia social. Las dádivas humillan.

> Considérese un pasaje bíblico instructivo del Levítico: Cuando llegue el tiempo de cosechar, no recojas hasta el último grano de tu campo ni rebusques las espigas que hayan quedado. Déjalas para los pobres y los extranjeros.[91]

Un aspecto importante de esta cita es que establece un deber, no algo que uno hace porque le nazca ser bueno. De hecho, la palabra hebrea que significa *dar*

---

[91] Levítico 19:9-10 (traducción propia). Ese mandamiento aparece en el capítulo del Levítico que los rabíes consideran el código moral de la Biblia, la llamada *ley sagrada* (*kedoshim*), el mismo capítulo que contiene las leyes "Ama a tu prójimo como a ti mismo", Levítico 19:18 y "Ama al extraño como a ti mismo", Levítico 19: 34.

a los necesitados, tzedakah, deriva de *tzedek*, la palabra usada para significar *justicia*.[92]

El segundo aspecto que hay que señalar sobre el deber de dejar los restos a los pobres y los extranjeros es que no es un mandamiento de regalar dádivas. No dice: "Después de la cosecha, dales algo de grano a los pobres que pidan a tu puerta". En lugar de eso, el mandamiento es dejarles algo a los pobres para que ellos mismos lo recojan. El pobre se ganará el sustento con su trabajo; de hecho, con el mismo tipo de trabajo que realiza cualquier otro cosechador. Es un mandamiento para ayudar al pobre de tal forma que, en la mayor medida posible, este mantenga el respeto por sí mismo y haga que su vida sea normal. Es un mandamiento de *tzedakah* de tal manera que se honre la dignidad humana, que les ahorre a los beneficiarios una humillación visible. Como lo expresa el rabí del siglo XII Maimónides, "Quienquiera que ofrece con malas maneras *tzedakah* a un hombre pobre

---

[92] Sin embargo, el análisis de Maimónides de la palabra *tzedakah* le da menos importancia a ese vínculo. Distingue dos sentidos de justicia: el primero, darles a las personas lo que les corresponde por derecho (su ejemplo es cumplir una promesa a los pobres), no es llamado *tzedakah*. En lugar de eso, la palabra queda reservada para cumplir con los deberes que están conectados con la virtud moral, "como curar las heridas de todos los que están heridos". Podríamos usar la palabra *filantropía*, que etimológicamente significa "amor por el hombre", salvo por que Maimónides distingue plenamente entre *tzedakah* y *chesed* (amabilidad amorosa). Hace énfasis en los aspectos de deber y virtud del *tzedakah*, no en los aspectos emotivos o motivacionales. Además, según Maimónides, eso implica que la conexión entre el *tzedakah* y la justicia radica en que cuando uno actúa por el *tzedakah*, lo hace por su propia alma, no por el beneficiario. Sin embargo, sigue siendo un hecho que Maimónides insiste en que el *tzedakah* es un deber, no una gracia. Moses Maimonides, *The Guide of the Perplexed* (trad. Shlomo Pines, Univ. Chi. Press 1963) (1197), p. 631.

[…] pierde todo el mérito de su acción, aun cuando le hubiera dado a aquel mil piezas de oro".[93]

Las opiniones de Maimónides, que pensó más profundamente que ningún otro autor que yo conozca sobre el deber de dar, son iluminadoras, y su análisis de la benevolencia, que incluye una clasificación sutil de las formas de dar en ocho grados, del más alto al más bajo, es uno de los pasajes más celebrados de la literatura rabínica. Como yo lo interpreto, en su inmensa mayoría, sus enseñanzas están centradas en la preocupación de que los regalos dados a los pobres nunca deberían humillar a sus beneficiarios o perpetuar su dependencia. Por esa razón, Maimónides defiende la superioridad de las donaciones anónimas.[94] Piensa que dar poco, pero con buena actitud, es mejor que dar una cantidad apropiada a regañadientes.[95] Defendió que los regalos dados antes

---

[93] Moses Maimónides, Mishneh Torah, *Sefer Zerain*, cap. 10, p. 4, reimpreso en *A Maimonides Reader* (ed. Isadore Twersky, 1972), p. 136.

[94] *Ibid.*, pp. 8-10, p. 137. Cuando se da sin que el donante ni el beneficiario conozcan la identidad del otro, se está en el séptimo grado (el segundo más alto) de la clasificación de Maimónides de ocho grados. Justo después está el caso en que el beneficiario no conoce quién es el donante, "como los grandes sabios que arrojan disimuladamente monedas en la puerta de los pobres"; después vendría el caso en que el donante no conoce quién es el beneficiario, "como en el caso de los grandes sabios que meten sus monedas en sus pañuelos y que, arrojados sobre sus hombros, permiten a los pobres coger las monedas ellos mismos por la espalda del que da, sin sufrir vergüenza". *Ibid.*, pp. 9-10. ¿Por qué el *tzedakah* al beneficiario desconocido es de un grado inferior al *tzedakah* del donante desconocido? Cabe suponer que la respuesta está en el hecho de que el beneficiario que conoce al donante se sentirá obligado; cuando el donante es desconocido, el beneficiario puede tratar con cualquiera en la comunidad en igualdad de condiciones.

[95] *Ibid.*, pp. 13-14, p. 137. Dar "reticentemente" es el primero, o más bajo, de los ochos grados, mientras que dar generosamente, pero demasiado poco, es el segundo más bajo.

de que el pobre los pida son mejores que los ofrecidos después,[96] y consideró que los regalos que promueven la autosuficiencia del beneficiario, por ejemplo, los que convierten al otro en socio de un negocio, son la mejor forma de benevolencia.[97] Es de especial relevancia para el contexto del pro bono la cuidadosa especificación de Maimónides de que si un regalo no puede ser anónimo, entonces el que regala debería entregarlo "de su propia mano".[98] Dar el regalo uno mismo importa, porque elimina la sospecha de que si bien se está dispuesto a ayudar al beneficiario, no se está dispuesto a verse asociado con él.[99]

---

[96] *Ibid.*, pp. 11-12, p. 137. Dar antes de que te pidan es el cuarto grado, mientras que dar solo después de que la persona te pida es el tercero.

[97] *Ibid.*, p. 7, pp. 136-37. "El grado más alto, que ningún otro excede, es el de la persona que ayuda a un judío pobre proporcionándole un regalo o un préstamo, o asociándose con él para un negocio o ayudándole a encontrar trabajo; en pocas palabras, el que lo sitúa en una posición en la que puede prescindir de la ayuda de otra gente". *Ibid.*

[98] *Ibid.*, p. 11.

[99] Como nota al margen, podría mencionar que las normas de Maimónides para los beneficiarios comparten los mismos temas de dignidad, igualdad e independencia. Ofrece tres reglas fundamentales: en primer lugar, esa dependencia de la benevolencia de la comunidad debería ser un último recurso y uno debería estar dispuesto a trabajar duro, e incluso a soportar cierta penuria antes de pedir ayuda. En segundo lugar, y en relación con lo anterior, conseguir ayuda mediante engaños está prohibido. Tercero, y tal vez esto sea lo más sorprendente e interesante, una persona necesitada que rechaza una ayuda esencial ha pecado: "Derrama sangre, culpable por atentar contra su propia vida". Hay una diferencia entre soportar la penuria para evitar la vergüenza de tener que depender de otro, y el orgullo falso, altanero.
Cabe sospechar que Maimónides incluyó la tercera regla en parte por razones estratégicas. Maimónides fue el rabí más sabio y también el médico y abogado más reconocido de su tiempo (al conocer eso, mi esposa comentó: "¡Su madre debió haber estado muy contenta!"). Maimónides fue médico de la corte del califa de El Cairo y escribió conceptos jurídicos para comunidades judías de

¿Cómo se desarrollan esas ideas en el contexto de los servicios jurídicos? Los cuatro diálogos imaginarios dramatizan la forma en que ofrecer dinero en lugar de asistencia jurídica humilla y degrada al posible cliente. Para comenzar con lo obvio, la oferta de dinero cuando alguien está pidiendo servicios jurídicos es tratar al cliente potencial como un pobre real. Un segundo aspecto es que los problemas jurídicos a menudo afectan derechos, y tratar a las personas como titulares de derechos mediante la oferta de servicios legales los dignifica, mientras que tratarlos como poseedores de necesidades, al ofrecerles dinero, no lo hace.[100] Un titular de derechos es, después de todo, para el derecho, una persona con un peso ontológico que los otros están obligados a respetar. Los derechos conectan con la dignidad humana de una manera en que las necesidades no lo hacen. Un abogado que ofrece asistencia pro bono reconoce al cliente como persona, no como mendigo.

Ahora bien, Silver y Cross podrían contestar que al darles dinero a los pobres que solicitan servicios pro bono se los trata de hecho con mayor respeto que si se restringiera la forma de ayuda a la prestación de servicios en especie. La razón ya la hemos visto: si lo que desean realmente los pobres son servicios jurídicos, pueden usar el dinero para contratar a un abogado. Si no, pueden usar

---

todo el mundo. Su codificación del derecho religioso, la Mishné Torá, se convirtió en el modelo de la Shulchan Aruch, el código oficial todavía usado por los tribunales rabínicos. Además, escribió tratados médicos, astronómicos y filosóficos. Fue tan célebre que ha sido conocido desde su época con el acrónimo *Rambam* (Rabbi Moses ben Maimon). Apoyados por la autoridad de Maimónides, los necesitados pueden considerar, por lo tanto, la aceptación de ayuda como un deber, no como una debilidad.

[100] Esa es una idea importante en Patricia J. Williams, *The Alchemy of Race and Rights: The Diary of a Law Professor* (1991).

el dinero para otra cosa más importante. Así, la decisión depende de ellos.[101]

Sin embargo, sigo siendo escéptico. ¿El abogado-donante entrega dinero al cliente potencial para que contrate a un abogado diferente? Si es así, el mensaje parecería ser: "No quiero tener nada que ver contigo, así que aquí tienes algo de dinero para que te vayas y te busques otro abogado". El consejo de Maimónides de que un donante debería proporcionar la ayuda "por su propia mano" nos viene inevitablemente a la cabeza.

O, alternativamente, el donante le está diciendo al cliente potencial: "Aquí tienes algo de dinero. Puedes usarlo para contratarme y que te represente o puedes gastarlo en cualquier otra cosa que te parezca importante". Esa alternativa es mejor que la anterior, sin duda, pero sigue transformando la naturaleza del encuentro y la hace pasar de una consulta profesional a una ocasión para la caridad. En lugar de una relación entre cliente y abogado, la oferta crea una relación entre patrón y cliente. El cliente ya no es una persona con derechos en juego. Ahora sus derechos están subsumidos en la categoría de sus necesidades. Además, ahora el cliente debe comparar su problema jurídico pasajero con sus otras necesidades, lo que reduce la importancia de su problema y subraya el hecho de que una persona pobre encuentra razones para desesperarse en todos los sitios en los que busca. Imaginemos un médico que le hiciera la misma oferta a una persona pobre que se presentara en su consultorio con una muñeca rota:

Claro, puedo curarle la muñeca gratis, pero eso es un trata-miento médico que tiene un costo de mil dólares. Pero en

---

[101] Le doy las gracias a David Hyman por señalarme el argumento en este punto.

lugar de curarlo, le daré mil dólares. De esa forma puede decidir si gastarlo en arreglarse la muñeca o prefiere vivir con la muñeca rota mientras se hace cargo de algo más urgente.

¿Cuánta humillación tiene que soportar una persona pobre?

No quiero decir que, desde el punto de vista moral, la asistencia jurídica pro bono sea siempre superior a la ayuda financiera. Las generalizaciones indiscriminadas como esta, en una u otra dirección, son absurdas. Todo abogado que se ocupa de cuestiones de pobreza puede recordar clientes que necesitan dinero más que lo que un abogado pueda hacer por ellos. Sospecho que todo abogado dedicado a la pobreza ha tenido roces, en un momento u otro de su vida, con la norma ética que prohíbe a los abogados ofrecer asistencia financiera humanitaria a sus clientes con problemas judiciales.[102] Lo que estoy sugiriendo es que, incluso cuando todo lo que quiere un cliente es que su abogado le ayude a conseguir dinero, no tener en cuenta su problema jurídico y entregarle dinero es una pobre base para una relación moral. Ayudar a aquellos que lo necesitan es una interacción, no una acción, y Silver y Cross pasan por alto la cuestión de cuál es la clase más probable de interacciones creada a partir de transferencias de dinero, en vez de a partir de la prestación de servicios jurídicos. Creo que las primeras son transacciones humillantes. El abogado que ofrece asistencia jurídica podría no estar ofreciendo lo que el cliente necesita con mayor urgencia, pero la oferta honra la dignidad humana del cliente de una forma en la que el dinero contante y sonante nunca podrá.

---

[102] Model Rules of Prof'l Conduct R. 1.8(e) (2003).

LA POLÍTICA DE LA PRÁCTICA
PRO BONO[*]

Scott L. Cummings[**]

---

[*] Este texto constituye un extracto seleccionado por el autor de "The Politics of Pro Bono", 52 *UCLA L. Rev.* 1 (2004).

[**] Profesor de derecho, Facultad de Derecho de UCLA.

I. LA INSTITUCIONALIZACIÓN DE LA PRÁCTICA PRO BONO

La práctica pro bono ha sufrido una transformación profunda y de ser una actividad informal ha pasado a ser una institución profesional compleja. Aunque durante la mayor parte de la historia del derecho estadounidense la práctica pro bono ha sido *ad hoc* e individualizada, prestada como caridad profesional y sin regularidad, en los últimos veinticinco años se ha centralizado y convertido en una práctica usual. Se presta mediante una compleja estructura organizativa en la que participan asociaciones profesionales, despachos de abogados, programas de servicios jurídicos patrocinados por el Estado y grupos de derecho de interés público (DIP) sin ánimo de lucro.

Un hecho fundamental que ha contribuido a esa transformación ha sido el declive del programa federal de servicios de asistencia jurídica gratuita, debido a la reacción política contra sus fines reformistas liberales. Cuando Ronald Reagan llegó a la Presidencia, tomó agresivas medidas contra la prestación de la asistencia jurídica gratuita, y en 1982 propuso cerrar el órgano federal que la prestaba, la Legal Services Corporation (LSC). Aunque esa medida drástica no fue aprobada, Reagan debilitó la LSC de otras formas; por ejemplo, nombró un consejo directivo hostil y redujo su financiación. El Congreso continuó reduciendo la financiación de la LSC después de Reagan, y en 1996 su presupuesto equivalía a la mitad del máximo que llegó a tener en 1980. El golpe final provino de la imposición de restricciones legislativas. En 1996, el Congreso prohibió a las organizaciones financiadas por la LSC presentar demandas judiciales contra la redefinición de las circunscripciones electorales, cabildear, presentar demandas de grupo o de clase, representar a la mayoría de los extranjeros, hacer activismo político, cobrar primas de éxito, presentar demandas relacionadas con el aborto, representar legalmente a condenados a prisión, realizar actividades relacionadas con la oposición a la reforma del Estado de bienestar o defender a inquilinos de viviendas públicas desalojados por uso de drogas. Todavía más radical fue la prohibición legislativa de que las organizaciones financiadas por la LSC usaran financiación procedente de otras fuentes para participar en esas actividades prohibidas.

Como reacción a la orientación activista de la asistencia gratuita, una parte del programa de servicios jurídicos también fue privatizada. El impulso oficial ocurrió en 1981, cuando ante la amenaza de cierre manifestada por la administración Reagan, la LSC ordenó a las organizaciones financiadas por ella que pusieran a disposición del programa para la participación de abogados particulares (PAP) una "cantidad significativa" de sus fondos. Aunque el programa de PAP ha hecho pagos directos a abogados particulares mediante una modalidad de Judicare (el programa de asistencia jurídica gratuita), su principal efecto ha sido estimular la expansión de los programas diseñados para contratar y formar a abogados voluntarios pro bono y conectarlos con clientes de bajos ingresos. De hecho, los colegios de abogados locales, al beneficiarse de los nuevos fondos disponibles gracias al programa de PAP, han fomentado una enorme expansión de los grupos organizados de servicios pro bono, hoy fundamentales para el nuevo régimen de servicios jurídicos civiles. Estimulados por el mandato del PAP, el número de programas pro bono creció de cincuenta en 1980 a unos quinientos en 1985. A comienzos de los años noventa había unos novecientos programas pro bono complementarios de la actividad de defensa jurídica realizada por organizaciones de DIP o patrocinados por los colegios de abogados con el fin de facilitarles a los abogados particulares su participación en ese campo. A medida que ha crecido el número de programas pro bono, más abogados los han aprovechado. Hasta 1995, el diecisiete por ciento de los abogados había participado en programas pro bono (cuando en 1985 eran un diez por ciento) y habían gestionado más de 250000 asuntos.

El crecimiento de los grupos de DIP sin ánimo de lucro que usan el derecho para promover programas concretos de reforma social ha tenido también una influencia significativa en el crecimiento del sistema pro bono. Apoyándose en el éxito de organizaciones de gran tradición defensoras de los derechos, como ACLU y NAACP, los años setenta fueron testigos de un crecimiento de las organizaciones de DIP que defendían en el campo jurídico los derechos civiles, el medioambiente, a las mujeres, a los consumidores, a los discapacitados y a los niños. Debido a que han estado concentradas en la reforma del derecho, las organizaciones de DIP han tenido que depender en gran medida de los servicios pro bono prestados por los despachos de abogados para costear demandas judiciales estratégicas, que requieren muchos recursos. Si bien la defensa legal de DIP ha estado asociada en gran medida con los grupos liberales reformistas del derecho, también ha habido un crecimiento de las organizaciones conservadoras de asistencia jurídica desde los años setenta, con grupos destacados, como Pacific Legal Foundation, Americans United for Life Legal Defense Foundation y el Center for Individual Rights. Si bien los grupos liberales dedicados al DIP siguen recibiendo la mayor parte del apoyo prestado a la actividad pro bono por los grandes bufetes de abogados, hoy los despachos son también receptivos a las solicitudes de servicios pro bono efectuadas por las organizaciones conservadoras.

Para el colegio de abogados estadounidense (la American Bar Association [ABA]), el voluntariado es el enfoque definitorio de esos servicios profesionales, como refleja su codificación del trabajo pro bono, que lo califica como voluntario y rechaza convertirlo en algo obligatorio, como reclaman algunos. En especial, el trabajo pro bono se ve cada vez más como un complemento del decaído programa de asistencia jurídica gratuita, por lo que la ABA ha intentado refinar su definición para destacar la importancia de los servicios jurídicos prestados a los pobres, al mismo tiempo que insiste en su naturaleza voluntaria. En 1993, la ABA modificó la Norma Modelo 6.1 y adoptó como objetivo un número determinado de horas pro bono, además de restringir qué cabía considerar como *servicios pro bono*. En concreto, la norma reformada dispone que todo abogado "debería aspirar a prestar al menos cincuenta horas anuales de servicios jurídicos pro bono para el público", de las cuales una "mayoría sustantiva" debería dedicarse a "personas de medios limitados" o a las organizaciones que las defienden. Subrayando la naturaleza no obligatoria de la norma, se añadió la palabra *voluntario* al título, con el fin de destacar que la norma no "pretendía hacerse cumplir mediante un proceso disciplinario", puesto que los servicios pro bono eran "un compromiso ético individual de cada abogado".

La institucionalización de los servicios pro bono ha dependido también de manera crítica del crecimiento de los grandes despachos de abogados dedicados al derecho societario. Por un lado, a la hora de prestar servicios pro bono, la estructura organizativa de los grandes despachos les proporciona grandes ventajas prácticas en comparación con prácticas del derecho más modestas. Puesto que el modelo pro bono busca que un gran número de abogados preste servicios gratuitos, en buena medida está basado en el gran despacho como suministrador masivo de personal pro bono. Además, debido a que los grandes despachos cuentan con ingresos constantes, en general son capaces de absorber con mayor facilidad los costos asociados a los servicios pro bono, ya que los despachos más pequeños no pueden permitirse prescindir de cantidades considerables de trabajo facturable. Por último, los grandes despachos tienen la capacidad administrativa necesaria para coordinar un elevado número de servicios pro bono que los despachos pequeños no pueden igualar.

No obstante, la relación entre los servicios pro bono y los grandes despachos no es unidireccional, en el sentido de que los programas pro bono son los beneficiarios afortunados de la generosidad de los grandes despachos y nada más. Los servicios pro bono también les han proporcionado beneficios organizativos fundamentales a los grandes despachos. Como parte de la intensa competencia en el mercado para atraer a los graduados de las facultades de derecho de élite, muchos de los cuales tienen un profundo interés en los servicios pro bono, los grandes despachos han diseñado programas pro bono para complementar los planes generales de contratación y retención de abogados. Los grandes despachos también están muy pendientes de su estatus profesional en la sociedad. En especial, para los grandes despachos, cuyo objetivo de búsqueda máxima de beneficios ha despertado desde hace largo tiempo críticas por su mercantilismo, la capacidad de definir su actividad como organización en función de una ideología profesional se convierte en un importante fin. De esta manera, los servicios pro bono de los grandes despachos no son solo un instrumento para promover el bien público, sino también una fuente de legitimación profesional.

La primera ola de institucionalización tuvo lugar a finales de los años sesenta, cuando el crecimiento rápido de los despachos de abogados aumentó la demanda de nuevos abogados asociados, en una época en la que las nuevas oportunidades excitantes en el campo del DIP estaban llamando la atención de los estudiantes de derecho al margen de la actividad empresarial. Existía la percepción extendida de que los graduados de élite no optarían por los grandes despachos, salvo que tuvieran programas profesionales bien desarrollados que les dieran la oportunidad de prestar servicios pro bono. El resultado fue que se expandió el número de programas pro bono formalizados. Algunos despachos asignaron socios y comités para escoger y coordinar casos pro bono, mientras que otros proporcionaron abogados para trabajar pro bono en los consultorios jurídicos de las facultades de derecho. En especial, en el área de Washington, D. C., el *ethos* del servicio público acabó por plasmarse en varios programas pro bono innovadores.

Sin embargo, no fue sino hasta los años ochenta que los servicios pro bono terminaron por incorporarse en profundidad a la estructura de los despachos de abogados. La incorporación de los servicios pro bono a la práctica de los grandes despachos ocurrió en un momento de gran ansiedad sobre la dirección que estaba tomando la profesión, en tiempos de rapidísima expansión económica, cuando los despachos de abogados más grandes y más rentables se hicieron todavía más grandes y rentables durante la década de los años noventa. Ese crecimiento fue de la mano de varios cambios en la estructura interna de los grandes despachos. El volumen creciente de negocios significó una política agresiva de contratación de nuevos asociados, cuyo resultado fue la expansión de la base de las estructurales piramidales de los bufetes, a medida que aumentaron las cifras de facturación de los despachos. Para atraer a los nuevos asociados, en un entorno en el que cada vez un mayor número de abogados dejaban la práctica en los despachos de abogados para dedicarse a nuevas empresas, banca de inversión y empresas de capital riesgo, los despachos comenzaron a subir considerablemente los salarios. Para poder pagar salarios de más de cien mil dólares a los nuevos asociados, los despachos aumentaron los honorarios y sus expectativas de que los abogados asociados trabajaran más horas facturables.

En el momento de máximo auge, esos cambios parecían estar teniendo un costo en los servicios pro bono de los grandes despachos. En el año 2000, un editorial de *The New York Times* informó que los despachos estaban "recortando los servicios gratuitos para los pobres" y señalaba que solo dieciocho de las cien firmas estudiadas habían cumplido la directriz de las cincuenta horas por abogado recomendadas por la ABA. Sin embargo, ese periodo de crecimiento económico y presión competitiva, que hizo más difícil prestar servicios pro bono, tuvo también por efecto profundizar su estructura institucional en los grandes despachos, que actuaron con el fin de mejorar su imagen pública y conseguir una ventaja competitiva en el momento de contratar nuevos abogados. Cuando la National Association for Law Placement (NALP), que distribuye un directorio muy leído por los futuros abogados asociados de los despachos, el *Directory of Legal Employers*, y las facultades de derecho comenzaron a publicar información sobre las actividades pro bono de los despachos, estos se vieron obligados a tomarse en serio la importancia de los servicios pro bono como herramienta de contratación. En consecuencia, los grandes despachos comenzaron a hacerle seguimiento a su actividad pro bono, incluyeron partidas específicas en sus presupuestos y publicitaron los servicios pro bono como parte de sus intentos de contratar nuevos abogados.

La aparición de los informes pro bono en las publicaciones jurídicas especializadas aceleró esa tendencia. En 1992 *The American Lawyer* comenzó a publicar datos sobre la actividad pro bono de los cien mejores despachos, según su lista *AmLaw*, y eso transformó la manera en que esos despachos consideraban sus programas pro bono. Los despachos eran clasificados según la calidad de sus servicios pro bono, lo que significaba que los futuros asociados podían comparar los servicios pro bono prestados por los diferentes despachos con mayor precisión, pero también que los despachos podían compensar sus debilidades en otras áreas obteniendo puntuaciones altas en la actividad pro bono.

Un reto promovido por el programa de la ABA "Law Firm Pro Bono Challenge" aumentó la presión sobre los grandes despachos, al pedirles una contribución para los servicios pro bono de entre un tres y un cinco por ciento de sus horas facturables y publicar qué despachos lograban ese reto y cuáles no. Al exigir compromisos específicos con respecto a los servicios pro bono y vigilar su cumplimiento, ese programa estableció otro índice para evaluar los méritos relativos de los diferentes despachos en relación con su actividad pro bono.

La combinación de estos cambios hizo que muchos grandes despachos expandieran sus programas pro bono como forma de atraer a la práctica de la abogacía a los estudiantes de derecho interesados en esa clase de programas, mejorar su posición en las clasificaciones y facilitar el cumplimiento del reto del programa de la ABA. Los despachos establecieron más comités pro bono, contrataron coordinadores de tiempo completo para expandir su personal de apoyo a los servicios pro bono, formalizaron las políticas pro bono y abordaron grandes proyectos de servicios pro bono. También consolidaron su relación con los grupos dedicados al DIP y con los servicios de asistencia jurídica, iniciaron nuevos programas de prácticas externas e hicieron publicidad de sus logros en materia de pro bono en las páginas web y en sus informes anuales. El resultado final fue sorprendente: los servicios pro bono institucionalizados, que prácticamente no existían en los años setenta, tenían ahora un lugar primordial en los grandes despachos.

II. LA NUEVA ARQUITECTURA DE LOS SERVICIOS PRO BONO

COLABORACIÓN

Colaboración es hoy la palabra de moda del sistema pro bono, que funciona mediante el establecimiento de relaciones entre los abogados particulares y los programas patrocinados por los colegios de abogados, los grupos de asistencia jurídica y las organizaciones de DIP que vinculan a clientes y abogados. Para que esta red de colaboración tenga éxito es fundamental que haya organizaciones externas a los despachos de abogados que conecten a los abogados de los despachos con los clientes pro bono. Esa función la desempeñan dos clases de programas pro bono: los que atienden las organizaciones de remisión y los adelantados por las organizaciones estratégicas. Las organizaciones de remisión tienden a coordinarse con las asociaciones locales de abogados, y suelen estar subsidiadas por ellas. Su principal motivo de existencia es servir como canal entre los clientes de bajos ingresos y los voluntarios de los despachos de abogados. Por consiguiente, con respecto a la comunidad, establecen prioridades de servicio, determinan qué es urgente, educan a los clientes y a la comunidad, y llevan a cabo la selección preliminar de clientes. En relación con los despachos de abogados, las organizaciones de remisión contactan a los enlaces de los despachos, llevan a cabo actividades de divulgación con abogados escogidos, crean paquetes de casos para los voluntarios, organizan reuniones iniciales entre los clientes y los asesores privados, proporcionan formación a los abogados de los despachos y analizan las razones de conflicto en las relaciones difíciles entre abogados y clientes. Las organizaciones de remisión existen en todos los estados y varían en alcance, desde las concentradas en actuaciones unipersonales a aquellas que trabajan con grandes grupos y varios proyectos.

Las organizaciones estratégicas pro bono tienden a ser grupos independientes sin ánimo de lucro que tienen a su cargo la consecución de un programa específico de defensa jurídica; un ejemplo de ellas son las organizaciones federales de asistencia jurídica o los grupos tradicionales de DIP. Estas organizaciones tienen abogados de planta que representan a los clientes y usan los recursos pro bono de forma pragmática para apoyar sus objetivos como organización. En cambio, las organizaciones de remisión son diferentes, ya que tienen como objetivo primario la promoción del voluntariado pro bono.

Aunque el sistema pro bono no tiene una coordinación centralizada, es facilitado y apoyado por varios grupos no estatales importantes. El más notable es la organización profesional de los abogados, la ABA, que funciona como un vehículo esencial de transmisión de las iniciativas pro bono. La ABA, en concreto, es un participante activo en el movimiento dirigido a establecer estructuras y políticas pro bono. Por ejemplo, su Comité Permanente de Servicios Pro Bono y Públicos se concentra en el desarrollo de iniciativas políticas generales para facilitar el pro bono, como las resoluciones pro bono, la redacción de las normas modelo, las estrategias de información sobre actividades pro bono y los programas formales de educación jurídica continuada. Además, ha publicado manuales que definen las políticas estandarizadas para los programas pro bono y ha promovido los servicios pro bono en la Administración Pública y entre los abogados del sector público. El Comité también patrocina un programa anual de premios, el ABA Pro Bono Public Awards, para darles mayor publicidad a los programas pro bono y promocionar esa clase de servicios como parte de la cultura profesional, y una conferencia, la Equal Justice Conference, que se concentra en diferentes servicios jurídicos y temas pro bono. El proyecto operativo del Comité, el Center for Pro Bono, que se concentra de manera más específica en la implementación del programa pro bono, publica manuales sobre los servicios pro bono, presta asistencia técnica, realiza actividades con la comunidad y coordina intercambios de información para apoyar los programas pro bono en todo el país.

Los colegios de abogados de cada estado participan también en la organización y el mantenimiento de los programas pro bono. Todos los estados, con la excepción de seis, han establecido un organismo pro bono de ámbito estatal, y casi todos funcionan con el apoyo del colegio de abogados del estado correspondiente. Por lo general, esos programas intervienen en la contratación de abogados pro bono, en la formación de voluntarios pro bono y en la facilitación de los contactos entre los clientes y los abogados voluntarios. Otros particulares también entraron en el campo pro bono a finales de los años noventa. En 1999, después de que el presidente aprobara un llamado a la acción dirigido a la profesión jurídica (*Call to Action to the Legal Profession*), la ABA y otras organizaciones jurídicas destacadas crearon la organización Lawyers for One America, dedicada a promover la igualdad de acceso a la justicia mediante, entre otras iniciativas, más servicios pro bono prestados por los despachos de abogados. El Pro Bono Institute, creado por la ABA en 1996 y dependiente en principio de ella, es hoy en día un organismo independiente conectado con el Georgetown University Law Center, lidera la prestación de programas educativos, los servicios de consultorio y el apoyo técnico para institucionalizar los servicios pro bono en los grandes despachos y en los departamentos jurídicos de las empresas.

La intervención de fundaciones filantrópicas en la promoción del pro bono ha sido importante. La Fundación Ford, que fue fundamental para financiar los proyectos piloto que sirvieron como modelo para los programas de asistencia jurídica federal, se ha convertido en un patrocinador sobresaliente de los servicios pro bono: desde 1989 ha donado más de 1,7 millones de dólares a la ABA para expandir los servicios pro bono, y de esa cantidad una gran parte se ha dedicado a apoyar programas pro bono relacionados con la inmigración y a aumentar la participación pro bono de los grandes despachos de abogados. La Fundación Ford ha hecho también generosas donaciones al Pro Bono Institute, y desembolsos por una sola vez destinados a promover el pro bono entre grupos como Lawyers for Human Rights, el Florida Immigrant Advocacy Center, Alliance for Justice y el National Immigration Project of the National Lawyers Guild. Muchas de las iniciativas patrocinadas por la Fundación Ford han estado ligadas a los esfuerzos pro bono. En tiempos más recientes, el Open Society Institute (OSI) de George Soros ha estado muy activo en la financiación de las iniciativas pro bono. Le ha dado casi un millón de dólares a la ABA para apoyar proyectos de esa organización, como la Rural Pro Bono Delivery Initiative (destinada a las zonas rurales), el Immigration Pro Bono Development Project (para los inmigrantes), el Death Penalty Representation Project (para la asistencia jurídica a los condenados a muerte) y el Children's Supplemental Security Income Project (para defender el ingreso mínimo de los niños). El OSI ha financiado también el proyecto pro bono de la Association of American Law Schools (AALS), llamado Pro Bono Project; ha apoyado la creación de probono. net., una página web nacional dedicada a la coordinación de servicios pro bono; ha ayudado a la organización de abogados American Corporate Counsel Association a desarrollar una página web, y ha proporcionado financiación significativa al Lawyers' Committee para la expansión de su capacidad pro bono.

Por último, desde 1987, cuando la Facultad de Derecho de Tulane instituyó los servicios pro bono como requisito de graduación de los estudiantes de derecho, las facultades de derecho han ido convirtiéndose cada vez más en participantes pro bono destacados. Aunque algunas facultades de derecho han intentado conseguir la participación de los profesores de la facultad, el principal objetivo ha sido fomentar la actividad pro bono entre los estudiantes. La mayoría de las facultades de derecho tienen hoy algún curso formal del currículo dedicado al pro bono. Según una encuesta realizada en 2003 entre las facultades de derecho acreditadas, cerca de un quinto han instituido requisitos de servicios pro bono o servicios públicos, cerca de la mitad han desarrollado programas voluntarios apoyados por los órganos de administración de la universidad, y cerca de un cuarto se apoyaban en grupos de estudiantes para proporcionar servicios pro bono.

Esa tendencia ha sido promovida por la ABA, que en 1996 revisó sus estándares de acreditación para fomentar los servicios pro bono entre los estudiantes. La AALS también ha tenido una intervención fundamental, y en 1997 creó la Commission on Pro Bono and Public Service Opportunities para evaluar los programas pro bono de las facultades de derecho, y en 2001 lanzó su Pro Bono Project para apoyar directamente el desarrollo de programas pro bono en las facultades de derecho.

Aunque los despachos de abogados unipersonales y los despachos pequeños también tienen una participación significativa en el sistema pro bono, la atención principal ha recaído en los grandes despachos de abogados, que están en mejor posición para hacer cuantiosas inversiones pro bono. En consecuencia, en los grandes despachos de abogados se han creado estructuras organizativas paralelas que proporcionan un vínculo entre los programas pro bono sin ánimo de lucro y los abogados de esos despachos. Sobresalen dos características de la estructura interna pro bono de los despachos: las funciones diferenciadas del personal y los procedimientos formalizados.

En lugar de adoptar un enfoque liberal con respecto a las actividades pro bono y no someterlas a ningún control, hoy muchos despachos tienen comités que supervisan los casos pro bono que llegan a sus oficinas, los asignan a los abogados, desarrollan políticas para todo el bufete y recogen datos sobre el desempeño.

De los cincuenta bufetes que componen la "Lista A" de *AmLaw*, en la que están los despachos de "élite" del país, al menos cuarenta tienen comités formales. Los comités varían en su estructura y en sus prácticas. Aunque algunos comités existen desde hace años, ha habido un crecimiento reciente de su número, disparado en parte por la mayor presión para producir resultados pro bono cuantificables para los sistemas de información sobre pro bono. Las responsabilidades del comité varían de despacho a despacho, pero en general incluyen el desarrollo de políticas y procedimientos pro bono, la coordinación de los casos que asumen con las organizaciones de remisión, la evaluación de los intereses de los abogados, la supervisión de la representación legal en los casos, la evaluación de la actividad pro bono y la publicidad de los resultados.

Además de los comités, la mayoría de los despachos más importantes de abogados ha dedicado recursos para personal pro bono. Aunque muchos despachos han asignado socios para supervisar los programas pro bono, actividad que se suma a sus obligaciones laborales ordinarias, los despachos contratan cada vez más abogados y no abogados para que trabajen como coordinadores pro bono de tiempo completo. Eso ha ocurrido en parte por el reconocimiento de que a medida que los despachos crecen, sus programas pro bono tienen un tamaño que hace difícil que los miembros del comité puedan gestionar de forma efectiva los servicios, en especial aquellos socios que dedican solo una parte de su tiempo a los asuntos pro bono. En este sentido, el aumento de coordinadores refleja los beneficios de la especialización: los despachos crean cargos funcionalmente diferenciados para facilitar la consecución de fines institucionales pro bono, mientras que liberan a otros abogados del despacho para que se dediquen a sus funciones tradicionales especializadas: conseguir clientes, cerrar acuerdos empresariales y defender

157

judicialmente casos pagados cobrando honorarios. En especial, en la medida en que los despachos compiten entre sí en las clasificaciones, los coordinadores son considerados útiles para aumentar la producción pro bono o, cuando menos, para hacerles seguimiento a las actividades pro bono con fines de elaboración y distribución de información. Al igual que pasa con los comités, también se considera que los cargos de coordinación otorgan legitimidad institucional y crean una base interna de partidarios del pro bono en los despachos que defienden esa clase de actividades.

En este momento, una proporción significativa de los despachos más elitistas del país han establecido la posición de coordinador pro bono. De los despachos en la Lista-A, treinta y ocho tienen un cargo de coordinador de servicios pro bono. Al menos dieciséis de esos cargos fueron creados como empleos de tiempo completo o pasaron de ser de tiempo parcial a completo. Muchos coordinadores desarrollan su actividad en la comunidad y solicitan casos a los grupos de DIP y de asistencia jurídica, y seleccionan las solicitudes de asignación de voluntarios pro bono. Los coordinadores pro bono participan también mucho en el desarrollo de las políticas pro bono de los despachos, piden voluntarios, controlan los niveles de participación pro bono y evalúan el desempeño del despacho en esos asuntos. Además, le hacen publicidad a la actividad pro bono del despacho, informan sobre el pro bono a los socios gestores, supervisan a los abogados, los encuestan sobre sus intereses pro bono y supervisan que no haya conflictos de interés en una oficina o entre oficinas de un mismo despacho. Los coordinadores pueden servir también como una eficaz barrera frente a otros abogados del despacho que quieren rechazar casos controvertidos por razones empresariales y pueden interceder cuando los abogados son criticados por tener demasiada actividad pro bono.

A los coordinadores su integración en la estructura de gestión del despacho no les confiere necesariamente una posición de igualdad con los otros abogados del despacho. En los despachos de la Lista A, las posiciones del coordinador varían enormemente en cuanto a su estatus: algunos son administradores no juristas, otros son abogados que no pueden llegar a ser socios y otros son socios de pleno derecho o asociados con posibilidades de llegar a ser socios. Hay discusiones en los despachos sobre cuál es la configuración más apropiada del cargo. Una cuestión es si el coordinador debería o no ser un abogado. Aunque hay varios despachos grandes que tienen coordinadores que no son abogados, algunos creen que esto envía una señal institucional equivocada y proyecta la imagen de que el despacho no respalda el programa al no asignar el cargo a un abogado respetado. De hecho, la posición institucional del coordinador afecta el ámbito de sus deberes y su relativa influencia en los despachos. Aquellos coordinadores que tienen en su despacho un mayor prestigio profesional y más seguridad en su posición institucional pueden evitar las obligaciones más burocráticas y ejercer una influencia más profunda en las decisiones relativas a las políticas de la organización y la selección de clientes. Otra cuestión es si el coordinador debería provenir de un despacho privado de abogados o del sector del derecho de interés público (DIP). Hay cierta preocupación por el hecho de que los abogados del DIP comprendan las restricciones empresariales que tienen los despachos, aunque varios de ellos han contratado en los últimos años a abogados provenientes del ámbito del DIP para gestionar los programas pro bono y han tenido éxito.

Las actividades pro bono, como cualquier otra, han terminado por tener procedimientos de implementación muy formalizados. Además de la codificación de las políticas de créditos por horas facturables, los despachos han formalizado normas y prácticas más mundanas, y han creado directrices procedimentales diferenciadas para aceptar casos, para realizar las comprobaciones de conflictos de intereses, encargarse de la supervisión y del cierre de casos. Hay cierta convergencia en cuanto a las políticas formales, aunque es difícil comparar los detalles. La mayoría de los despachos tienen ahora una política pro bono escrita que especifica qué constituye servicios pro bono, qué clase de crédito por horas facturables es otorgado y cómo es evaluado el pro bono a efectos de bonificaciones y promociones laborales.

EFICIENCIA

Otra característica fundamental del pro bono institucionalizado es el énfasis en la eficiencia. En el contexto pro bono, la eficiencia está asociada a dos ideas principales: la reducción de los costos de transacción y una asignación de recursos muy cuidadosa. Aunque el pro bono no involucra en sí intercambios dinerarios, el tiempo que pasa el abogado intentando conocer los casos pro bono, actualizando a toda prisa su conocimiento en áreas del derecho que son nuevas para él o recordando técnicas de la práctica olvidadas es una pérdida económica desde el punto de vista del despacho de abogados. Los despachos y los programas pro bono sin ánimo de lucro intentan, por consiguiente, ahorrarse esos costos superando los déficits de información y haciendo lo más eficiente posible la implementación de los servicios pro bono.

Para los sistemas pro bono es fundamental el intercambio de información. Los clientes de bajos ingresos deben estar conectados con los abogados particulares y por lo general deben superar abismos geográficos y culturales. Este proceso está mediado por organizaciones sin ánimo de lucro que proporcionan la puerta de entrada a sus clientes, la agrupación de casos para distribuirlos entre voluntarios y la coordinación de la relación entre despacho y cliente. Por su parte, el despacho se encarga de recibir, examinar y dirigir esa información a los voluntarios, y luego, de coordinar los contactos directos con el cliente.

La tecnología es considerada algo esencial para el intercambio eficiente de esa información sobre el pro bono, pues facilita el emparejamiento entre casos y abogados. En la organización sin ánimo de lucro, de entre el gran volumen de solicitudes de prestación de servicios, los abogados internos se ocupan de seleccionar los casos apropiados para asignarlos a los despachos. Los mecanismos tecnológicos de selección, como líneas directas para recibir información jurídica sustantiva o proporcionar remisiones, son usados para redirigir a los clientes que no satisfacen las prioridades establecidas. Los casos de los clientes que pasan la selección preliminar son resumidos y enviados al instante por correo a miles de voluntarios.

En el despacho, la tecnología es utilizada con el fin de reducir los costos de transacción asociados a la logística de la aceptación de los casos pro bono. En otros tiempos los casos habrían sido comunicados mediante llamadas de teléfono o visitas individuales, mientras que hoy, con un simple correo electrónico se ponen al instante a disposición de todos los empleados del despacho. Los coordinadores ajustan la información del caso al ritmo frenético de la vida del despacho de abogados: elaboran descripciones del caso, afinan los encabezados y subrayan los principales conceptos. Los ocupados abogados asociados pueden así gastar el mínimo tiempo en determinar si tienen o no interés en un caso concreto.

Además, la tecnología permite una selección más precisa de los casos. Las listas de correo de grupos de prácticas permiten que los casos sean enviados a las áreas de práctica apropiadas. Los programas informáticos controlan los niveles de trabajo de los grupos de práctica, permitiendo a los coordinadores pro bono identificar a los abogados que tienen tiempo libre para llevar casos pro bono. Esos programas también recogen datos sobre la clase de servicios pro bono que los abogados han prestado en el pasado y los coordinadores pueden usar esa información para asignar casos específicos a aquellos abogados que con mayor probabilidad podrían estar interesados en ellos. Las listas de correo les informan a los abogados de los cursos de formación y permiten a los voluntarios comunicarse entre ellos para discutir las cuestiones habituales sobre los casos. Las bases de datos del despacho de abogados contienen formatos elaborados para casos pro bono y otros materiales.

Una de las innovaciones más importantes ha sido la creación de un sistema de remisión de clientes pro bono mediante Internet. Probono.net, creada en 1999 por Michael Hertz, un socio de Lathan & Watkins, es el ejemplo más destacado. Establecida para convertirse en "un emparejador eficiente entre abogados y casos", "uniendo un ejército descentralizado de abogados orientados hacia lo público", Probono.net crea un sistema de remisión virtual a los voluntarios. La finalidad de Probono.net es proporcionar un intercambio de información fluido con el fin de atraer a los abogados reticentes de los despachos para que tengan la experiencia de prestar servicios pro bono. Esa página de internet ha estimulado la aparición de otros proyectos parecidos, como CorporateProBono.org, que ofrece a los abogados comercialistas una introducción "relajada" a las actividades voluntarias pro bono.

Uno de los costos más importantes relacionados con los servicios pro bono es la inversión de capital humano. Los abogados de los despachos están formados en áreas sustantivas del derecho que, por lo general, no son aplicables a la asistencia jurídica o el trabajo de DIP. Además, puede que tengan deficiencias en la clase de competencias necesarias para la práctica pro bono, como la asesoría a clientes, la toma de declaraciones, la celebración de audiencias administrativas y la negociación de acuerdos extrajudiciales. En consecuencia, los abogados pro bono requieren una gran cantidad de formación y otros apoyos. Por esa razón, las organizaciones pro bono subrayan los elementos formativos como parte de sus objetivos. Gran parte del trabajo de esas organizaciones consiste en elaborar manuales, compilar formatos y llevar a cabo formación sustantiva con el fin de facilitar el voluntariado de los abogados.

La eficiencia del sistema pro bono también es promovida mediante la selección de los recursos del despacho de abogados, efectuada de tal forma que maximice la producción pro bono, medida por el número de clientes atendidos o de horas de voluntariado prestadas. Los despachos de abogados han experimentado con diferentes enfoques para conseguir una mayor eficiencia. Uno de esos enfoques es la asunción de grandes proyectos pro bono "representativos", que encaucen los recursos del despacho hacia un problema, un grupo de clientes o un área geográfica específicos. Los proyectos representativos están diseñados para coordinar los recursos del despacho en torno a un objetivo bien definido: crear sinergias entre los diferentes grupos de práctica y crear conocimiento y recursos institucionales. Lathan & Watkins es un ejemplo destacado a este respecto, y hace poco ha iniciado un proyecto muy publicitado en todo el despacho para representar a niños refugiados no acompañados detenidos por el Gobierno. Desde la perspectiva de las organizaciones pro bono, los proyectos representativos las han beneficiado, puesto que con ellos los despachos logran compromisos institucionales estables con los que pueden contar y, por lo tanto, permiten una mejor planeación. Así, la organización pro bono puede enviar un gran número de clientes hacia un despacho si sus casos están conectados con un caso representativo. Así se reducen los costos asociados a la posible coordinación si hubiera que distribuirlos entre varios despachos. Hay también una reducción de la incertidumbre en la medida en que las organizaciones pueden asumir los casos pro bono sabiendo que habrá recursos disponibles.

Otra forma de mejorar la eficiencia del sistema pro bono es mediante la coordinación de abogados voluntarios que participen en consultorios jurídicos de servicios pro bono. El modelo del consultorio se ha desarrollado en muchas áreas, entre las cuales están las leyes sobre sida, el derecho de familia, la prevención de situaciones que llevan a que las personas queden sin hogar, las leyes que regulan la relación entre arrendatario y arrendador, la asistencia pública y las normas sobre salarios por horas. Los proyectos estructurados de los consultorios están diseñados para que los abogados pro bono, por lo general después de completar su formación, proporcionen asesoría a varios clientes durante una sesión de tiempo limitado. Hay variaciones. En un modelo de "acceso abierto", los abogados voluntarios están de acuerdo en estar presentes en un lugar determinado durante cierto tiempo para prestar una asesoría limitada a quienquiera que se presente, siempre y cuando los clientes cumplan con los criterios de elegibilidad y presenten problemas que estén dentro del ámbito material del consultorio. Por ejemplo, un despacho puede enviar a varios de sus abogados para que colaboren en un consultorio jurídico dedicado a cuestiones de violencia doméstica, para que ayuden a las víctimas a presentar órdenes de alejamiento. En un modelo de "acceso cerrado", las organizaciones pro bono seleccionan rigurosamente a los clientes. La organización prepara y examina la documentación, y luego convoca varias reuniones entre abogados voluntarios y clientes;

los primeros responden cuestiones jurídicas y ayudan a redactar los documentos legales finales.

Los despachos de abogados han adoptado otras prácticas pro bono como forma de aprovechar los beneficios de la especialización. La tendencia más destacable es un mayor uso de las prácticas externas como un medio para asignar abogados de tiempo completo a trabajos pro bono durante un plazo determinado. Esos programas externos permiten "a los abogados de los despachos (por lo general, a los asociados) pasar un periodo determinado de tiempo (por lo regular, dos meses) trabajando de forma exclusiva para una organización específica que preste asistencia jurídica o esté dedicada al derecho de interés público". Los dirigentes de los despachos ven los programas externos como una forma de apoyar a grupos mal financiados que prestan servicios jurídicos, ya que consiguen personal gratis, y también de beneficiar al propio despacho, que aumenta su visibilidad, forma a sus asociados jóvenes y aumenta sus horas totales pro bono. Si bien las prácticas externas tuvieron su origen hace treinta y cinco años, con el programa de Covington & Burling en la organización Neighborhood Legal Services, en Washington, D. C., la mayoría de los programas externos han sido creados en los últimos años. De los cincuenta despachos que forman la Lista A de *AmLaw*, al menos dieciséis tienen ahora alguna clase de programa externo.

Una variación del modelo de prácticas externas, que implica que los abogados se incorporen temporalmente a servicios jurídicos externos u oficinas de DIP, es el departamento pro bono, que suele estar estructurado como un grupo de práctica interna con personal jurídico y administrativo propio. Hogan & Hartson es el ejemplo clásico, con personal asignado a su Departamento de Servicios Comunitarios; hay un socio a tiempo completo, cuatro asociados que rotan por diversos periodos y dos asistentes jurídicos a tiempo completo. Algunos despachos han optado por un enfoque más modesto, y se limitan a contratar abogados que se concentren en el trabajo pro bono. Otros despachos han creado cargos a tiempo parcial, en el que los abogados son contratados para que dividan su tiempo entre horas facturables a los clientes y trabajo pro bono. Además, algunos despachos han desarrollado programas de verano a tiempo parcial, que permiten a los asociados, en prácticas de verano, pasar parte de ese tiempo trabajando en servicios jurídicos o grupos de DIP mientras reciben un salario del despacho.

Los despachos también han comenzado programas de formación financiados que otorgan tiempo libre a los abogados del despacho para que se dediquen a la asistencia jurídica o a actividades de DIP, sin perder su condición de abogados asociados. Esa clase de programas suele ofrecerse a los nuevos asociados antes de que comiencen su carrera profesional como abogados en el despacho, partiendo del supuesto de que los beneficiarios de esos programas acabarán trabajando en el despacho una vez concluido el programa. Por lo tanto, esos programas están estructurados de manera específica como formas de contratación del despacho. Por ejemplo, en 2001, Holland & Knight creó el Equipo de Servicios Comunitarios, en el que los beneficiarios del programa trabajan a sueldo completo durante dos años y luego pasan a trabajar en los asuntos usuales del despacho como abogados asociados de tercer año. Una característica importante de esos programas es que, al igual que los programas tradicionales de prácticas externas, permiten a los despachos patrocinadores contabilizar como propias las horas pro bono que realizan los favorecidos.

Hay varios acuerdos flexibles instituidos por los programas pro bono y los despachos de abogados que se han desarrollado para hacer eficaz el compromiso pro bono de la profesión dedicada al ejercicio privado. Un ejemplo destacado es el Pro Bono Challenge (literalmente, "El reto pro bono"), que se ha constituido en uno de los principales esfuerzos por controlar el cumplimiento de los servicios pro bono prestados por los despachos de abogados. El reto es una forma de derecho blando: no hay sanciones por no cumplir con él y, de hecho, el último año solo el sesenta por ciento de los aproximadamente ciento sesenta afiliados cumplió con el objetivo. En lugar de sanciones, el concepto del reto es usar el foco de la presión pública para estimular una mayor actividad pro bono. Por consiguiente, es fundamental demostrar cuál es la actividad pro bono del despacho. En la medida en que un despacho puede mostrar que ha cumplido con el objetivo del reto, el fracaso público proyecta una imagen negativa de la organización frente a los candidatos que pueden ser contratados y de sus esfuerzos por ayudar a la comunidad. Además, al restringir la definición de qué puede considerarse *pro bono*, el reto intenta desestimular ciertas clases de actividades profesionales de los abogados permitidas por las normas éticas de la ABA. El enfoque del reto ha sido seguido por las asociaciones de abogados estatales y locales, que han conseguido también compromisos cuantitativos específicos de los despachos. Los programas individuales pro bono también han pretendido definir los compromisos pro bono específicos de los despachos.

Los requisitos de entrega de información patrocinados por los colegios de abogados han tenido una función parecida a la del reto y su progenie, aunque solo catorce estados tienen en la actualidad programas de entrega de información, y de ellos, solo en dos son obligatorios (Florida y Maryland). Aunque hasta ahora la evidencia no indicaría un vínculo entre la entrega de información y la mayor participación en actividades pro bono, esos programas han sido promovidos como una estrategia potencial para conseguir una mayor actividad pro bono. Al mostrar de forma agregada los datos pro bono, los sistemas de información intensifican el escrutinio público sobre la participación pro bono en todo un estado y pueden ser usados por los líderes de la profesión para defender la necesidad de un aumento de la participación pro bono.

Por último, hay métodos más informales de control público que provienen de las relaciones entre despachos de abogados, programas pro bono, clientes y otros interesados en el tema. Los socios de los despachos tienen relaciones profundas con las organizaciones pro bono, sobre todo como miembros de sus consejos de dirección. Esos abogados crean una base de partidarios del pro bono en sus despachos, que apoyan los fines pro bono y proporcionan un canal para que los socios y los clientes interesados en el pro bono puedan manifestar su insatisfacción, si ese es el caso. La atención prestada al pro bono en las facultades de derecho proporciona también un control a la actividad pro bono de los despachos. Los estudiantes de derecho reciben consejos de los asesores de las facultades de derecho y exigen conocer las actividades pro bono de los despachos durante las entrevistas de selección de personal de esas empresas. La disponibilidad de recursos como el NALP Directory of Legal Employers, en el que los estudiantes candidatos a ser contratados en los despachos miran las características y políticas de estos, añade presión a los despachos para que establezcan políticas pro bono congruentes con el canon del mercado. El sistema de clasificación usado por revistas jurídicas como *The American Lawyer* (*AmLaw*) crea también incentivos para que los despachos ajusten su práctica pro bono a la de los competidores más avanzados. Por último, hay una supervisión directa de la representación voluntaria realizada por las propias organizaciones pro bono. Los clientes insatisfechos llaman a los abogados de la organización pro bono y se quejan; las quejas son a menudo comunicadas a los voluntarios concernidos y a sus socios supervisores. Los coasesores del personal de la organización sin ánimo de lucro interactúan con los voluntarios pro bono de manera regular y supervisan su trabajo. Esas microinteracciones sirven para crear un control público sistémico mejorado de la actividad pro bono.

Sin embargo, existen limitaciones con respecto a esos enfoques de rendición de cuentas. La imposibilidad de hacer cumplir obligatoriamente las iniciativas políticas voluntarias, como pasa con el Law Firm Pro Bono Challenge, subraya su posición como solución de compromiso, y permite a los grandes despachos responder a la presión por aumentar sus compromisos pro bono y, al mismo tiempo, resistirse a la imposición de obligaciones más onerosas. Además, la vaguedad de los estándares, que piden a los despachos que usen sus "mejores esfuerzos" para cumplir con los fines pro bono, en lugar de establecer como obligación un tres o un cinco por ciento de las horas facturables, reduce su efectividad, les permite a los despachos no esforzarse demasiado y aun así afirmar haber cumplido con esos fines. Los sistemas de información son útiles, pero siguen utilizándose poco y son en gran medida voluntarios. Otros mecanismos más informales son también importantes, pero son asimismo limitados. En concreto, la dependencia que tienen las organizaciones pro bono de los grandes despachos en cuanto a voluntarios y donaciones las pone en una posición débil a la hora de controlar el cumplimiento de las responsabilidades pro bono de los despachos y de exigirles mayores esfuerzos.

Además, hay mecanismos de rendición de cuentas que actúan en los despachos de abogados, con sus propias deficiencias. Las políticas que ofrecen créditos de horas facturables por el trabajo pro bono realizado, la obtención de beneficios por objetivos en las actividades pro bono y la posibilidad de promoción profesional con independencia de si el trabajo que se hace es gratuito o facturable crean incentivos obvios para una mayor participación pro bono. Sin embargo, solo el veinticinco por ciento de los despachos tiene políticas que hagan equivalente el trabajo pro bono al trabajo facturable. En la coordinación interna de las diferentes oficinas de un mismo despacho también hay mecanismos de rendición de cuentas. En los grandes despachos, las solicitudes de servicios pro bono pasan por coordinadores o comités de servicios pro bono, por lo que la distribución del trabajo pro bono está centralmente coordinada. No es infrecuente que los coordinadores pro bono animen a los abogados a llevar casos específicos y medien entre las diferentes necesidades de personal de los departamentos. Los despachos que vigilan con atención sus números pro bono instan a los abogados y departamentos que no logran los objetivos a que asuman más casos pro bono para cumplir con los estándares pro bono que deben publicarse. En ese sentido, los coordinadores pro bono desempeñan la función de ser asesores de cumplimiento para todo el despacho, ya que se aseguran que el despacho cumple con sus obligaciones profesionales. Además, algunos coordinadores proporcionan una supervisión estrecha de los casos pro bono, lo que mejora el control de calidad, en especial cuando no hay socios disponibles para supervisar el trabajo de los asociados. Aunque esos mecanismos de rendición de cuentas proporcionan alguna supervisión de la actividad pro bono dentro de la estructura del despacho, están limitados debido a la presión creada por la necesidad de cumplir con las obligaciones relativas a los clientes de pago.

III. Pro bono y bien público

Posibilidad

Una de las principales ventajas del pro bono es que atrae una gran variedad de partidarios de esas políticas. Por ejemplo, en los grandes despachos, el desarrollo de los programas pro bono crea una base de abogados y otras clases de personal dedicadas a la promoción del pro bono. Eso ocurre a medida que los comités y los coordinadores pro bono adquieren importancia en los despachos de élite, establecen relaciones duraderas con las organizaciones externas de pro bono y motivan a los líderes del despacho a cumplir con los compromisos pro bono. Los abogados del despacho que se dedican directamente al trabajo voluntario también forman una base de apoyo dentro del despacho, al desarrollar vínculos y experiencias que los hacen más receptivos a los fines pro bono. Las ventajas políticas del pro bono tienen equivalencias en los beneficios personales. De hecho, la promesa de que te irá bien si haces el bien tiene eco entre los abogados que quieren encontrar un camino profesional en el que parte de su tiempo estará dedicado al trabajo de servicio público. En especial, si se tiene en cuenta la escasez de empleos en el sector del DIP, los sueldos estancados en ese sector y la mayor carga de la deuda que tienen hoy los estudiantes de derecho, los abogados interesados en carreras dedicadas al DIP tienen ante sí un camino difícil. Al permitir a los abogados efectuar un trabajo relevante desde el punto de vista social, y al mismo tiempo gozar del prestigio y los beneficios económicos de la práctica privada, el pro bono permite una carrera profesional que no impone las difíciles decisiones inherentes a la determinación de dedicarse profesionalmente al sector del DIP.

Debido a esa estructura fluida, el sistema pro bono ofrece oportunidades significativas para que los abogados desarrollen diferentes clases de estrategias activistas. El ejemplo más claro de esto es compararlo con el programa de asistencia jurídica gratuita federal, que hoy funciona con toda una red de restricciones. Si bien las organizaciones financiadas por la LSC no pueden presentar acciones de clase, casos sobre aborto o demandas en nombre de sujetos encarcelados, o representar a la mayoría de los inmigrantes indocumentados, los grandes despachos sí pueden, y lo hacen, mediante el pro bono. Si bien la asistencia jurídica pública ha despertado controversia política cuando las organizaciones patrocinadas gracias a ese programa del Gobierno se voltean contra él y lo demandan en los tribunales, los grandes despachos tienen por lo general libertad de entablar demandas agresivas contra los organismos públicos.

Una ventaja final del pro bono es que ofrece la oportunidad de ampliar el ámbito de la prestación de servicios mediante la utilización de los recursos del sector privado. Aunque no hay mediciones precisas de la efectividad del pro bono como herramienta para expandir los servicios, hay varias cifras que señalarían su importancia. Un estudio reciente estima que los programas pro bono organizados suponen cerca del cuarenta por ciento del personal disponible para prestar servicios a los pobres, en comparación con los programas financiados por la LSC, que solo suponen un veinticinco por ciento. Aun en los propios programas financiados por la LSC, el pro bono es un complemento decisivo. En 1998, 3590 abogados trabajaron a tiempo completo en programas financiados por la LSC, mientras que 44600 abogados pro bono prestaron servicios voluntarios a clientes de bajos ingresos por remisión de la LSC. Calculando un promedio de 1800 horas dedicadas a asuntos de los clientes por los abogados de la LSC, y teniendo en cuenta que el voluntario promedio dona unas cuarenta horas de servicios gratuitos, eso significaría que el personal de la LSC dedicaría unos 6,5 millones de horas de trabajo a esas actividades, a las que habría que sumar casi 1,8 millones de horas pro bono prestadas por abogados externos.

Además de proporcionar un medio para expandir el volumen de servicios gratuitos, el pro bono extiende también la variedad de casos mediante la utilización de los recursos de las empresas. Por ejemplo, sin la asistencia de los grandes despachos, con sus departamentos de derecho procesal bien nutridos de personal, apoyados por asistentes jurídicos y personal administrativo, la mayoría de las organizaciones sin ánimo de lucro no podrían hacerse cargo de demandas judiciales complejas, ya que esos procesos judiciales exigen un gran número de pruebas que demandan mucho tiempo y dinero. El pro bono también recurre a la experiencia de los abogados del sector privado. Por ejemplo, un abogado voluntario experto en situaciones concursales representa a deudores de bajos ingresos que solicitan la declaración de quiebra personal, y también a grupos de DIP que intentan hacer cumplir sentencias favorables a los demandados quebrados. Las organizaciones de DIP usan litigantes experimentados de los despachos para manejar los argumentos orales en los casos importantes que tienen repercusión social.

TENSIÓN

A medida que la institucionalización del pro bono abre vías para el servicio público, también genera tensiones profesionales significativas. En particular, el ideal

173

profesional del pro bono como un acto de generosidad individual choca con la imagen de pro bono institucionalizado como herramienta para promover los intereses comerciales de los grandes despachos. Los dirigentes de los despachos de abogados han defendido con vigor los beneficios económicos del trabajo pro bono para el despacho, mientras que los colegios de abogados, que han sido tradicionalmente los árbitros del límite entre el derecho como profesión y el derecho como negocio, han sido de la mayor importancia para difundir los beneficios económicos de los servicios pro bono. La idea de que el profesionalismo constituye un control normativo a las motivaciones más bajas del abogado que lo llevan a actuar como un mero maximizador de beneficios, sin ninguna otra consideración, ha dado paso, por lo tanto, a la idea de que no hay por qué sacrificar el beneficio a los principios profesionales y que, de hecho, pueden ir de la mano. Por consiguiente, los despachos de abogados animan a hacer trabajo pro bono como medio para "que te vaya bien haciendo el bien" o como resultado del "propio interés informado".

La profunda conexión entre el voluntariado y los fines lucrativos surge cuando se examinan las justificaciones económicas sensatas para apoyar el trabajo institucionalizado pro bono. Un conjunto de justificaciones destaca la importancia del pro bono para promocionar el despacho entre sus posibles clientes. Los líderes del despacho han promovido por ello el pro bono como una forma de generar una publicidad positiva para los despachos, ya que mejora su reputación y posición en la comunidad, lo cual genera oportunidades de conseguir nuevos clientes de pago. Establecer redes con clientes potenciales también se considera una virtud del pro bono. Por ejemplo, el pro bono puede ser una oportunidad para que los socios del despacho desarrollen relaciones con los miembros de los consejos de dirección de las organizaciones de la comunidad local, que pueden ser líderes empresariales o tener importantes contactos con potenciales clientes comerciales.

Los dirigentes de los despachos son también muy conscientes de la importancia del pro bono como método de contratación de abogados. Si bien el gancho de un programa pro bono consolidado ha sido considerado desde hace largo tiempo una herramienta efectiva para atraer a los jóvenes abogados que buscan reconciliar su decisión de tener carreras profesionales en el sector privado con sus ideales relativos a una práctica profesional con sentido social, en la última década los despachos de abogados han buscado capitalizar su reputación pro bono durante las guerras de contratación que se libran entre ellos. Otra justificación económica fundamental para el pro bono es que ofrece una oportunidad de formación a los jóvenes asociados, al proporcionarles experiencias invaluables cuando toman declaración a los testigos, escriben memorandos y, en algunos casos, argumentan acciones procesales concretas o incluso se hacen responsables del procedimiento ante los tribunales. En concreto, a medida que las oportunidades de intervenir en juicios civiles se han reducido, algo que el pro bono ofrece a los asociados es la oportunidad de presentarse ante un tribunal y desarrollar el procedimiento judicial, o procedimientos parecidos a los de un juicio, en los casos pro bono. Los dirigentes de los despachos han ofrecido también los servicios pro bono como una forma de contrarrestar la insatisfacción de los abogados, al proporcionarles experiencias laborales significativas, frente a un entorno que carecería de oportunidades de satisfacción personal en otro caso. Se argumenta que el pro bono puede tener un efecto positivo en el bienestar psicológico de los abogados al mejorar la satisfacción con el empleo y reducir la defección de abogados.

Sin embargo, la promoción del pro bono como estrategia publicitaria entraña riesgos. Los abogados han buscado siempre distanciarse de las presiones del mercado y ofrecer su compromiso con el servicio público como una forma de justificar los privilegios profesionales. Reconocer los beneficios profesionales que ofrece el pro bono podría debilitar su pretensión de gozar de una posición profesional prestigiosa ante la sociedad, derivada en parte de hacer trabajo desinteresado, con lo que se reforzaría la ya mala opinión pública que se tiene de los abogados como sujetos ambiciosos y deshonestos. Los despachos de abogados están, por consiguiente, en una posición en la que tienen que manejar con cuidado sus compromisos con los servicios pro bono para equilibrar las exigencias competidoras de la rentabilidad y el deber profesional.

LIMITACIONES

La red de servicios pro bono ha proporcionado un sustento fundamental a los servicios de asistencia jurídica y a los grupos de DIP, que se han apoyado con fuerza en los recursos pro bono para promover sus programas de acción. Sin embargo, una explicación completa del pro bono debe considerar las concesiones efectuadas a cambio de esa alianza pragmática.

La principal consideración de los despachos es cuidar su base de clientes de pago. Las decisiones sobre el pro bono están siempre, por lo tanto, filtradas por la valoración sobre cómo afectarán los intereses de los clientes empresariales. Los análisis de conflicto de interés son esenciales en los despachos de abogados, en los que los coordinadores y los comités pro bono tienen a su cargo la supervisión atenta de las solicitudes de servicios pro bono para evitar conflictos de interés. Aun cuando la existencia de un conflicto real no impide la representación pro bono, el espectro de una categoría específica de conflictos de interés, que suelen conocerse como *conflictos de posición*, presenta un obstáculo adicional. Los conflictos de posición surgen cuando un abogado presenta argumentos en beneficio de un cliente que "son directamente contrarios, o perjudican, la posición planteada en beneficio de un segundo cliente en un caso o asunto diferente". Los grandes despachos comerciales de abogados no adoptan políticas formales sobre los conflictos de posición, y en teoría tratan esos conflictos igual que si surgieran entre casos facturables. Sin embargo, los casos pro bono implican con frecuencia reclamaciones presentadas contra empresas, que son las que constituyen el fluido vital de los grandes despachos comerciales. Por consiguiente, es probable que, como clase, los casos pro bono hagan surgir conflictos de posición. Además, cuando aparece un conflicto de posición, normalmente los despachos de abogados no tienen una disposición favorable a sacrificar los casos que generan ingresos por apoyar los que se llevan gratis.

Aunque no hay evidencia sistemática sobre los efectos de los conflictos de posición, las explicaciones anecdóticas sugerirían que crean obstáculos para la actividad pro bono en los grandes despachos. El efecto más notable es excluir aquellos casos pro bono que inciden en el núcleo de los intereses de los clientes empresariales, en especial en casos laborales, medioambientales y de defensa de los consumidores, cuando los demandantes solicitan servicios pro bono para demandar a grandes empresas. Por consiguiente, las solicitudes de ayuda para demandas judiciales pro bono por discriminación laboral, en especial los casos importantes contra grandes empresas, son rechazadas regularmente por los grandes despachos. Por ejemplo, el coordinador pro bono de Skade, Arps, Slate, Meagher

& Flom indicó que era difícil que el despacho asumiera casos de derechos civiles de carácter laboral debido a los conflictos que plantean con los clientes comerciales, en comparación con los casos sobre derechos de voto o a la vivienda, mucho más fáciles de asumir.

En el mismo sentido, los abogados ambientalistas se quejan de que los grandes despachos prefieren no tener nada que ver con problemas ambientales, lo que obliga a sus organizaciones a apoyarse en despachos más pequeños, especializados en esos asuntos. De nuevo, lo destacable es que los grandes despachos evitan los problemas ambientales que tienen una repercusión directa en los intereses de sus clientes empresariales. Por consiguiente, no aceptan los casos de justicia ambiental pro bono, en los que grupos de la comunidad denuncian la localización de peligros ambientales en vecindarios de bajos ingresos, ni tampoco llevan casos que reclamen el cumplimiento de los límites de emisiones contaminantes contra empresas. En California, por ejemplo, los grandes despachos no representan a demandantes en procesos para hacer cumplir la Propuesta 65, que les prohíbe a las empresas liberar químicos causantes de cáncer o tóxicos para las embarazadas. Los casos relativos a la conservación de especies en peligro o de hábitats naturales específicos tienen algo más de suerte en el campo pro bono, aunque pueden ser percibidos como contrarios al desarrollo económico y, por consiguiente, considerarse arriesgados para los despachos con clientes dedicados a ciertas actividades.

Los grandes despachos de abogados reciben casos en el área del derecho del consumo contra algunas empresas, pero los demandados en esos casos tienden a ser pequeños estafadores que han robado a pequeños propietarios inmobiliarios su riqueza, prestamistas abusivos que cobran intereses usurarios o gestores de documentos que se hacen pasar por abogados; en cambio, no están interesados en demandar a grandes empresas por discriminación en el trato financiero o en demandar a los grandes bancos por fraudes crediticios. Las solicitudes de ayuda pro bono en los casos de responsabilidad por productos defectuosos es probable que también sean rechazadas por los despachos.

Los conflictos de posición funcionan también de una forma menos categórica e impiden a despachos específicos de abogados aceptar casos que entran en conflicto con sus especialidades de práctica. Las empresas que representan a promotores inmobiliarios no quieren tener que ver con asuntos entre arrendadores y arrendatarios; los despachos que tienen clientes dedicados a la biomedicina que efectúan experimentos con animales evitan los casos sobre derechos de los animales, y los despachos involucrados en las emisiones de deuda municipal no demandan a las autoridades locales. Un abogado explicó cómo le prohibieron asumir el caso pro bono de un anciano afroamericano herido de bala por la policía, porque el despacho representaba a la ciudad en otras clases de asuntos y no demandaría a un cliente importante. Aunque esas clases de conflictos específicos de un despacho pueden superarse muchas veces por abogados diligentes que soliciten asistencia jurídica en otro lado, ponen de manifiesto los obstáculos que enfrentan los solicitantes de pro bono y señalan el potencial de la aparición de mayores dificultades a medida que la diversidad de áreas de prácticas en los grandes despachos crece mediante fusiones y otras actividades de expansión.

Para los grandes despachos, las preocupaciones comerciales van más allá de la existencia de los conflictos de posición y se proyectan en valoraciones más especulativas sobre cómo la representación pro bono podría afectar de manera negativa la posición de mercado del despacho. Los despachos evalúan la conveniencia de los casos pro bono no solo en el contexto de las áreas actuales de práctica, sino también a la luz de futuros planes de negocio. Un ejemplo es el descrito por el coordinador del Lawyer's Committee, que cuenta cómo un despacho rechazó un caso pro bono contra un organismo de la Administración local porque eso podría perjudicar la posibilidad de establecer una práctica dedicada a las emisiones de deuda local en el futuro. La presión de los clientes que no se ven afectados de manera directa por la representación jurídica pro bono que hace el despacho, pero que tienen negocios con empresas a las que sí les afecta, influye también en las decisiones sobre la selección de casos. Por ejemplo, un grupo ambientalista informó que los despachos que representan a bancos con vínculos con la industria maderera se negarían a aceptar casos ambientales pro bono.

Los despachos también evalúan cómo los asuntos pro bono políticamente controvertidos serán vistos por el conjunto de sus clientes. Así, aun cuando no haya conflictos de posición propiamente dichos, los despachos pueden asumir la perspectiva pacata de evitar "actividades pro bono que pudieran ofender a los clientes regulares del despacho o a los futuros clientes". Algunos despachos rechazan, por lo tanto, casos pro bono en cualquiera de los lados de las controversias sobre el aborto, y otros se apartan de casos relativos a los discursos de odio, el control de armas o la religión. Un abogado contó cómo lo obligaron a abandonar la representación legal de Queer Nation cuando su trabajo pro bono despertó las críticas de otros abogados del despacho; incluso uno de ellos intentó modificar las políticas del despacho sobre actividades pro bono para prohibir que Queer Nation fuera un cliente.

La otra cara de la moneda es que los grandes despachos son más proclives a apoyar el pro bono en áreas de la práctica en las que la posibilidad de conflictos de posición es pequeña y cuando el despacho puede esperar generar relaciones públicas positivas.

Por consiguiente, los despachos se ocupan de casos pro bono que quedan por fuera de sus principales áreas de práctica si son seguros desde el punto de vista político y si es fácil abandonarlos, en caso de conflicto. Violencia doméstica, sucesiones, divorcio, adopción y situaciones concursales son clases de trabajo pro bono populares, justo porque no les plantean casi ninguna amenaza a los intereses de los clientes de pago. Los casos sobre asilo de inmigrantes y refugiados también tienden a favorecerse. Cuando los despachos asumen casos laborales, suelen ser denuncias de individuos que buscan hacer cumplir las leyes sobre salario mínimo y horario laboral a empleadores pequeños; la clase de reclamaciones que suele efectuarse por canales administrativos y que acaban en acuerdos extrajudiciales. Además, para los despachos es atractivo participar en consultorios jurídicos que se ocupen de casos de violencia doméstica, leyes protectoras de los ancianos, de las personas sin vivienda, situaciones concursales y otros asuntos parecidos, porque permiten que los abogados pasen una cantidad de tiempo limitada prestando asesoría jurídica sin verse afectados por las normas usuales sobre conflictos.

Los despachos han prestado también cada vez una mayor atención a los servicios pro bono en el área del derecho comercial, en la que los abogados manejan asuntos para organizaciones dedicadas al desarrollo económico de la comunidad. Los abogados que representan a las organizaciones para el desarrollo económico de la comunidad usan competencias básicas del derecho mercantil: estructuran entidades empresariales, consiguen exenciones tributarias para grupos sin ánimo de lucro y negocian los acuerdos comerciales y residenciales de propiedad inmobiliaria. El pro bono en asuntos mercantiles es, por consiguiente, atractivo para los despachos como mecanismo para conectar a los abogados mercantilistas, tributaristas y de la propiedad inmobiliaria con oportunidades pro bono en sus áreas. Además, puesto que implica asesorar, redactar documentos jurídicos y negociar, es menos probable que produzcan el tipo de conflicto de intereses que sí plagan las demandas judiciales. Otro atractivo del pro bono en asuntos mercantiles es que está cercano a las prioridades de los clientes empresariales. Como estrategia para ayudar a que los grupos de la comunidad desarrollen sus propias empresas y proyectos de vivienda, el *ethos* del desarrollo económico comunitario encaja bien en la cultura promercado de los grandes despachos de abogados y sus clientes.

Para los despachos que seleccionan casos pro bono con miras a conseguir buena publicidad, sin embargo, las demandas judiciales modestas, la colaboración con los consultorios o los asuntos comerciales pro bono, que son los más seguros desde la perspectiva de los conflictos de interés, no siempre proporcionan la suficiente visibilidad. Eso es un problema para los despachos que evalúan las oportunidades pro bono, puesto que la publicidad es un elemento crucial: los despachos se sienten atraídos por casos que pueden ser promocionados entre la comunidad como ejemplo de espíritu público y dirigidos a los empleados potenciales como señal de compromiso con la cultura pro bono. Desde esta perspectiva, el pro bono no es solo un regalo, sino una inversión que los despachos hacen en su propia reputación.

Una forma de conseguir publicidad disponible para los despachos son los proyectos insignia. El proyecto de Latham & Watkins para niños refugiados es un modelo a este respecto, ya que proporciona publicidad favorable al despacho y al mismo tiempo evita conflictos de interés. Los casos de pena de muerte de gran repercusión social son otro ejemplo de asuntos pro bono que albergan la promesa de no molestar a los clientes de pago y al tiempo ofrecen una cobertura de prensa considerable. Los despachos de abogados deseosos de tener una prensa favorable participan también en eventos como el Public Counsel's Adoptions Day, que organizan abogados pro bono para representar a padres que adoptan niños del sistema de protección infantil, y que suelen recibir cobertura de la prensa local.

A los grandes despachos también les atraen los casos de gran repercusión social por razones publicitarias, aunque generen sus propias tensiones. El ejemplo clásico es un despacho que coasesora una acción de clase compleja con un grupo como la American Civil Liberties Union ACLU o el Lawyer's Committee. Un ejemplo reciente es el caso *Williams v. California*, en el que el despacho Morrison & Foerster, de la mano de la ACLU y Public Advocates, ha representado a una clase de niños de escuelas públicas de California que demandan al estado por violación del derecho a la igualdad al tener que asistir a escuelas que carecen de recursos básicos, como libros o profesores con formación. Desde una perspectiva publicitaria, el caso presenta grandes ventajas para el despacho. Es la clase de caso atractivo para los estudiantes de derecho, futuros abogados comprometidos con el pro bono: ofrece la oportunidad de involucrarse en una demanda de gran repercusión social y el potencial de tener grandes efectos sociales al implicar la reforma del sistema escolar público. También genera publicidad favorable para el despacho, ya que la comunidad estima que toma partido por los estudiantes pobres de escuelas públicas, a los que se les priva de la oportunidad básica de aprender. Además, el caso produce un número considerable de horas pro bono, lo que ayuda al despacho a cumplir con sus compromisos públicos sobre el pro bono. Esas clases de demandas de derecho público en las que se denuncia una norma sobre prestación pública y local de servicios, sobre todo en las áreas de vivienda y educación, son, por consiguiente, habituales.

Los despachos tienen que hacer concesiones cuando asumen grandes casos pro bono. Los procesos judiciales pro bono complejos no son una buena oportunidad para formar abogados, puesto que no son la clase de casos manejables que permitan a los jóvenes asociados tomar declaraciones a los testigos o encargarse de las audiencias. El costo también es un problema: si bien un despacho puede absorber sin inconveniente el gasto de presentar acciones procesales, tomar declaraciones a testigos, presentar documentación y ordenar transcripciones de las audiencias orales en casos pequeños, cuando se interponen acciones de clase grandes esos costos pueden ser de doscientos mil dólares o más. El personal necesario es otra preocupación, puesto que los despachos son reticentes a prestar muchos asociados experimentados para un caso específico. Por consiguiente, los despachos interesados en demandas judiciales complejas pro bono evalúan con mucho cuidado los beneficios de asumir un caso específico y limitan el número de grandes compromisos. En un esfuerzo por mitigar los gastos, algunos despachos buscan establecer costos máximos mediante acuerdos de coasesoría, con los que trasladan el exceso de costos al coasesor sin ánimo de lucro. Aunque los grupos de DIP fomentan que los despachos se queden con las condenas en costas, instan a los despachos a donar los honorarios de los abogados al grupo de DIP. Sin embargo, motivados por las preocupaciones económicas, algunos despachos grandes insisten en quedarse con una porción significativa de la parte de las condenas en costas como honorarios de los abogados. Es de destacar que los casos en los que los despachos reciben parte de la condena en costas siguen cualificando como asuntos pro bono, conforme a las directrices del Law Firm Pro Bono Challenge, siempre y cuando fueran aceptados inicialmente como pro bono.

Las condiciones de los despachos de abogados condicionan la clase de casos pro bono que se asumen, pero también influye la naturaleza de los servicios jurídicos que se les prestan a los pobres y a los clientes desfavorecidos, ya que conducen a los abogados a formas de práctica en los que la promesa de "que te vaya bien haciendo el bien" implica que el pro bono se someta a concesiones profesionales y políticas. La limitación más obvia impuesta por el entorno de los despachos es el tiempo disponible para los abogados. Los servicios pro bono solo permiten una participación ocasional en actividades de servicio público, puesto que los abogados se dedican sobre todo a representar a los clientes empresariales. La manera en que los despachos estructuran sus programas pro bono influye en los niveles de participación pro bono en el estrecho rango de qué es una actividad aceptable: los abogados informan que las políticas de apoyo de los empleadores y el estímulo de los socios más importantes son factores determinantes en sus decisiones de asumir trabajo pro bono. Sin embargo, los requisitos de horas de trabajo facturables limitan el grado de participación pro bono.

En especial, los abogados jóvenes que aceptan demasiado trabajo voluntario corren riesgos. Las preocupaciones sobre cómo afectará ese trabajo a su reputación van en contra de la participación pro bono de los abogados jóvenes, conscientes de que tal vez estén "pasándose" y, por consiguiente, parezca que se están despreocupando del trabajo principal del despacho. Además, debido a que el pro bono tiende a no ser supervisado de cerca por los socios por no ser considerado trabajo facturable, el trabajo bien hecho de los asociados recibe poca atención, pero se llevan toda la culpa si algo sale mal. Además, aunque hay algunas excepciones, la mayoría de los abogados no mejoran su posición en el despacho manejando casos pro bono importantes, y por ello deben ponderar el costo de gastar el tiempo que le quitan al trabajo facturable frente a los beneficios personales y profesionales que otorga.

Las circunstancias del entorno influyen también en el grado en que los abogados de los despachos se identifican con las causas sociales. Hay, de hecho, oportunidades para los abogados de expresar su compromiso con una causa mediante el ejercicio pro bono de la profesión, pero son las normas de la organización las que configuran la clase de causas que reciben apoyo institucional. Los abogados que adoptan causas congruentes con los valores del despacho se sienten más cómodos con su papel de defensores pro bono. Para los abogados que ven la justicia en función de la igualdad de acceso de los pobres a la justicia, el pro bono les da la oportunidad ideal de satisfacer su compromiso ideológico llevando casos de clientes individuales de bajos ingresos. Debido a que la igualdad de acceso a la justicia le da más prioridad a la prestación de servicios que a la reforma social, encaja bien en los valores de los grandes despachos, ya que destaca las competencias técnicas del abogado, al mismo tiempo que le permiten guardar distancia con respecto a cualquier reto a la legitimidad de la actividad relacionada con los clientes empresariales.

Para los abogados cuyas convicciones ideológicas están más inclinadas a la transformación política, que valoran los cambios estructurales pensados para beneficiar a grupos socialmente marginados, llegar a una solución de compromiso en el entorno de un despacho de abogados es más complicado. Las oportunidades de defender causas transformadoras están limitadas por las consideraciones empresariales del despacho, que impiden denunciar a las empresas y desaconsejan asumir la representación legal en asuntos controvertidos. Se aceptan casos de reforma del derecho, en especial en las áreas de los derechos civiles y las libertades civiles, pero incluso ahí los abogados deben tomar lo que entra por la puerta y no pueden de forma intencional determinar la clase de casos asumidos por el despacho para que se correspondan con su compromiso ideológico. Las normas de la organización actúan también restringiendo la expresión de las opiniones políticas más transformadoras. En un entorno en el que hay una gran atención dirigida a la generación de dinero, existen presiones para que los abogados "no zarandeen el bote" adoptando posiciones extrañas al pensamiento dominante que compliquen la empresa común.

Los abogados que tienen compromisos políticos transformadores podrían acomodarse a la vida del despacho cambiando su foco hacia las causas favorecidas por la organización, o apoyando sus propias causas fuera del trabajo, o simplemente abandonando la participación social activa. Los que no pueden hacer esa clase de concesiones abandonan el despacho y se van a otros lugares de práctica, más favorables a sus compromisos vitales. Los abogados que se quedan tienen que ajustarse a las restricciones del entorno y enfocar su actividad pro bono con algún grado de flexibilidad ideológica.

Esa sensación de flexibilidad distingue a los abogados pro bono de sus homólogos dedicados a la práctica en organizaciones de asistencia jurídica o de DIP, comprometidos con la justicia de su causa política. Por consiguiente, si bien los abogados pro bono son por necesidad defensores a tiempo parcial de los intereses de sus clientes, y a menudo asumen casos pro bono en aras de su propio desarrollo profesional, los abogados permanentes de las organizaciones sin ánimo de lucro suelen verse a sí mismos como activistas políticos a tiempo completo. Una consecuencia del sistema pro bono es que les da a abogados que carecen de un fuerte compromiso ideológico con sus causas, o que al menos tienen poco espacio para expresar esos compromisos en el entorno del despacho, más responsabilidad a la hora de representar a los pobres y los desfavorecidos. Mientras que los abogados de planta de las organizaciones sin ánimo de lucro pueden planear campañas en las que llevan múltiples casos, los abogados particulares pro bono pueden dejar pasar la oportunidad de conectar los casos con reformas más amplias del derecho o de contribuir a las organizaciones sociales, y hay una menor probabilidad de que tomen riesgos para promover programas políticos que aboguen por grandes cambios sociales. A menudo los abogados pro bono no tienen ninguna experiencia sustantiva en el área y tienen poca o ninguna experiencia como litigantes. En los peores casos, la falta de compromiso lleva a la desatención sin más, y los voluntarios, presionados por el tiempo, toman atajos en los casos pro bono, que perjudican los intereses de los clientes y debilitan los objetivos políticos más amplios.

Las asociaciones establecidas entre despachos y organizaciones mediante el pro bono hacen que las organizaciones sin ánimo de lucro que atienden a clientes marginados dependan de los abogados del sector privado para conseguir recursos operativos fundamentales. Las organizaciones sin ánimo de lucro son, por lo tanto, muy conscientes de la necesidad de promover casos pro bono que sean atractivos para los voluntarios, cuya satisfacción es esencial para conseguir una colaboración pro bono reiterada y a cuya buena voluntad se apela en ocasiones para que hagan contribuciones financieras. Aunque las preferencias de los voluntarios se deben ajustar a las oportunidades de los casos que van llegando, las prioridades de las organizaciones sin ánimo de lucro influyen, en la medida en que los programas pro bono deben considerar cómo serán recibidos los casos por los abogados externos voluntarios, cuyos valores pueden divergir de los del personal de las organizaciones pro bono que están en la primera línea de trabajo. Eso es importante, porque las organizaciones sin ánimo de lucro son los guardabarreras de las clases de casos elegibles que se beneficiarán de la generosidad del sector privado.

Esa dinámica se desenvuelve de diferentes formas, dependiendo de la clase de organización pro bono involucrada. Las organizaciones de remisión dedicadas a conectar los clientes de bajos ingresos con los abogados voluntarios muestran vínculos evidentes con los colegios de abogados, que son organizaciones con un mandato de proporcionar servicios gratuitos a los clientes pobres y promover el trabajo voluntario de los abogados. A menudo esos fines encajan bien entre sí, pero hay tensiones. Las consideraciones empresariales de los abogados privados inclinan el conjunto de casos remitidos por las organizaciones sin ánimo de lucro a favor del derecho de familia, las situaciones concursales, la inmigración, la asistencia a las personas sin hogar y los asuntos comerciales pro bono, todas ellas áreas con pocas posibilidades de ocasionar conflictos con los clientes empresariales.

Además, debido a que el imperativo de las organizaciones sin ánimo de lucro es aumentar la cantidad de trabajo externo voluntario, se hace énfasis en desarrollar programas que puedan ser publicitados ante una audiencia pro bono amplia, en la que habrá abogados con diferentes grados de interés y compromiso profesional. Los proyectos son diseñados con frecuencia para generar casos fáciles de manejar, que ocupen un tiempo limitado y despierten emociones acogedoras. Las competencias jurídicas sustantivas son muchas veces poco importantes. Los consultorios jurídicos y otras acciones pro bono estructuradas que impliquen interacción con los clientes son populares, puesto que tocan la fibra emocional de los voluntarios. Por ejemplo, el Public Counsel's Adoptions

Day, en el que voluntarios de los despachos de abogados ayudan a crear nuevas familias al facilitar las adopciones de niños a cargo del sistema público de beneficencia, es un ejemplo de un proyecto que combina un compromiso por tiempo limitado con una experiencia pro bono muy satisfactoria. Los clientes que podrían ser percibidos como difíciles, o cuyos casos no son corrientes, son desaconsejados, mientras que los clientes "dignos" son bien recibidos. Los clientes del Volunteer Legal Services Project, de San Francisco, por ejemplo, incluyen niños con discapacidades y necesidades especiales, mujeres maltratadas, personas con cáncer, personas de bajos ingresos con problemas de crédito, niños inmigrantes abusados, inmigrantes discapacitados y ancianos, personas VIH positivas o con sida, mujeres dependientes de la asistencia social que buscan reincorporarse al mundo laboral y organizaciones sin ánimo de lucro. Los clientes menos atractivos se mantienen a mayor distancia. Los clientes sin hogar, por ejemplo, son por lo general atendidos por voluntarios fuera de las oficinas de los despachos de abogados, en los consultorios o en los organismos públicos.

Las organizaciones dedicadas al DIP, que son usuarios más estratégicos de los servicios pro bono, enfrentan problemas distintos a la hora de manejar sus relaciones con sus socios del sector privado. Para esos grupos, la cuestión suele ser cómo persuadir a los despachos para que asuman casos de gran repercusión social que requieren un uso intensivo de recursos. Por lo tanto, los grupos requieren considerar los casos entrantes mediante la óptica de cómo serán asignados a los abogados de los grandes despachos. Son preferidos los casos que presentan cuestiones jurídicas complejas, que proporcionan oportunidades de formación y evitan conflictos empresariales; un ejemplo clásico serían los casos de derechos civiles contra organismos públicos. Otras clases de casos acaban asumiéndose también, pero como crean conflictos empresariales en los grandes despachos, deben ser manejados por abogados del personal de las organizaciones pro bono o en colaboración con los despachos de abogados dedicados a cuestiones de DIP. Debido a que esto ejerce más presión sobre los recursos internos de los despachos o requiere la coasesoría de despachos especializados pequeños, los grupos de interés público se ven obligados a ser selectivos en la aceptación de casos que se desvían demasiado de los que encajan con claridad en el modelo pro bono de los grandes despachos.

La naturaleza colaborativa del pro bono impone costos a todo el sistema, que son soportados en gran medida por las organizaciones sin ánimo de lucro que deben enfrentar el complejo reto logístico de conseguir abogados voluntarios para los clientes necesitados. Debido a la dependencia que tienen de los voluntarios, las organizaciones tienen que dedicar una considerable cantidad de tiempo de su personal a actividades de contratación de abogados privados dispuestos a asumir casos pro bono. Los voluntarios no aparecen así como así: hay que convencerlos. En consecuencia, los directores de las organizaciones pro bono informan sobre la presión constante para hacer "proselitismo" entre la comunidad jurídica con el fin de conseguir nuevos voluntarios. Para cultivar esa base de voluntarios, las organizaciones celebran de forma regular reuniones con los abogados de los despachos, las asociaciones de abogados y los abogados internos de las empresas, en las que explican las oportunidades pro bono, defienden los beneficios del voluntariado y explican la repercusión del voluntariado en la vida de los clientes vulnerables. Se organizan de forma regular eventos de reconocimiento del trabajo voluntario, dirigidos a celebrar las contribuciones significativas de los voluntarios y a conseguir apoyo para las acciones pro bono en desarrollo.

Las presiones para conseguir nuevos voluntarios en distintos campos de la práctica y para mantener las relaciones existentes frente a la obligación de facturar de los abogados significan que los esfuerzos de contratación son una exigencia continua para los recursos de la organización.

La función de coordinación también crea ciertas tensiones en las organizaciones pro bono. Los casos que llegan a las organizaciones deben ser examinados, resumidos y organizados para el consumo de los abogados voluntarios, y ese trabajo distrae al personal de las organizaciones de su tarea principal de defensa jurídica. Si bien organizar los casos pro bono así puede facilitar su asignación rápida, a menudo es solo la primera acción de un esfuerzo más intenso. En especial, en las organizaciones de remisión en los que el volumen de casos es grande, las solicitudes de voluntarios pro bono no tienen con frecuencia respuesta. Los esfuerzos de seguimiento son, por lo tanto, cruciales para conseguir una asignación exitosa de los casos, lo que hace que la carga de supervisar qué casos no son escogidos recaiga en el personal de las organizaciones sin ánimo de lucro, que también deben concentrarse en despachos o abogados concretos para que las peticiones estén más focalizadas. En cada caso individual, ese proceso puede llevar meses, lo que deja al personal de las organizaciones pro bono a cargo de la delicada tarea de equilibrar las exigencias de los casos competidores y asegurarse de que no se venzan plazos importantes.

La supervisión exige usar un recurso adicional. En las organizaciones de remisión, asignar los casos a los voluntarios pro bono no pone fin a su intervención. Las exigencias que la contratación, la coordinación, la formación y la supervisión de las actividades pro bono imponen al personal de las organizaciones pro bono limita el tiempo que pueden dedicar a defender sus causas. Por esa razón, algunos abogados de las organizaciones pro bono deben dejar totalmente de lado sus responsabilidades en los casos y concentrarse de forma exclusiva a asesorar a los voluntarios pro bono. Aun si los abogados de esas organizaciones sin ánimo de lucro manejan sus propios casos, a veces las oportunidades de tener experiencias profesionalmente retadoras se reducen para ellos. Los principales argumentos ante los tribunales o la toma de declaraciones a los testigos en los grandes casos son asignados a los abogados de los despachos, con el fin de incentivarlos al voluntariado. Los casos complejos son dirigidos hacia despachos con más recursos y experiencia. Una consecuencia es que los abogados del personal de las organizaciones pro bono tienen menos opciones de desarrollo profesional. Eso puede generar cansancio respecto a la profesión y favorecer el abandono del sector pro bono, a medida que los abogados de las organizaciones pro bono se hastían de realizar tareas administrativas necesarias para permitir a sus homólogos de los despachos tener una actividad pro bono que para ellos sí resulta significativa.

Al final, los costos del pro bono institucionalizado son resultado de la estructura de la colaboración requerida entre diversas partes. Hay que referir a los clientes desde su punto inicial de contacto con una organización pro bono al punto último de los servicios en la oficina del abogado particular, lo que significa que el caso pasa por dos burocracias: la de la organización sin ánimo de lucro y la del despacho de abogados. El conocimiento especializado debe transferirse de los abogados de las organizaciones pro bono, familiarizados con las poblaciones de clientes, a los voluntarios pro bono a tiempo parcial, que tienen distintos grados de sensibilidad hacia los intereses de los clientes y distintos grados de compromiso con la representación de estos. La formación, los manuales informativos y la experiencia permiten a los voluntarios acumular su propio acervo de conocimiento especializado, pero la naturaleza cambiante de la actividad pro bono, con su rotación de abogados, hace difícil asentar ese conocimiento especializado en los despachos privados.

Eso contrasta con el sistema de representación directa por los abogados de las organizaciones sin ánimo de lucro, cuyos servicios gratuitos pueden ser prestados sin las cargas adicionales impuestas por la actividad de coordinar el pro bono. Un sistema de programas subsidiados a cargo del personal de las organizaciones pro bono, financiado mediante contribuciones financieras de los despachos, que se liberarían así de sus obligaciones pro bono a cambio de esa contribución, o la creación de un sistema completo de financiación pública, tiene su atractivo desde la perspectiva de la eficiencia. Pero un sistema como ese, como se ha visto en el abandono parcial de la asistencia jurídica federal, es vulnerable por otras razones, lo que subraya el aspecto político que subyace a los servicios pro bono.

GESTIONAR EL PRO BONO: QUE TE VAYA BIEN HACIÉNDOLO MEJOR*

*Scott L. Cummings** y Deborah L. Rhode***

---

* Este texto es una versión editada del artículo "Managing Pro Bono: Doing Well by Doing Better".

** Profesor de derecho, Facultad de Derecho de UCLA.

*** Catedrática de derecho Ernest W. McFarland y directora del Center on Ethics, Stanford Law School.

Este capítulo estudia el estatus cambiante de la actividad pro bono proporcionando datos empíricos sobre su institucionalización en grandes despachos de abogados. Elegimos estudiar este sector de la práctica por varias razones. Los grandes despachos tienen una importancia central en el sistema pro bono debido al elevado volumen de su contribución, tanto en números totales como en números relativos comparados con otros sectores de la profesión. Los grandes despachos lideran también el campo del pro bono y, por lo general, tienen las estructuras organizativas más desarrolladas. Debido a que esos despachos tienen la mayor capacidad de inversión en personal profesional, son también las fuentes más accesibles de datos sistemáticos con respecto a la institucionalización de los esfuerzos pro bono. Por último, a pesar de su importancia y de la creciente literatura que han atraído, todavía sabemos muy poco sobre cómo los programas pro bono funcionan en la práctica. ¿Cuáles son sus efectos en la cantidad y calidad de los servicios? ¿Qué retos enfrentan, en especial en épocas de crisis económica?

Para abordar esas preguntas, nos basamos en pruebas obtenidas de una encuesta sobre los programas pro bono de los despachos de abogados, complementadas con datos de la publicación *The American Lawyer* (*AmLaw*) y el National Association of Law Placement (NALP) Employer Directory, un directorio de despachos de abogados. Nuestra encuesta fue dirigida a despachos con una categoría de personal dedicada al pro bono, que llamamos aquí *consejeros pro bono*, responsables de supervisar el diseño, la coordinación y la evaluación de los programas pro bono de los despachos. La creación de consejeros pro bono es, en su mayor parte, un fenómeno reciente y sugiere un grado relativamente alto de compromiso con las iniciativas efectivas de servicio público. Nuestro estudio proporciona la primera observación sistemática sobre cuándo y por qué han sido contratados consejeros pro bono, qué función desempeñan en la política directriz y cómo han afectado la cantidad y la calidad de las contribuciones pro bono. En el proceso, buscamos identificar las mejores prácticas y ayudar a los despachos a aprender mutuamente sobre cómo maximizar la efectividad de su trabajo pro bono.

El desarrollo de programas pro bono es un factor crucial para promover los servicios profesionales gratuitos en buenos tiempos y para protegerlos en los malos. La presencia de una base social interna pro bono en los despachos ayuda a garantizar que el trabajo gratuito siga siendo una prioridad en el despacho. Sin embargo, la asimilación del pro bono como uno más de los fines de los grandes despachos también puede transformar su significado y reorientar sus fines. Los despachos de abogados son, al fin y al cabo, empresas y si bien tienen el mandato profesional de devolver algo a la sociedad, el imperativo organizativo de producir beneficios configura inevitablemente la cantidad y la naturaleza de los servicios al público que prestan. El trabajo gratuito sirve a objetivos pragmáticos y altruistas a la vez. Puede mejorar la contratación y la permanencia de abogados en un despacho, la posición de un despacho en las clasificaciones y su reputación, al mismo tiempo que ofrece a los abogados individuales una formación crucial y oportunidades de desarrollo profesional. El principal objeto de este estudio es determinar cómo los despachos pueden reconciliar mejor los diversos objetivos de los programas pro bono.

I. Diseño de la investigación

Nuestro estudio fue diseñado para comprender mejor los retos que enfrentan los programas pro bono de los grandes despachos y para identificar las mejores prácticas que ayudarían a que esos programas mejoraran su desempeño. Con ese fin, desarrollamos una encuesta para los consejeros pro bono y la enviamos por correo electrónico a los miembros de la Association of Pro Bono Counsel (APBCo), una organización formada en 2006 "para apoyar a los consejeros pro bono de los despachos de abogados a mejorar su desempeño individual y su potencial". Luego realizamos entrevistas de seguimiento a todos los consejeros que habían completado el cuestionario y que manifestaron su disposición de proporcionar información adicional. También reunimos información sobre los despachos a partir de los datos recogidos por *AmLaw* 200 y de los informes sobre los despachos que aparecen en el Directorio NALP. La tabla 1 muestra las características de los despachos que contestaron.

Tabla 1. Características de los despachos que respondieron la encuesta

Tamaño	Número de despachos	% de despachos
0-100	2	3,57 %
101-250	2	3,57 %
251-500	9	16,07 %
501-1000	28	50,00 %
Más de 1000	15	26,79 %
Región		
Nueva York	11	19,64 %
Washington, D. C.	10	17,86 %
Zona media del Atlántico	10	17,86 %
Costa oeste / Anillo del Pacífico	10	17,86 %
Medio oeste	8	14,29 %
Sur y sureste	4	7,14 %
Nueva Inglaterra	2	3,57 %
Oeste y suroeste	1	1,79 %
Clasificación *AmLaw* (ingresos)		
1-50	30	53,57 %
51-100	17	30,36 %
101-150	6	10,71 %
Sin clasificar	3	5,36 %
Clasificación *AmLaw* (pro bono)		
1-50	29	51,79 %
51-100	18	32,14 %
101-150	6	10,71 %
Sin clasificar	3	5,36 %

Como indica la tabla, nuestros encuestados provinieron sobre todo de los grandes despachos de élite. Casi todos los despachos tenían más de 250 abogados (el

93 %); más de tres cuartos (77 %) tenían más de quinientos abogados. Los despachos estaban minuciosamente clasificados en la encuesta de *AmLaw* 200 del año 2009. Más de la mitad estaban entre los cincuenta primeros, tanto en las listas de pro bono como de ingresos, y casi cuatro quintos estaban entre los cien primeros en esas dos listas. Los despachos estaban concentrados en el noroeste. Una mayoría de ellos (n = 33) estaban en Nueva York, Washington, D. C., la zona media del Atlántico y Nueva Inglaterra; solo en Nueva York y Washington, D. C. estaban ya dos quintos (37,5 %) de los despachos. En torno al 18 % de los despachos (n = 10) estaban en la región de la costa oeste (Pacífico) y el 14 % (n = 8) en el medio oeste. Menos del 10 % de los despachos estaba en las regiones del sur, del sureste, del oeste y del suroeste.

II. La institucionalización de los programas pro bono: causas y consecuencias

La institucionalización del trabajo pro bono corresponde a la forma en la que dicho trabajo ha acabado entretejido en el fundamento mismo de la profesión, en donde es regulado por normas explícitas, prácticas identificables y normas implícitas que promueven el servicio público. La mayoría de los abogados estadounidenses dan por sentada la existencia del pro bono y ven el trabajo voluntario como una parte esperable de la práctica jurídica. Para facilitar el trabajo voluntario de los abogados, el campo pro bono cada vez se ha profesionalizado más. Esa tendencia plantea dos preguntas fundamentales: ¿qué ha causado esa institucionalización?, ¿cuál ha sido su repercusión en la prestación de servicios jurídicos pro bono?

La respuesta a esas dos preguntas depende del entorno de práctica. El significado y los objetivos del trabajo pro bono difieren entre los grandes despachos y los despachos pequeños o la práctica individual de la abogacía. En los grandes despachos, el trabajo gratuito es considerado, por lo general, como un servicio público y como una herramienta de contratación y formación. En los despachos pequeños, el trabajo gratuito es muchas veces imprevisto (cuando los clientes no pagan los honorarios) o un medio para atraer trabajo facturable. Cada uno de esos espacios ha desarrollado una infraestructura para promover el servicio público. Sin embargo, los grandes despachos, debido a su tamaño y su liderazgo, han sido el principal objeto de atención de las iniciativas de los colegios de abogados y, a su vez, han efectuado las inversiones más grandes en infraestructuras para el pro bono. De hecho, el proceso de institucionalización en los grandes despachos, reflejado en el desarrollo de programas pro bono organizados, dirigidos por consejeros pro bono, son hoy tan comunes que *The American Lawyer* los ha denominado "casi anodinos".

CAUSAS

Este movimiento hacia la institucionalización refleja, además de fuerzas internas, presiones externas. Hay cuatro tendencias entrecruzadas que han sido críticas: el patrón de crecimiento de los grandes despachos, la inadecuación de los servicios jurídicos prestados por el Estado, las iniciativas de los colegios de abogados para promover la actividad pro bono y las clasificaciones de despachos de abogados basadas en la participación pro bono.

La transformación de la práctica jurídica privada: el crecimiento de los grandes despachos

En el último medio siglo se sentaron las bases para una estructura institucionalizada de la actividad pro bono.

A finales de los años cincuenta había treinta y ocho despachos de abogados con más de cincuenta abogados. En los años noventa, había más de seiscientos despachos con más de sesenta abogados, y varios tenían más de mil. Los grandes despachos no solo crecieron en número, sino que también crecieron mediante fusiones, despachos satélites y contratación agresiva de nuevos abogados y de abogados con experiencia provenientes de otros despachos. En 1991, el tamaño promedio de los despachos de *AmLaw* 100 era de 375 abogados; en el año 2001, de 621, y en 2008, de 820. A medida que los despachos de abogados se hacían más grandes, también se hacían más rentables. Entre 1990 y 1999, el ingreso por abogado de los *AmLaw* 100 creció un 45 %, mientras que los beneficios por socio aumentaron un 70 %. A pesar de la crisis económica de principios de los años dos mil, el ingreso por abogado de los despachos de la *AmLaw* 100 aumentó un 46 % (entre 2000 y 2007), mientras que los beneficios por socio crecieron un 71 %. La recesión de 2008 causó solo pequeñas reducciones de los ingresos por abogado (1 %) y de los beneficios por socio (0,5 %). En resumen, los grandes despachos de abogados contemporáneos más que duplican en tamaño e ingresos, y triplican en beneficios, a sus predecesores de las dos décadas previas.

Ese crecimiento ha tenido tres consecuencias importantes para el trabajo pro bono. En primer lugar, a medida que los despachos se hacían más grandes y burocráticos, resultaba más difícil mantener sistemas descentralizados de trabajo voluntario iniciado por cada abogado, en parte debido a las dificultades planteadas por el seguimiento de los casos. Esos sistemas no eran apropiados para prevenir conflictos potenciales de interés. A medida que los grandes despachos se organizaron crecientemente en torno a departamentos, especialidades y funciones, la institucionalización de los programas pro bono formales, centralizados, pareció casi un salto. En segundo lugar, el crecimiento de los despachos generó más ingresos y un "alivio en la organización", que pudo usarse para subsidiar trabajo adicional gratuito. En tercer lugar, el aumento en tamaño, sobre todo en la base de los despachos, con su estructura piramidal, creó nuevos retos para el desarrollo profesional. Los grandes números de abogados asociados necesitaban oportunidades de formación y de adquirir responsabilidades significativas. El trabajo pro bono se las proporcionaría.

Colocar el Estado a un lado: la inadecuación de la asistencia jurídica financiada por el Estado

El crecimiento del pro bono organizado se ha ligado también a un aumento de la demanda, debido a las limitaciones de la asistencia jurídica financiada por el Gobierno federal. La reducción de asistencia jurídica fue acompañada de cambios políticos más generales, como la transición del Estado al mercado como forma de distribución de los bienes públicos. Esa erosión de los servicios para los pobres se reflejó en las reducciones de la financiación federal y en las restricciones al activismo jurídico. Este sistema, aun completado por la impresionante variedad de organizaciones jurídicas dedicadas al interés público en la nación, puede atender tan solo un pequeño porcentaje de las necesidades sociales colectivas de representación legal en áreas como los derechos civiles, las libertades civiles, la justicia medioambiental, la equidad educativa y la salud, y la seguridad de los consumidores.

El sistema pro bono estadounidense ha evolucionado en esas circunstancias de fondo. Constituye una parte significativa de la estructura de asistencia jurídica en asuntos civiles de la nación, equivalente a entre un cuarto y un tercio de los abogados dedicados a tiempo completo a la asistencia jurídica social. Los abogados de los grandes despachos tienen cada vez más importancia general en el sistema pro bono y proporcionan una representación jurídica crucial en asuntos que los programas con financiación federal tienen prohibido aceptar.

Incentivos profesionales: zanahorias sin palos

Los colegios de abogados han promovido de forma activa el pro bono como una forma de llenar los vacíos en asistencia jurídica y representación de interés público. Uno de sus focos de atención han sido los grandes despachos, que tienen los recursos, el personal y el prestigio para hacer las contribuciones más significativas y visibles. La estrategia del colegio de abogados ha incluido zanahorias, pero no palos, es decir, incentivos, pero no sanciones.

Para estimular el cumplimiento de esos estándares programáticos, el colegio de abogados se ha apoyado con gran fuerza en las iniciativas dirigidas a la contratación y el reconocimiento social. Las iniciativas de contratación van de llamadas generales a la participación a solicitudes dirigidas específicamente a destacados abogados y jueces. Las iniciativas dirigidas al reconocimiento social se concentran en premios. El ABA Standing Committee on Pro Bono and Public Service, el comité encargado del pro bono en la ABA, patrocina un programa anual de premios para recompensar y fomentar el servicio público destacado. La mayoría de las asociaciones locales y estatales de abogados confieren también premios y los publicitan en lugares prominentes de sus publicaciones y reuniones anuales.

Por último, algunos colegios de abogados, tribunales supremos y organizaciones sin ánimo de lucro, apoyados por los colegios de abogados, han buscado promover el pro bono mediante sistemas de comunicación de información obligatorios o voluntarios.

El mercado del talento: el papel
de las clasificaciones y la reputación

Las iniciativas profesionales han interactuado con incentivos poderosos del mercado para que se presenten servicios públicos, en especial las clasificaciones de despachos de las principales publicaciones jurídicas. Antes de la creación de esas clasificaciones, había relativamente pocos despachos que tuvieran programas diseñados para promover y supervisar la actividad pro bono.

La decisión de *The American Lawyer* de comenzar a hacer públicas clasificaciones de despachos en función de la intensidad y la extensión de su actividad pro bono alteró radicalmente el comportamiento de la empresa. Como en otros contextos, el movimiento para clasificar las contribuciones pro bono produjo un "efecto Heisenberg": las clasificaciones cambiaron el fenómeno que pretendían medir. Al crear una métrica muy visible y fácil de interpretar para evaluar los despachos, esa estructura de las clasificaciones estableció el pro bono como un elemento todavía más prominente en la reputación del despacho e influyó en la contratación de nuevos abogados asociados. Además, al medir solo la cantidad y la extensión de la participación, las clasificaciones estimularon a los despachos a concentrarse en esos fines, y no en mediciones más difíciles de valorar, como la calidad o la repercusión social de su trabajo.

CONSECUENCIAS

Consecuencias institucionales: el ascenso
de los programas pro bono organizados

Desde comienzos de los años noventa, la confluencia del crecimiento de los despachos de abogados con las

presiones profesionales y del mercado produjo una nueva
ola de desarrollo de programas pro bono.

La principal característica distintiva de la nueva ola
de institucionalización fue la creación de cargos directivos con la responsabilidad de coordinar y supervisar
la actividad de la comunicación de los informes sobre
la actividad pro bono. Esos cargos eran muy raros antes
de que existieran las clasificaciones. Para conseguir una
plena comprensión del desarrollo de esos cargos, les preguntamos a todos los despachos que habían aparecido
en las clasificaciones pro bono de *The American Lawyer*
desde su creación (y que todavía existían) que indicaran
cuándo habían creado un cargo de consejero pro bono.
De 235 despachos, respondieron 127, de los cuales 91
informaron sobre la existencia de consejeros pro bono
en 2008. Los resultados se muestran en el gráfico 1.

Gráfico 1. Crecimiento de los cargos de consejero pro bono
(por clase), 1993-2008 (año fiscal)

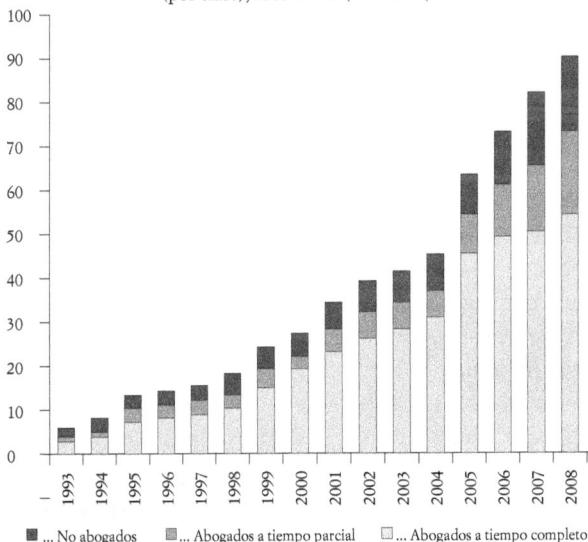

■ ... No abogados   ▨ ... Abogados a tiempo parcial   ▢ ... Abogados a tiempo completo

Nuestros hallazgos confirman que la creación de cargos de consejero pro bono en los grandes despachos tuvo lugar sobre todo durante la pasada década. En 1998 existían 18 cargos; en 2008 había 91. Más de la mitad (el 55 %, n = 50) fueron creados después de que surgiera la Lista A de *The American Lawyer*, en 2003. La mayoría de cargos de consejero pro bono están hoy ocupados por abogados de tiempo completo (59 %, n = 54), mientras que los cargos restantes se dividen entre abogados que dedican parte de su tiempo (al menos la mitad) a la coordinación pro bono (n = 20) y administradores no abogados a tiempo completo (n = 17).

Hay varios factores que han impulsado esa tendencia. El desarrollo de cargos de consejero pro bono reflejaría y reforzaría la importancia creciente del servicio público en los grandes despachos. A medida que crecía el tamaño de los despachos y su contribución, se hacía más crucial contar con alguien que tuviera funciones más continuas de coordinación y supervisión. Antes la participación en los comités pro bono de los despachos tendía a rotar de año a año, e incluso los miembros más activos entendían que sus deberes en el comité eran secundarios frente a su trabajo facturable.

Las clasificaciones importaron también. Participar en programas pro bono se convirtió en un activo para la posición de la empresa: la reputación y la contratación dependían en parte de cómo los despachos se comparaban con sus competidores. Una vez que los despachos comenzaron a contratar consejeros pro bono, los otros que no lo habían hecho sintieron la presión de hacer lo mismo, tanto para mantener su posición como para señalar su compromiso con el servicio público.

Puesto que las clasificaciones subrayaron la importancia de las contribuciones pro bono, los despachos necesitaban una mejor gestión. Era necesario alguien que difundiera la participación de los abogados mediante un trabajo de relaciones públicas, como páginas web, informes anuales, folletos y relaciones con los medios de comunicación. Los consejeros se hicieron también esenciales para coordinar las asignaciones laborales pro bono, supervisar a los abogados pro bono, recoger datos de horas trabajadas e informar de las actividades pro bono conforme a los estándares establecidos por *The American Lawyer.*

Consecuencias sistémicas: la repercusión social y profesional de la práctica pro bono

La institucionalización del pro bono por medio de iniciativas externas (colegios de abogados y esfuerzos de clasificación) y la organización interna de los despachos (incluidos los consejeros pro bono) buscan mejorar en última instancia los servicios públicos prestados mediante abogados particulares. Sin embargo, el efecto de la institucionalización en los resultados en absoluto es evidente. Algunas estructuras organizativas pueden funcionar bien para promover el servicio público, mientras que otras pueden no tener ningún efecto. El problema en última instancia es lo que los expertos llaman *emparejamiento laxo*: la adopción formal de normas como respuesta a presiones externas que pueden luego generar resultados que no se correspondan con los que las normas están diseñadas para promover. Nuestra investigación aquí está concentrada en los efectos de la institucionalización de los servicios pro bono.

Fuerzas económicas y respuestas del colegio de abogados

Es imposible medir con precisión la cantidad total, el crecimiento y la repercusión social de la actividad pro bono en toda la profesión jurídica estadounidense. Sin embargo, lo que es claro es que las contribuciones voluntarias se han convertido cada vez más en una parte importante de la forma en que la asistencia jurídica está disponible para los pobres y las organizaciones de interés público.

Las pruebas de la relación entre las estructuras organizativas y la actividad pro bono son todavía limitadas, pero al menos algunos datos indicarían que los factores económicos pueden tener más influencia que las iniciativas profesionales a la hora de promover la actividad pro bono. En concreto, el estudio de Rebecca Sandefur concluyó que los estados en los que los abogados están en mejor posición económica y sienten una mayor presión de competidores no abogados tienen tasas más altas de participación pro bono. En cambio, los estándares pro bono en los códigos éticos de los estados y los esfuerzos de contratación generales no estaban correlacionados con una mayor participación pro bono.

Trayectoria de los programas pro bono de los grandes despachos y la importancia de los consejeros pro bono

En el ámbito de los grandes despachos, una investigación reciente sobre despachos de la Lista *AmLaw* 200 muestra que el total de horas pro bono producidas por esos despachos aumentó casi un ochenta por ciento entre 1998 y 2005, mientras que el promedio de horas por abogado lo hizo cinco horas. Desde entonces, el total de horas pro bono por abogado ha crecido otras diez horas. A pesar de esos aumentos, solo dos quintos de los abogados de los 200 despachos de abogados más rentables del país han contribuido con al menos veinte horas de trabajo anual.

Cómo la creación de un programa pro bono organizado afecta la actividad pro bono, también es difícil de evaluar. Los despachos más exitosos desde el punto de vista financiero tienden a ser los que pueden crear cargos de consejero pro bono. Pero una vez que lo hacen, ¿importa? ¿Los despachos que tienen consejeros pro bono tienen indicadores mensurables mejores, como mayor número de horas pro bono y tasas de participación más grandes? Para indagar la respuesta a esa pregunta, nuestra investigación comparó datos históricos sobre la contratación de consejeros pro bono con las clasificaciones de *The American Lawyer* entre los años fiscales de 1993 a 2008. Los hallazgos se muestran en la tabla 2.

Tabla 2. Efectos de contratar un coordinador pro bono (CPB) en la puntuación pro bono de *The American Lawyer* dos años después de esa contratación, por clase de CPB

	1	2	3	4
Variables	Puntuación pro bono	Puntuación pro bono	Puntuación pro bono	Puntuación pro bono
Variables independientes				
Abogado a tiempo completo		6,142**		
		(1,835)		
Abogado a tiempo parcial			6,908*	
			(3,110)	
No abogado a tiempo completo				1,172
Variables de control				(4,156)
Puntuación pro bono	0,633**	0,097**	0,091**	0,094**
	(0,027)	(0,035)	(0,035)	(0,035)
Número de abogados	3,073*	5,246*	5,329*	5,426*
	(1,214)	(2,462)	(2,470)	(2,477)
Beneficios por socio	9,603**	17,423**	17,733**	17,763**
	(1,240)	(1,950)	(1,954)	(1,959)
Constante	−126,671**	−222,601**	−226,855**	−227,890**

	(14,435)	(17,366)	(17,356)	(17,411)
Observaciones	1021	1021	1021	1021
Número de sujetos	109	109	109	109
Coeficiente de correlación de Spearman (Rho)	0,119	0,738	0,739	0,737
Coeficiente de determinación (R^2)	0,173	0,294	0,289	0,285

Error estándar entre paréntesis

* $p < 0,05$

** $p < 0,01$

La tabla muestra la relación entre tres clases de consejero pro bono (abogado a tiempo completo, abogado a tiempo parcial, con dedicación superior al cincuenta por ciento, y un no abogado a tiempo completo) y la puntuación del despacho en *AmLaw* dos años después, teniendo en cuenta el tamaño del despacho y los resultados financieros (medidos en beneficios por socio). Después de dos años, los despachos que contrataron abogados a tiempo completo como consejeros pro bono vieron mejorar sus puntuaciones pro bono seis puntos en promedio por encima de aquellos despachos que no contrataron abogados con ese tiempo de dedicación (bien porque el cargo ya estaba ocupado o se dejó vacante). Los abogados a tiempo parcial tuvieron un efecto algo superior y aumentaron la puntuación pro bono casi siete puntos. Ambas relaciones eran estadísticamente significativas. En cambio, los no abogados a tiempo completo no tuvieron un efecto estadístico significativo. Esas correlaciones no establecen por sí mismas causación, como es obvio. Las preocupaciones que inspiraron la creación del cargo de consejero también pudieron haber ejercido influencia en la cultura del despacho de otras formas que afectaran las puntuaciones pro bono. Nuestros datos no muestran otros cambios que pudieran haber acompañado la creación de una posición de consejero pro bono, como cambios en las políticas sobre créditos de horas facturables por trabajo pro bono y expansión de las oportunidades de participación. Nuestra investigación, incluido el estudio empírico de Deborah Rhode, subraya la importancia de esos factores. Aun así, es razonable suponer que el nombramiento de un abogado a tiempo completo o parcial podría tener algún efecto si esa persona tuviera la capacidad de identificar las barreras a la participación de los abogados y de encontrar casos que se ajustaran a las competencias y los intereses de los abogados.

¿CALIDAD?

Aunque las presiones externas creadas por las clasificaciones y las iniciativas de los colegios de abogados han tenido una influencia positiva indiscutible sobre la cantidad de trabajo pro bono de los despachos de abogados, han tenido también un efecto menos celebrado en otras características más difíciles de medir de un programa pro bono efectivo.

La calidad tiene múltiples significados con implicaciones distintas para las diferentes bases sociales. Desde la perspectiva de los clientes individuales, el concepto supondría efectividad a la hora de gestionar su problema específico. Para los abogados de los grandes despachos, la calidad puede ser en parte una función de la formación de competencias y de la supervisión del socio.

Los despachos, como es obvio, están preocupados por la cantidad y la calidad de sus contribuciones caritativas. De hecho, el pro bono "estratégico" se ha convertido en un nuevo mantra. Un consejero pro bono describió su programa como "algo bastante parecido a la filantropía empresarial".

Los líderes pro bono han sido bastante sensibles a esa preocupación, y hace poco han comenzado a considerar formas de medición alternativas. Un consejero pro bono nos informó en nuestra encuesta que "California está en la actualidad tomando algunas iniciativas de planeación estatal que incluirían un comité de 'mejores prácticas' para evaluar opciones en esa área. Y [APBCo] está haciendo un trabajo parecido en la esfera nacional". Los editores de *The American Lawyer* han iniciado también discusiones sobre si concentrarse en mediciones cuantitativas tiene efectos adversos y cómo podrían cambiar la estructura de incentivos para quitarle énfasis a la medición de la cantidad de trabajo pro bono. Pero como el análisis realizado a continuación indica, todavía hay muchos avances pendientes en cuanto a garantizar servicios de calidad con costos eficientes.

III. DISEÑO, COORDINACIÓN Y EVALUACIÓN
DE PROGRAMAS PRO BONO

Nuestra encuesta buscó información en cuatro áreas generales: 1) el diseño y la organización de los programas pro bono; 2) la naturaleza y la implementación de políticas pro bono; 3) la evaluación del desempeño pro bono, y 4) el efecto de la recesión en los compromisos pro bono. Cuando estábamos terminando nuestro cuestionario, a finales de 2009, un número creciente de grandes despachos estaba implementando contrataciones diferidas y concediendo licencias laborales en respuesta a la contracción de la economía. En algunos casos, los abogados asociados entrantes tenían la opción de diferir su fecha de inicio de actividades en el despacho, y aquellos que trabajaban ya en el despacho podían tomarse una licencia, unos y otros con parte del salario. Muchos fueron animados a aceptar empleos en organizaciones jurídicas dedicadas al derecho de interés público o se les solicitó que lo hicieran. Las conversaciones preliminares con algunos consejeros pro bono sugerían que esas asignaciones laborales, junto con otras formas de reestructuración económica, podían afectar en potencia los programas pro bono. En consecuencia, incluimos preguntas en las encuestas y en nuestras entrevistas de seguimiento para entender las implicaciones a largo plazo de esos cambios.

ESTRUCTURA ORGANIZATIVA

Gestión

Los despachos de abogados recurren a una diversidad de estructuras de gestión para sus programas pro bono. Para comprender mejor su organización, hemos compilado información del Directorio NALP. El directorio tenía datos de todos los despachos encuestados menos uno (n = 55). De esos, casi todos (el 93 %, n = 51) informaron tener comités pro bono. La estructura más común de gestión (un tercio de los despachos, n = 18) consistía en tener un comité más un abogado a tiempo completo que coordinaba las actividades pro bono. El segundo sistema más frecuente (en el 16 % de los despachos, n = 9) era tener un comité, un abogado a tiempo completo y un administrador no abogado. Otro 13 % de los despachos (n = 7) tenía un comité, un abogado a tiempo completo y un abogado a tiempo parcial.

En esas estructuras, el método dominante para establecer las políticas —en cuestiones como el crédito de horas facturables por trabajo pro bono, conflictos de interés, proyectos escogidos y requisitos de supervisión— era apoyarse en las determinaciones del comité, sujetas a aprobación por los directivos del despacho. Aquellos que respondieron (n = 51) describieron las interacciones entre el consejero pro bono, los comités y la directiva del despacho, con diferentes estructuras de reparto de poder. En el patrón más frecuente, característico de tres quintos de los despachos (n = 30), el personal pro bono (consejero más miembros del comité) formula, redacta y recomienda políticas a un comité directivo del despacho, que en última instancia tiene autoridad para aprobar esas políticas. Los despachos restantes tenían acuerdos algo diferentes. En siete despachos, los comités pro bono tenían jurisdicción sobre la mayoría de los cambios de política, salvo las más importantes o extraordinarias, que requerían la aprobación de la directiva. Tres despachos indicaron que el comité pro bono tenía autoridad para tomar decisiones finales en cuestiones pro bono. En ocho despachos, los comités pro bono y los directivos del despacho compartían la responsabilidad para desarrollar y aprobar las políticas pro bono.

Consejeros pro bono

Como se señaló antes, los consejeros pro bono tienen una intervención cada vez mayor en el diseño y la administración de los programas de asistencia jurídica pública de los despachos. El cargo varía entre despachos según lo reflejado en la tabla 3. Salvo por un cuarto de los despachos, que tenían asociados pro bono, los directores de programa no eran socios accionistas de los despachos. El sistema más usual, reportado por casi la mitad de los despachos encuestados, era el cargo de consejero pro bono sin participación accionarial. Otro quinto tenía coordinadores pro bono (abogados y no abogados), y los dos que respondieron "otros" indicaron que tenían un "director de actividades pro bono y de formación forense" y un "consejero especial pro bono", también sin participación accionarial.

Tabla 3. Cargos de consejeros pro bono

Cargo	Número	Porcentaje
Socio pro bono	16	28,57 %
Consejero pro bono	26	46,43 %
Coordinador pro bono (abogado)	7	12,50 %
Coordinador pro bono (no abogado)	5	8,93 %
Otros	2	3,57 %
Total	56	100 %

En relación con la composición de los despachos, las mujeres tienen una participación superior en la práctica de interés público y en los cargos pro bono. Nuestra encuesta mostró tres veces más mujeres que hombres, como señala la tabla 4. Sin embargo, el género no predice el cargo. Para el cargo más elevado, el de socio pro bono, hay el mismo porcentaje de mujeres que de hombres (29 %).

Tabla 4. Género de los directivos por cargo

Cargo	H	M
Socio pro bono	4 (29 %)	12 (29 %)
Consejero pro bono	6 (43 %)	20 (48 %)
Coordinador pro bono (abogado)	2 (14 %)	5 (12 %)
Coordinador pro bono (no abogado)	0 (0 %)	4 (10 %)
Otros	2 (14 %)	1 (2 %)
Total	14 (100 %)	42 (100 %)

Los cargos son exigentes. El consejero pro bono trabaja por lo general tan duro como sus colegas dedicados a clientes facturables. Para los consejeros pro bono que proporcionaron información (n = 53), el tiempo promedio invertido en todas las actividades, pro bono y facturables, fue de 2137 horas por año. Tres encuestados informaron que usaban al menos 3000 horas. De ese tiempo, el trabajo pro bono representaba el 92 por ciento, un reflejo de la alta presencia de consejeros a tiempo completo en nuestra muestra. Del tiempo empleado en actividades pro bono, cerca de tres cuartos estaba dedicado a la coordinación de programas; el otro cuarto se usaba en representación directa de los clientes.

Nuestros hallazgos, como los de investigaciones previas, indican que el trabajo de consejería pro bono pertenece a una de dos categorías generales: relaciones externas y coordinación interna. Con respecto a las relaciones externas, los consejeros describen dos responsabilidades principales. Una involucra las relaciones con organizaciones sin ánimo de lucro que remiten clientes. Casi tres quintos de los encuestados (n = 33) indicaron que participaban en relaciones externas con grupos jurídicos sin ánimo de lucro, y casi la mitad (n = 27) dijeron que trabajaban para identificar y garantizar proyectos jurídicos para el despacho. Los consejeros pro bono también vigilan con quién establecer relaciones. La otra dimensión de las relaciones externas se ocupan más directamente de las relaciones públicas, la contratación de abogados y las obligaciones de información. Un tercio de los encuestados (n = 19) indicaron que realizaban relaciones públicas externas y actividades de contratación, como publicidad, elaboración de folletos y gestión de la página web pro bono del despacho. El suministro de información a grupos externos, como las asociaciones de abogados, *The American Lawyer* y NALP, era también una actividad importante.

La coordinación pro bono interna incluye actividades como formular políticas, tantear los intereses de los abogados, conseguir abogados que acepten los casos, asignar personal administrativo a los casos, formar a los abogados jóvenes, vigilar y supervisar el progreso de los casos, evaluar los resultados y defender programas prioritarios para el despacho. Los consejeros realizan todas esas tareas, aunque algunas parecen ser más frecuentes que otras. Además de las funciones descritas sobre selección y asignación de clientes, un área importante de responsabilidad implicaba seguir el progreso de los casos o los resultados de la supervisión, una tarea que la mitad de los encuestados afirmaba realizar (n = 29). La formación también es importante: casi el cuarenta por ciento de nuestros encuestados (n = 20) dedicaban tiempo a facilitar esas actividades.

Proyectos insignia y programas especiales

Los proyectos insignia pro bono son una forma en la que los despachos concentran recursos en áreas problemáticas específicas, crean conocimiento especializado en el despacho y mejoran su reputación con los potenciales candidatos a abogados, los medios de comunicación y la comunidad en general. Casi el sesenta por ciento de los despachos que participaron en nuestra encuesta (n = 33) informó tener un proyecto como ese. De estos, once proyectos se concentraron en algunos aspectos de la inmigración, en especial en asuntos relativos al asilo, los refugiados, los delincuentes juveniles y la violencia doméstica. Ocho se concentraron en los derechos de los niños y el derecho de familia (incluida la violencia doméstica). Otros cuatro se concentraron en el desarrollo económico, en especial en la microempresa; tres, en la defensa penal y el trabajo sobre pena de muerte, y dos, en cuestiones de veteranos, los derechos humanos, la educación y los supervivientes del Holocausto. Otros despachos informaron tener proyectos sobre VIH-sida, los derechos humanos, el medioambiente y los derechos civiles.

Los despachos encuestados tenían también diferentes clases de programas especiales pro bono. Cerca del 30 % (n = 16) informaron tener un departamento pro bono interno. Casi la mitad (n = 27) tenían un programa de rotación o de prácticas en colaboración. El treinta por ciento (n = 17) tenía un programa de colocación de abogados asociados en organizaciones de interés público. Algunos despachos organizaron su programa pro bono en torno a especialidades sustantivas. Por ejemplo, en un despacho esas áreas incluían condenas a pena de muerte, asilo, seguridad social, divorcios de común acuerdo, derechos de los delincuentes juveniles, consultorio de tribunal de familia, organizaciones exentas de impuestos, microemprendedores, apelaciones penales y supervisión tras la excarcelación.

POLÍTICAS

Fines

Como es evidente de la variedad de roles del consejero pro bono, sus programas tienen múltiples fines, a veces competidores entre sí. Para comprender la significación relativa de esos objetivos, nuestra encuesta les pidió a los consejeros pro bono que los categorizaran en una escala de 0 a 5: 0 = no considerado, 1 = menos importante, 2 = algo importante, 3 = importante, 4 = muy importante, 5 = más importante. Los resultados están en la tabla 5.

Tabla 5. Objetivos de los programas pro bono (n = 56)

Objetivos	Media	IC baj0*	IC alto**	Respuestas
Proporcionar servicios jurídicos individuales a personas mal representadas	4,40	4,20	4,61	52
Formación	3,87	3,67	4,06	52
Influir en problemas sociales importantes	3,75	3,44	4,06	52

Objetivos	Media	IC baj0*	IC alto**	Respuestas
Ayudar a la contratación y retención de abogados	3,48	3,21	3,75	52
Mejorar la reputación y la posición en las clasificaciones	2,94	2,62	4,84	52
Satisfacer a los clientes de pago	1,81	1,45	2,16	52

* IC bajo = intervalo de confianza bajo
** IC alto = intervalo de confianza alto

De esta clasificación cabe destacar cuáles son los factores más y menos importantes. Para el consejero que gestiona los programas pro bono, el principal objetivo declarado es lo que implica el concepto: servir al bien público ayudando a grupos subrepresentados. Tener repercusión social también es bastante valorado. Sin embargo, los programas también tuvieron fines pragmáticos importantes. El principal fue la formación de asociados, pero la contribución a la contratación y retención de abogados, y la mejora de la reputación y las clasificaciones fueron también notables. La satisfacción de los clientes de pago no pareció ser una preocupación relevante. De los siete que mencionaron "otros" objetivos, dos citaron "hacer lo correcto" y el resto "ocuparse de cuestiones difíciles que podrían no encontrar representación legal en otro caso", "cumplir con nuestras responsabilidades éticas como abogados", "llenar los vacíos de la justica en el servicio" y "satisfacer las necesidades y los intereses de los asociados en el sector del interés público".

Diseño

¿Cómo atienden las políticas de los despachos estos fines? Para dar un mejor sentido de la estructura política formal de los programas pro bono, comenzamos con datos del Directorio NALP. Casi todos los despachos del

Directorio NALP encuestados por nosotros (96 %, n = 53) tienen "una política formal pro bono que establece el compromiso de la organización con la actividad pro bono". El mismo porcentaje informó que "un compromiso del abogado con la actividad pro bono [es] considerado un elemento favorable en las decisiones de promoción profesional y salarial", y que los abogados reciben "servicios de apoyo dedicados a tiempo completo" al trabajo pro bono. Casi el 45 % (n = 48) informó que a los asociados se les suministraba "evaluaciones escritas de su trabajo en asuntos pro bono".

Los datos del Directorio NALP indican también que los despachos de abogados son bastante coherentes en la forma en la que definen el pro bono. Hay dos definiciones dominantes. Una se basa en la norma 6.1 de las Normas de Conducta Profesional de la ABA, que como ya se señaló, establece un estándar programático de cincuenta horas al año, de las que "una mayoría apreciable" debe destinarse a "personas de medios limitados" o a organizaciones que las ayuden. La definición del Pro Bono Institute para los participantes del Law Firm Challenge es más restrictiva, y es la que usa *The American Lawyer* en sus clasificaciones pro bono. Las principales diferencias son que la definición pro bono del Institute no incluye 1) la "prestación de servicios jurídicos [...] a tarifas sustancialmente reducidas a individuos, grupos u organizaciones que pretenden garantizar o proteger los derechos civiles, las libertades civiles o los derechos públicos", 2) la "prestación de servicios jurídicos a honorarios sustancialmente reducidos a personas de medios limitados" y 3) "la participación en actividades para mejorar el derecho, el sistema jurídico o la profesión jurídica". La definición del Instituto sirve para medir el cumplimiento con el Law Firm Pro Bono Challenge, que les pide a los participantes contribuir con un porcentaje de horas facturables de entre tres y cinco por ciento. Alternativamente, el Instituto les permitió a los despachos cumplir con el reto satisfaciendo el objetivo de sesenta o cien horas por abogado. Según datos del NALP, un poco más de la mitad de los despachos encuestados (n = 29) seguía la definición pro bono del reto, mientras que un décimo (n = 6) seguía la de la ABA. Un despacho se basó en la interpretación de la ABA de la regla modelo 6.1. En torno a un quinto (n = 12) desarrolló sus propias definiciones, algunas de las cuales contaban como servicios pro bono los servicios profesionales y la presencia en consejos de dirección de organizaciones sin ánimo de lucro. Varios consejeros cuyas firmas usaron la definición del reto admitieron ocuparse de "casos cerrados", y uno de ellos reconoció usar internamente un estándar más amplio con el fin de considerar el "acceso a la justicia" de forma más general.

La mayoría de nuestra muestra establece objetivos anuales pro bono con el fin de cumplir con esos criterios mínimos de desempeño. Dos tercios (n = 37) de los despachos informaron que establecieron un objetivo pro bono mínimo para todas las oficinas del despacho. En gran parte, esos objetivos reflejaban las aspiraciones del Pro Bono Institute y la "Regla modelo" de la ABA. De los despachos que indicaron un objetivo numérico para todas las oficinas del despacho, diecinueve reportaron un 3 % de horas facturables, cuatro reportaron un 5 %, dos reportaron de un 3 a un 5 % y una reportó el 4 %. Los despachos establecieron también objetivos para los abogados de manera individual, de nuevo siguiendo los estándares del reto y el ABA, y eso puede reflejar también la importancia de las clasificaciones de *The American Lawyer*, que requiere reportar horas promedio por abogado y despacho. Aproximadamente tres cuartos de los despachos (n = 43) informaron que tenían un objetivo mínimo de horas por abogado. De ellos, doce informaron dieciséis horas y quince reportaron cincuenta horas. De los despachos restantes que informaron sobre objetivos, uno reportó más de sesenta horas, y ocho, menos de cincuenta. Como es evidente, establecer objetivos mínimos de desempeño no garantiza que se cumplan, y no tenemos cifras sobre cuántos despachos tienen éxito en cumplir los objetivos.

Un elemento crucial para determinar el desempeño es saber cómo los despachos tratan las horas pro bono en relación con las horas facturables, y cómo el trabajo gratuito afecta las decisiones salariales y de promoción profesional. La tabla 6 muestra cómo los despachos que respondieron a nuestra encuesta contaban la actividad pro bono para las diferentes clases de decisiones sobre el desempeño.

Tabla 6. Conteo de las horas pro bono (n = 56)

Horas pro bono cuentan para:	% de todos los encuestados
Requisitos de número mínimo de horas facturables	70 %
Subidas salariales	30 %
Determinación de bonos de desempeño	77 %
Selección para ser socios	13 %
Evaluación de desempeño	82 %

En más de cuatro quintos de los despachos (n = 46), la actividad pro bono apareció en las revisiones de desempeño y en tres cuartos (n = 43) contaba para la determinación de los bonos anuales. En cambio, hubo pocos que informaron sobre la actividad pro bono como parte del cálculo para hacer nuevos socios, y ni siquiera un tercio contaba el pro bono como criterio para el establecimiento de las retribuciones de los abogados asociados (n = 17).

El setenta por ciento de los despachos (n = 39) indicó que contaban al menos algunas de las horas como parte de las horas mínimas facturables para cada abogado. De aquellos que proporcionaron información sobre el número de horas, cerca de un tercio (seis de dieciocho despachos) declararon que todas las horas pro bono contaban; otro tercio (siete de dieciocho despachos) limitaban el número de horas en varios puntos (cuatro establecían un máximo de cincuenta horas, otro sesenta, otro cien y otro doscientas horas). Dos despachos impusieron un límite, con discrecionalidad para permitir superar el número de horas con aprobación del despacho, y otro contaba solo las horas pro bono por encima de las cien como horas facturables. Los dos despachos restantes tenían estándares vagos. Uno contaba "algunas horas", sin especificar cuántas, y el otro contaba todas las horas prestadas que tuvieran un "equilibrio razonable con las horas de trabajo facturable".

También variaba la forma en que los despachos trataban los honorarios recibidos por casos pro bono, en caso de generarse. Según el Law Firm Challenge del Pro Bono Institute, el pro bono "consiste en actividades del despacho asumidas sin que por lo general quepa esperar honorarios, y no realizadas en el curso de ninguna práctica comercial ordinaria". En consecuencia, cuando los despachos aceptan casos que puedan generar honorarios para los abogados, el que esos casos "cuenten" o no como pro bono dependerá de la intención inicial del despacho. En la práctica, no es raro que los despachos acepten casos por razones pro bono, pero luego haya honorarios recuperables. El Instituto "insta con vehemencia" a que los despachos donen esos honorarios a las organizaciones sin ánimo de lucro con las que se asocian, y *The American Lawyer* exige (a los efectos de las obligaciones de información pro bono) que en los casos en los que haya honorarios, los despachos se comprometan *ex ante* "a donar sus honorarios a las organizaciones de servicios jurídicos, a sus propias fundaciones caritativas o a una cuenta individualizada del despacho para cubrir gastos pro bono".

Para proporcionar información más completa sobre las prácticas en esta área, nuestra encuesta les preguntó a los consejeros sobre la política de cobro de honorarios de los despachos en casos pro bono. El sistema más usual, reportado por algo más de un tercio de los despachos (36 %, n = 20), fue que los despachos cobraban los honorarios, descontaban una cantidad para recuperar sus costos (tasas legales y honorarios de los peritos) y donaban el resto. Otro quinto de los despachos (21 %, n = 12) informaban que cobraban los honorarios y los donaban íntegramente sin deducir los costos. De los 32 despachos que informaron sobre la donación de sus honorarios, poco más de la mitad (n = 18) indicó que le daban prioridad a la organización jurídica sin ánimo de lucro que les refirió el asunto o actuó como coasesora; otros refirieron que donaron los honorarios a diferentes grupos de interés público o asignaron los honorarios pro bono al propio programa pro bono del despacho. El catorce por ciento (n = 8) reveló que evaluaba caso a caso el tratamiento de los honorarios. Como explicó un consejero:

> Nos ocupamos de ese asunto cuando surge. Intentamos cobrar honorarios cuando es posible, pero nos ocupamos del asunto apropiadamente en el contexto del caso específico con el coasesor de servicios jurídicos cuando la condena en costas al pago de honorarios es limitada. Por ejemplo, si nosotros hemos asumido todos los costos más cuantiosos, eso sería un criterio diferenciador.

De los despachos restantes, el dieciséis por ciento (n = 9) indicaron que "compartían" los honorarios con las organizaciones legales asociadas sin ánimo de lucro, y el cuatro por ciento (n = 2) declaró que nunca cobraban honorarios.

En cuanto a la financiación de los programas pro bono, la mayoría no tenían un presupuesto pro bono fijo. En el treinta por ciento que lo tenía (n = 17), su estructura variaba.

En algunos despachos, el presupuesto cubría solo los costos administrativos (como personal de apoyo), mientras que en otros sufragaba todos los gastos en asuntos pro bono además del tiempo (como las tasas judiciales y los honorarios de los peritos). Solo el catorce por ciento de los despachos encuestados (n = 8) informó de una reducción de presupuesto como resultado de la crisis económica. Algunos afirmaron estar sujetos a restricciones generales:

> El departamento pro bono, igual que cualquier otro departamento del despacho, ha buscado la manera de reducir costos en áreas específicas. Dicho esto, no ha habido una reducción drástica del apoyo financiero al pro bono en el despacho. La mayoría de las reducciones se han producido en las áreas de las donaciones caritativas, más que en nuestros casos pro bono. Nuestros costos administrativos constituyen un porcentaje muy pequeño del presupuesto pro bono.

Otros mencionaron que los despachos estaban recortando gastos menores, como conferencias y viajes. Un despacho informó una reducción específica per cápita: "El presupuesto pro bono asciende a menos de 250 dólares por abogado. Los cambios producidos por la crisis económica reducirán ese número a unos 150 dólares por abogado".

Las contribuciones caritativas de los despachos también interactúan con la actividad pro bono del despacho. Algunos líderes de grupos sin ánimo de lucro han reconocido honestamente que eso se da por supuesto, en general, en los despachos: parte de los dólares dirigidos a caridad del despacho van a parar a su participación pro bono. Nuestra encuesta confirma en gran parte ese vínculo. Dos tercios de nuestros encuestados (n = 37) declararon que, bien como política formal, bien como práctica informal, sus despachos donaban dinero a organizaciones jurídicas sin ánimo de lucro con las que el despacho estaba asociado para la actividad pro bono. Si bien algunos despachos dirigían sus esfuerzos caritativos exclusivamente a sus organizaciones asociadas sin ánimo de lucro, la práctica más común era darles un mayor peso a las donaciones dirigidas a esos grupos. Como lo expresó un consejero, "Nuestras donaciones tienden a seguir el trabajo realizado. Estamos más inclinados a dar a organizaciones con las que tenemos una relación". A pesar de ese vínculo, algunos despachos destacan que "no pagan para jugar", es decir, que no hacen donaciones solo para garantizar que los grupos sin ánimo de lucro les proporcionen casos pro bono deseables. Según un consejero,

> sentimos que esa práctica es ofensiva. Es decir, es mucho más probable apoyar financieramente a una organización sin ánimo de lucro que nos dé buenas oportunidades pro bono que a una que no lo haga.

Nueve despachos informaron que las decisiones sobre donaciones caritativas se hacían caso por caso y que las relaciones pro bono eran un factor que se tenía en cuenta, mientras que cuatro informaron que no había vínculo entre las colaboraciones pro bono y las contribuciones financieras. Un despacho declaró que su relación pro bono con un grupo sin ánimo de lucro podía ser, de hecho, un factor negativo a la hora de hacerle donaciones, porque "ya les habían dado un apoyo sustancial en especie".

Implementación

El trabajo pro bono les llega a los abogados de varias formas, y los despachos emplean diferentes métodos de aprobación de los casos pro bono. El método por defecto de asignación de casos es el consejero pro bono, que identifica oportunidades y difunde información sobre ellas mediante varios mecanismos, como los servidores de listas pro bono, los correos electrónicos individuales y los contactos personales. El Directorio NALP informa que cerca del setenta por ciento (n = 39) de los despachos encuestados distribuyen casos mediante esos canales centralizados. Cerca de un tercio (n = 20) también permitió a los abogados individuales presentar casos al despacho directamente. Cerca del treinta por ciento (n = 16) dejaron en claro que el pro bono era una actividad voluntaria, pero también añadieron que podía fomentar el desarrollo profesional en algún grado. Por ejemplo, uno de los despachos declaró que "los abogados son animados a trabajar en asuntos pro bono alineados con sus intereses personales o su conocimiento especializado, y que les proporcionen oportunidades de desarrollo profesional". Aunque los despachos buscan, por lo general, facilitar el trabajo voluntario de los abogados, un despacho requería a los asociados presentar una propuesta al Comité de Revisión Pro Bono antes de asumir trabajo pro bono. Esa propuesta tenía que incluir una descripción del asunto, la contribución que ese trabajo hará a la comunidad, una estimación del tiempo y el compromiso de gastos que requerirá ese asunto, y una descripción de cómo el asunto contribuirá a su desarrollo personal. El Comité de Revisión Pro Bono considerará si el proyecto propuesto encaja en la definición de servicios jurídicos pro bono del despacho.

En la práctica, los comités pro bono suelen tener la autoridad final para aprobar los casos pro bono. Más de tres quintos de los despachos (n = 35) dependían del comité para la aprobación. En casi la mitad de esos casos (n = 15), la decisión la toma el comité en consulta con el consejo pro bono del despacho. Sin embargo, algunos asuntos pueden "ascender" hasta las directivas del despacho por implicar un conflicto potencial o plantear cuestiones políticas. En esos casos, un asunto puede ser revisado por la cadena de decisión del despacho y requerir la aprobación del consejero, del comité pro bono y de los directivos superiores, "según la sensibilidad que despierte el asunto". Para aclarar mejor el proceso de selección, les pedimos a los participantes en la encuesta clasificar la importancia de los diversos factores en una escala de cero a cinco. La tabla 7 recoge los resultados.

Tabla 7. Factores que influyen en la selección de casos (n = 56)

Factores	Media	IC bajo*	IC alto**	Respuestas
Es probable que el caso proporcione buenas oportunidades de formación	3,92	3,72	4,12	52
El caso trata un problema que probablemente interesará a los abogados asociados	3,73	3,49	3,97	52

Factores	Media	IC bajo*	IC alto**	Respuestas
El caso lo remite una organización sin ánimo de lucro con la que el despacho quiere establecer o mantener una buena relación	3,56	3,34	3,78	52
No es probable que el caso cause tensiones en la capacidad del despacho	2,96	2,68	3,25	52
El caso trata de un problema que los socios aprecian	2,76	2,44	3,09	51
Es probable que el caso proporcione buena publicidad al despacho	2,39	2,07	2,71	49
El caso trata un problema que los clientes apoyan	1,86	1,47	2,25	51

* IC bajo = intervalo de confianza bajo
** IC alto = intervalo de confianza alto

Para la mayoría de los despachos, los principales factores que determinan la selección de casos son las oportunidades de formación y el atractivo para los asociados. El deseo de establecer o mantener relaciones con las organizaciones sin ánimo de lucro que remiten los casos es también importante. Tiene un papel menor conseguir publicidad y complacer a los clientes de pago. Tienen una importancia algo mayor las preferencias de los socios y las restricciones presupuestales.

Algunos casos no son asumidos por los despachos debido a conflictos de interés, reales o posicionales. Los llamados conflictos de interés posicionales involucran asuntos que no exigirían descalificarse de conformidad con las normas éticas, pero es probable que molesten a los clientes existentes o potenciales, o que de cualquier otra forma impidan el desarrollo del negocio. La tabla 8 identifica las clases de casos que con mayor probabilidad planteaban conflictos de intereses, según los despachos encuestados.

Tabla 8. Áreas de conflicto (n = 56)

Contratación/empleo	25
Embargos hipotecarios	8
Planificación familiar y herencias	6
Situaciones concursales	4
Asuntos penales	3
Seguros	2
Consumo	2
Lesiones personales	2
Relaciones comerciales	1
Educación especial	1
Medioambiente	1
Aborto	1

En nuestra muestra, la mayor área de conflicto involucraba casos laborales y de contratación, respecto a los cuales casi la mitad de los despachos indicaron que no podían aceptarlos. Los grandes despachos son reticentes a representar a demandantes con reclamaciones laborales o de contratación, bien porque defienden a los empleadores en esos mismos asuntos, bien porque no quieren establecer precedentes que sus clientes consideren negativos. Cuando se les preguntó cuál era el reto más importante que enfrentaban sus programas pro bono, un consejero identificó

los conflictos empresariales. No es un gran problema, pero entre los problemas que encontramos, es el más grande. Hay ciertas clases de casos que simplemente no asumimos, sobre todo laborales y de contratación.

Para los despachos que representan a las instituciones financieras, los conflictos comunes implican hipotecas, situaciones concursales y problemas de deudas de consumo. Ciertas especialidades de la práctica también impiden aceptar casos que pongan en peligro negocios futuros. Por ejemplo, un despacho que represente a distritos escolares locales evitará reclamaciones sobre educación especial; un despacho que represente a clientes de la industria petrolera no asumirá casos medioambientales. Otro consejero indicó que su despacho era reticente a asumir casos de derecho de familia, porque "nunca terminaban". Teniendo en cuenta la productividad de horas por abogado, hay "graves riesgos, y a menos que controlemos las cosas estrechamente y restrinjamos el ámbito [de la representación legal]", los casos de derecho de familia "acaban descontrolados". La práctica de los tribunales de familia

> es verdaderamente diferente de la de los tribunales civiles tradicionales. Tienen normas arcanas… sobre representación de los menores. Es problemático. Hay buenas razones por las cuales los despachos dudan [a la hora de asumir casos de familia].

Obligaciones de información y evaluación

Obligaciones de información

Teniendo en cuenta el tamaño y el prestigio de los despachos de nuestra muestra, no es sorprendente que casi el noventa por ciento (n = 49) responda a las solicitudes de información efectuadas por las entidades más importantes que recogen información sobre pro bono: *The American Lawyer* y el Pro Bono Institute. Dos tercios también presentaron informes al colegio estatal o local. Casi el mismo número presentó información a otras entidades; la mayoría de estas indicaron que proporcionaron información a NALP y a Vault.com, y un número más pequeño mencionó también a Volunteers of Legal Service of New York, que les pide a los despachos participantes asumir un compromiso (Pro Bono Pledge) de treinta horas por abogado, y el D. C. Circuit Committee on Pro Bono, que supervisa la resolución pro bono del Tribunal de Apelaciones estadounidenses para el Circuito de Washington, D. C., de solicitar a los abogados que contribuyan con cincuenta horas anuales de servicios de asistencia jurídica gratuita. Siete despachos declararon que enviaban información a grupos jurídicos sin ánimo de lucro con los que trabajaban, y dos informaron de su actividad pro bono a algunos clientes empresariales.

Control de calidad

Los incentivos existentes, en especial los generados por las clasificaciones, empujan al aumento de las horas pro bono. En ese marco, ¿cómo garantizan los despachos que los casos sean manejados de forma apropiada? Sin duda, hay presiones para evitar privilegiar la cantidad a costa de la calidad. Las normas profesionales interiorizadas, la supervisión de las organizaciones de remisión y los riesgos de sanciones éticas o de responsabilidad civil por negligencia profesional hacen que la competencia sea una preocupación relevante. Pero no hay información sistemática sobre la efectividad de estos mecanismos de supervisión en la práctica.

Con el fin de conseguir una mejor perspectiva del problema, les preguntamos a los despachos si usaban mediciones sistemáticas de alguna clase para supervisar la calidad de la representación pro bono, como evaluaciones internas o sistemas de seguimiento de casos. Casi la mitad de los que respondieron (n = 27) informaron que la actividad pro bono es parte de las evaluaciones generales de desempeño de los abogados individuales. Saber que el trabajo pro bono contará en esas evaluaciones proporciona un incentivo para mantener los estándares de calidad.

Otra comprobación de calidad, reportada por cerca de un cuarto de los despachos encuestados (n = 13) es la supervisión que hace la organización asociada de todos los asuntos pro bono. Un abogado cuyo despacho tenía "un socio [trabajando] en cada asunto pro bono" vio eso como una forma "de hacer equivalente el trabajo pro bono al trabajo comercial [del despacho]". Sin embargo, "en realidad, no todos los casos siguen ese proceso". A pesar de los esfuerzos dirigidos a garantizar la supervisión de los socios, muchos consejeros reconocieron, no obstante, que "la supervisión de los casos es un gran reto". A veces, es difícil conseguir que los socios, con un exceso de tareas, a que presten atención a los asuntos gratuitos que quedan bajo su supervisión. Como lo expresó un consejero, "creo con firmeza que la mayoría de los socios no están concentrados en los asuntos pro bono, así que tiene que ser otro el que esté atento a los problemas". Ese consejero sintió que la falta de participación de los socios "le causaba muchos dolores de cabeza. Conseguir una mayor participación de los socios es fundamental". La supervisión se debilita no solo porque los socios estén "muy ocupados", sino también porque los asociados pueden estar demasiado "intimidados" para pedir ayuda. La experiencia de los socios también puede ser un problema. Aunque una consejera señaló que "cada asunto tiene un socio supervisor", reconoció que en "en algunas áreas el asociado sabe más que el socio".

Los despachos toman diferentes medidas para ocuparse de la cuestión de la supervisión. Un despacho tenía un programa nuevo en el que los socios sénior [son asignados] como padrinos de los abogados asociados experimentados. Esos padrinos pueden proporcionar una guía general sobre asuntos pro bono. Eso les da a los socios un sentimiento de apropiación del pro bono, aunque tengan tiempo limitado.

Lo más normal es que el consejero pro bono tenga una función de control suplementaria. Como explicó un consejero:

En última instancia, en teoría, el socio firmante de cada asunto debería ser responsable. En la práctica, eso no pasa siempre, así que yo soy el que supervisa. No tengo un programa de supervisión formal, sino que hago seguimiento cuando tengo que hacerlo, porque sé lo que está pasando.

Otro consejero describió cómo el despacho enviaba una solicitud anual para que todos los socios supervisores de casos pro bono remitieran un informe de actualización; nos dijo que "Cuando la respuesta es '¿Ese caso es mío?', entonces es cuando intervienes". Para evitar que los casos se descuiden, otros despachos requieren tres aprobaciones para abrir casos pro bono: la primera, del socio supervisor, la segunda, del jefe del grupo de práctica del asociado, y la tercera, del consejero pro bono. Eso mejora la supervisión, pero también cumple otros fines. Como explicó un consejero:

Le hago seguimiento a todo lo que pasa en las diferentes oficinas. Lo hago porque yo también tengo prioridades propias. Me gusta asegurarme de que el pro bono está extendido, que se corresponde con los intereses de los abogados y con el deseo de desarrollo de competencias prácticas.

Los consejeros pro bono también describieron varias actividades independientes de seguimiento, como reuniones regulares con abogados pro bono y revisión de presupuestos para casos pro bono, de horas empleadas y del progreso. La revisión de las quejas de los clientes y la gestión de las expectativas del cliente, y del abogado, son también parte del trabajo:

Si pienso que hay un problema de calidad, intervengo [...]. A veces los clientes tienen expectativas poco realistas de qué puede conseguirse o en cuánto tiempo puede hacerse... Algunos abogados también pueden ser poco realistas. Piensan: "Sin tengo un cliente individual, ¿cuán complicado puede ser?". La verdad, muy complicado.

Otro declaró:

De vez en cuando he tenido que oír quejas sobre la falta de seguimiento. Un abogado de una organización de remisión o un cliente llaman y dicen: "No puedo conseguir que el abogado me devuelva la llamada para decirme cómo va el caso".

Un consejero estaba atento a los posibles problemas y coordinaba con el Comité de Garantía de Calidad del despacho en cuanto detectaba uno:

Cuando las cosas no van como tienen que ir, [en gran medida es porque] el caso ha entrado en un área en la que el abogado no sabe qué hacer, bien desde el punto de vista sustantivo, bien con respecto a la gestión del cliente, como cuando el cliente está usando más recursos de los que el caso merece. Muchos [clientes] tienen problemas de salud mental o emocional. Para esos tenemos el Comité de

Garantía de Calidad, al que le preguntamos cuál es la mejor forma de proceder desde el punto de vista ético.

Reasignar los casos cuando los abogados abandonan el despacho es otra cuestión importante de control de calidad. Un consejero subrayó el problema de "gestión integral del riesgo" que planteaban las transiciones:

Con el pro bono, aunque tengamos un socio que supervisa cada asunto [...] los asociados tienen una mayor intervención [...] y la supervisión es mucho más ligera. Estoy en la lista de personas a las que les envían un aviso cuando un abogado deja el despacho. Genero una lista de asuntos pro bono asignados a ese abogado y envío una nota sobre cada asunto al supervisor para asegurarme de que quede cubierto. Para los contratos de terminación del vínculo laboral, consta por escrito que el abogado deberá proporcionarme una lista de asuntos pro bono a su cargo y un plan de transición [...]. Si los socios abandonan el despacho, hay un problema parecido, porque el asociado sigue llevando el caso, pero sin supervisión.

Como el comentario sugiere, supervisar los registros de horas es otra forma acertada de supervisar la representación pro bono que tienen los consejeros. En nuestra encuesta, más o menos el cincuenta por ciento de despachos (n = 9) supervisaban los casos pro bono mediante su sistema general de seguimiento de casos. Esos sistemas permiten al socio y al consejero pro bono determinar cuántas horas están asignándoles los abogados a los casos pro bono, e intervienen si piensan que hay una distorsión: muy poca actividad o excesiva, teniendo en cuenta el estatus del caso. En un despacho,

[el] abogado que abre el caso tiene que hacer una estimación del número de horas que tomará el proyecto. Todos los meses se envían facturas previas al abogado supervisor para que revise el trabajo que se hace en un caso concreto [...]. Algunos de los líderes de la práctica del despacho, en especial en el área de los procesos judiciales, supervisan de forma independiente las horas gastadas en los casos.

Varios consejeros informaron de esa clase de supervisión:

Miro el número de horas trabajadas colectivamente [y también] los informes detallados de cada abogado, organizados por grupo de práctica. Si veo algo fuera de madre, entonces investigo, aunque eso casi nunca pasa.

Ser capaz de ver si hay "algo notorio que pudiera ser un problema", como "un abogado que invierte una gigantesca cantidad de tiempo" en un caso, le permitía a un consejero pro bono de un despacho "sentir que tenía el control".

Mientras que otros consejeros de los grandes despachos pro bono cuestionaron su capacidad de seguir todo lo que pasa, los despachos más pequeños parecían tenerlo más fácil. Un consejero pro bono de un despacho con menos de cien abogados encontró que era

posible para nosotros supervisar informalmente la efectividad de costos y la calidad. Todos los meses me dan dos informes: uno sobre la actividad pro bono del abogado y otro por asunto. Luego recibo un tercer informe que compara el pro bono con las horas totales facturables del despacho. Puedo ver qué casos han estado generando montones de horas pro bono y compararlos con lo que yo entiendo que está ocurriendo [...]. Ayuda el hecho de que yo sea tanto un supervisor pro bono [de los casos] como supervisor administrativo [de la actividad pro bono]. Soy parte del equipo.

Para mejorar la supervisión, algunos despachos recurrieron a la tecnología adicional. Cerca de un quinto de los encuestados (n = 10) informó tener alguna clase de sistema de seguimiento, como el Gestor Pro Bono, diseñado específicamente para supervisar los casos pro bono. Un sistema como ese les permitía intervenir si había alguna señal de alarma. Un consejero describió un sistema

> que nos permite hacerle seguimiento al personal, al origen, al historial y a las actualizaciones pasadas del estado de cada asunto, y hacer búsquedas de diversas formas, incluido el grupo fuente y el tipo de caso. Está ahora ligado a un sistema computarizado de actualización de estado, que se usa tres veces al año para que el coordinador general pro bono —yo— revise la actualización del estado de todos los casos pro bono en cada una de las oficinas del despacho.

Esos sistemas parecen ser útiles sobre todo por dos razones. En primer lugar, el sistema de seguimiento puede realizar búsquedas complejas para determinar, por ejemplo, "cuántos asuntos que están activos no han tenido horas facturadas en los últimos seis meses. Eso es una señal de alarma". Con ese informe en la mano, en lugar de intentar tener presentes "cinco mil asuntos en la cabeza", el consejero pro bono puede usar las actualizaciones para "intentar especificar [los casos] que justo no tengo muy presentes". Además, los sistemas de seguimiento les permiten a los consejeros programar solicitudes automáticas de actualización dirigidas a los abogados que trabajan en los casos pro bono. Esas solicitudes pueden hacerse tan específicas como sea necesario. Un despacho conectó el Gestor Pro Bono con una encuesta que hacía una serie de preguntas detalladas sobre los casos, incluyendo qué acciones habían tomado los abogados en los últimos tiempos, si es que habían hecho algo, y si había nuevas partes involucradas en el caso. Además de proporcionar una guía sustantiva, esta encuesta servía a una finalidad indicadora importante: transmitía la sensación del que "el Gran Hermano está vigilando... [Los abogados saben que los] controlaremos y los obligaremos a responder a las solicitudes de actualización de estado". El sistema también ayuda a detectar problemas de conflicto de interés si hay nuevos participantes en el caso y proporcionan a toda la oficina información sobre los proyectos innovadores, haciendo así que se compartan con más abogados.

Otro mecanismo de supervisión tenía una finalidad parecida. Unos pocos despachos (n = 4) indicaron que llevaban a cabo evaluaciones anuales de los programas pro bono que trataban la calidad de la representación legal, aunque no especificaron cómo se hacían esas evaluaciones. Dos despachos informaron que imponían una supervisión más estrecha cuando los abogados excedían un límite de horas en el trabajo pro bono. Uno

> requería que todos los asociados que hubieran facturado más de 125 horas en un caso se reunieran con un socio y un administrador pro bono para revisar el estado del caso, las oportunidades de formación suministradas, las preocupaciones sobre personal, etc.

En el otro despacho se consideraba:

> Si un abogado excede las sesenta horas pro bono, tiene que obtener la aprobación de su supervisor, el director

del Comité de Servicios Pro bono y Comunitarios local y la mía antes de continuar, como forma de garantizar que el abogado esté realizando una asesoría eficiente y efectiva a nuestros clientes pro bono.

Aunque el consejero pro bono expresó esas preocupaciones como un problema de supervisión de la calidad, parece probable que la repercusión sobre las horas facturables o las preocupaciones sobre el número total de horas también estaban controlándose.

Algunos despachos destacaron la importancia de las organizaciones jurídicas sin ánimo de lucro para garantizar una representación legal de calidad. El papel de las organizaciones sin ánimo de lucro se ha concentrado en garantizar que los clientes sean elegibles por ingresos y que sus causas tengan mérito. Un consejero explicó: "Confiamos en que las organizaciones seleccionen los problemas jurídicos para nosotros de forma que no nos involucremos en un caso que no tiene mérito alguno". Según otro consejero, compartir la responsabilidad de la selección de casos con la organización sin ánimo de lucro "me ayuda a tener un buen sentido del control de calidad [...]. No sé qué más podría hacer en cuanto a la calidad de la supervisión". En especial, nadie planteó la posibilidad de que el personal de la organización sin ánimo de lucro pudiera carecer de información adecuada sobre el desempeño del abogado, en especial cuando, más que actuar como coasesoras, son esas organizaciones las que remiten los casos. Al menos, un consejero pensaba que destacar el papel de selección de la organización sin ánimo de lucro a menudo implicaba renunciar a la responsabilidad de los abogados del despacho, que solo querían clientes que apreciaran su trabajo y tuvieran un trato personal fácil:

Los abogados del despacho tienden a culpar a la gente antes que mirarse a sí mismos y preguntarse qué han hecho ellos. En última instancia, [la organización sin ánimo de lucro] no puede descartar a los clientes de difícil trato. Algunos abogados de los despachos protestan por esa clase de clientes.

Otro usa las quejas de los abogados sobre los clientes como una oportunidad para educar a los abogados sobre cómo solucionar en general los problemas de relaciones con los clientes. "Los [abogados] jóvenes dicen: 'Creo que el cliente miente'. Les digo: 'No, siéntate y cuéntame qué pasó; esto es lo que necesitas preguntar... Vuelve luego y habla conmigo'".

Cabe destacar que en esas discusiones sobre la gestión de los clientes es conspicua la ausencia de referencias a la competencia cultural de los abogados. Tampoco se dice nada sobre el tema en las descripciones de los programas de formación pro bono. Puede ser que algunas de las "dificultades" que los abogados atribuyen al cliente sean también un reflejo de sus propias dificultades para superar las diferencias de raza, clase, etnicidad y género.

Satisfacción de los abogados

Los despachos suelen reportar solo esfuerzos modestos por evaluar la satisfacción del abogado con sus experiencias pro bono. Cerca de un cuarto declaró que su información era en gran medida anecdótica, recibida en discusiones informales. Un consejero dijo:

> Me avergüenza decir que no hemos pensado en... si la gente es feliz [con el pro bono]... Creo que el hecho de que las personas vuelvan y asuman casos [es un indicador de su satisfacción], y aunque no todo caso es espectacular, tengo la sensación de que todos se esfuerzan en sus casos y

sus clientes. La gente dice: "Era cínico con respecto al pro bono, y en verdad no quería hacerlo, pero, ¡oh, Dios mío!, reconozco que fue una experiencia estupenda".

En otro despacho, un canal informal para evaluar la satisfacción de los abogados eran las "conferencias telefónicas mensuales con [los directores de] cada oficina en Norteamérica", aunque el consejero reconoció que no era una fuente "fiable" de información sistemática. Como es obvio, los consejeros pro bono oyen muchas veces las quejas sobre la insatisfacción directamente de los asociados. Según uno de ellos, la queja más frecuente estaba relacionada con "la falta de responsabilidad" de la organización sin ánimo de lucro:

De lejos, el mayor nivel de quejas está relacionado con "No me están dando el apoyo que necesito. El personal no me devuelve las llamadas. No pueden responder lo que pregunto". Cuando pasa eso, llamo yo... a la [organización de] asistencia jurídica para que su abogado se preocupe de contactar al nuestro.

Cerca de un cuarto de los encuestados (n = 15) informó que realizaban encuestas sobre satisfacción de los abogados. Estaban pensadas para medir la satisfacción con las experiencias pro bono y para identificar intereses sustantivos que ayudaran a los consejeros a emparejar a los abogados con las futuras oportunidades pro bono. Las encuestas ayudaron también a los despachos a evaluar las relaciones con las organizaciones asociadas sin ánimo de lucro. Un consejero indicó que las encuestas proporcionaban a veces una "visión objetiva de las organizaciones asociadas [sin ánimo de lucro]" que servía para compararlas con sus propias impresiones:

244

A veces me sorprenden las opiniones que me dan los abogados dedicados a la asistencia jurídica gratuita. A veces pienso que los abogados de la organización sin ánimo de lucro son buenos y, en cambio, la opinión que me llega de ellos es negativa.

Otro reportó que, en una encuesta, un

abogado puede decir que ha tenido una mala experiencia con la organización x sin ánimo de lucro, [debido a que el caso trataba de] un solicitante de asilo que había sido condenado por cometer un delito. Así que [ahora sé que] a esa persona le gustan los casos de inmigración, pero quiere trabajar con clientes dignos de su esfuerzo.

Además, algunos consejeros pro bono encontraron que las encuestas eran útiles para identificar las preferencias sustantivas de los abogados. Como lo expresó uno de ellos, "Sin una encuesta, puedo seleccionar a la gente, pero [la encuesta] es un documento claro que [indica cuáles son los abogados del despacho que] tienen interés [en esos casos]". Las encuestas ayudan a que haya correspondencia con los "conjuntos de competencias". Un consejero usó la información de las encuestas para compilar una "base de datos sobre la clase de trabajo que les gusta hacer a los abogados, de forma que podamos continuar [atendiendo sus necesidades]". Esta información los llevaba a buscar casos en "áreas en las que no hubiéramos pensado [...]. Trabajar con los supervivientes del Holocausto es un buen ejemplo". Otro descubrió abogados interesados en derechos de los animales y en argumentos jurídicos ante los tribunales de apelación: "Así que me he esforzado por desarrollar esas oportunidades".

Las encuestas son de especial utilidad para tantear los intereses de los nuevos asociados. Con ese fin, un despacho distribuía una lista de veintidós categorías de casos posibles, junto con la oportunidad de sugerir otras áreas y proporcionar comentarios adicionales. Muchos consejeros usaron también cuestionarios para las pasantías de verano de los estudiantes de derecho o para los abogados en las nuevas oficinas del despacho que podían tener "diferentes tradiciones" o preferencias con respecto a la participación pro bono. En algunos casos, la encuesta fue menos útil para asignar casos que ayudaran "a convencer a las directivas de que [el trabajo pro bono] es importante para las personas del despacho".

Sin embargo, otro consejero opinaba que esas encuestas no sustituían el conocimiento adquirido en las relaciones cara a cara con los abogados del despacho:

- Solía realizar una encuesta pro bono entre los nuevos abogados, pero ya no lo hago [...]. Al final no era valiosa, porque solo identificaba a los abogados [interesados en principio en el pro bono]. Si necesito saber si alguien está interesado en un área, voy y hablo con ellos; si tienen tiempo disponible, me llaman y hablamos [de las oportunidades pro bono].
- Hacemos encuestas de vez en cuando, por no insistimos. La forma principal de asignar casos es mediante el correo electrónico, el contestador de voz o el pasillo. La encuesta tiene limitaciones; por ejemplo, alguien puede no haber mostrado interés en abstracto, pero mediante el correo electrónico tal vez muestre estar interesado en cierta situación.
- Comenzamos usando un cuestionario [pero había una] baja tasa de respuestas [...] [Así que] no ha funcionado todavía. [En lugar de eso] [i]ntento estar en contacto con los abogados. Tenemos almuerzos cada semana. Procuro no faltar a esos almuerzos. Quiero conocer en persona a todos los abogados que trabajan aquí.

Otros esfuerzos menos comunes para determinar la satisfacción de los abogados incluyen solicitar la opinión de los abogados durante las evaluaciones de desempeño, las entrevistas cuando se van y los informes sobre estado de los casos. Una consejera pro bono describió cómo buscaba las opiniones del comité de asociados de todo el despacho, a los que les preguntaba:

> "¿[Qué] podemos hacer mejor y qué tenemos que hacer de otra forma?". Eso ha permitido identificar problemas de congruencia, por ejemplo, sobre cómo se abren casos [...]. A veces oímos que un socio desanima a los asociados a hacer trabajo pro bono. Esa clase de opiniones es útil.

Otro despacho obtenía información de evaluaciones en línea sobre "los programas CLE desarrollados por el Comité Pro Bono", y también mediante evaluaciones anuales del director pro bono, para lo cual "el Comité Pro Bono solicita opiniones de una muestra de abogados".

Satisfacción de los interesados

En lugar de usar números, un consejero sugirió varias formas alternativas de medir la repercusión del pro bono. Algunos subrayaron los criterios mínimos de desempeño interno, como cuánto promovía el trabajo pro bono el "desarrollo de competencias" o producía "beneficios económicos tangibles" para el despacho. En cuanto a la repercusión externa, los encuestados subrayaban los resultados, pero estaban divididos o eran ambivalentes sobre lo que significaban. Como lo expresó un consejero, "salvar del desalojo a un cliente de bajos ingresos es un buen resultado y se mide con facilidad; aconsejar a un cliente de un consultorio que no podrá conseguir que le devuelvan sus hijos y que estos seguirán en el hogar de acogida puede o no ser un buen resultado, dependiendo del estándar del cliente". Otros encuestados sugirieron estrategias alternativas para medir y mejorar la repercusión del trabajo pro bono. Un consejero opinó que se promovería más el interés público si los recursos pro bono no se usaran para litigar ante los tribunales. Según su parecer, el trabajo pro bono en asuntos comerciales tenía el potencial de afectar a

> cientos de miles de personas, frente a las pocas personas a las que se ayuda en asuntos judiciales... En microfinanzas, algunos de los clientes para los que creamos fondos de capital riesgo están generando millones para toda la economía, emplean a otras personas, [y] terminan siendo prestamistas... Sientes que se ha hecho algo y no tienes que lidiar con la ineficiencia del sistema procesal contradictorio y lo desagradable del proceso judicial.

En cambio, algunos consejeros creían que los intentos del despacho de medir la efectividad de los programas pro bono eran fútiles o contraproducentes. Como lo expresó uno de ellos:

> La proliferación de evaluaciones nos ha distraído del trabajo real... [Enfoques más] útiles aumentarían la presión de los clientes, los jueces y las empresas para hacer pro bono en el lado en el que está cada uno, en la empresa o el imperativo público, según el caso.

Otro sentía que el conocimiento especializado externo era necesario. "¡Los abogados son bobos! Necesitamos expertos en política pública, en sociología. No sabemos cómo hacer eso". No obstante, creía que el consejero pro bono podía contribuir al proceso de desarrollo de las herramientas de evaluación: una "lluvia de ideas" del consejero con otros expertos puede "terminar en algo positivo".

Los programas pro bono de los despachos de abogados responden no solo a las preocupaciones económicas internas relativas al desarrollo de competencias de los abogados y a la contratación de abogados, sino también a las fuerzas económicas externas relativas al mercado de servicios para los abogados. En la reciente crisis económica, muchos grandes despachos recurrieron a las colocaciones de interés público como una estación temporal para abogados asociados nuevos o sin suficiente carga de trabajo en ese momento. Hasta el verano de 2009, más de cincuenta despachos de *AmLaw* 200 estaban ofreciendo subsidios de entre 50000 y 80000 dólares a los asociados por pasar un año trabajando para organizaciones sin ánimo de lucro y organismos públicos. Otros despachos proporcionaron salarios a los futuros abogados sin condicionarlos a empleos en el sector de interés público. En una muestra de despachos usada por *The American Lawyer*, entre un tercio y la mitad de los nuevos abogados contratados en 2009 habían tomado la opción de diferir el inicio del trabajo en el despacho, con un costo que podía llegar a los tres millones de dólares por despacho. En consecuencia, el consejero pro bono acabó involucrado en la ubicación de empleos apropiados para los abogados, y el APBCo ha desarrollado estándares para guiar el proceso. Nuestra encuesta proporciona la primera información sistemática disponible sobre cómo han funcionado esas iniciativas y cómo estas, y la crisis económica en general, han afectado a los programas pro bono de los despachos de abogados.

Consecuencias a corto plazo

Compromisos y prioridades organizativas

Para la mayoría de los encuestados, la recesión económica no afectó de forma significativa su trabajo. Entre aquellos en los que había tenido algún efecto (n = 21), el principal cambio fue que estaban gastando tiempo coordinando la colocación de los nuevos abogados a los que se les había diferido el inicio de actividades en el despacho. Siete consejeros informaron que estaban muy ocupados haciéndose cargo de la demanda de casos pro bono debido a una reducción de asuntos facturables; tres señalaron la carga adicional que suponía transferir a otros abogados casos de abogados que habían perdido su trabajo debido a la recesión. Otros tres señalaron que estaban prestando una atención adicional a la generación de oportunidades pro bono que proporcionaran formación a los asociados.

Sin embargo, en general la recesión no pareció haber afectado el apoyo que las facultades de derecho prestan a los programas pro bono. La mayoría de los consejeros pro bono informaron que no había habido consecuencias para sus programas. Sin embargo, cinco despachos reportaron que un cambio revelador fue la mayor reticencia a asumir casos grandes y costosos. Como señaló un consejero: "Es menos probable que llevemos un proceso grande que requiera un gran número de abogados y gastos significativos". Otro consejero reconoció en ese mismo sentido: "Podemos no estar tan dispuestos a ser los principales proveedores de fondos cuando somos coasesores de otro prestador de servicios legales". Además, un consejero mencionó varias formas de "apretarse el cinturón", que incluían "recortar en cosas como camisetas y premios, tomar café en lugar de almorzar con los clientes, seleccionar con extremo cuidado los casos de acciones de clase y otros muy costosos". El personal de pro bono permaneció en general estable, aunque cinco despachos informaron algunos cambios.

Colocación pro bono de nuevos abogados cuya entrada se difiere y de abogados a los que se les da una licencia laboral

Diecisiete despachos respondieron que tenían programas de colocación en organizaciones de interés público para nuevos abogados cuya entrada en el despacho era diferida y para abogados sin suficiente trabajo en el despacho, aunque pocos proporcionaron detalles sobre su implementación. Los únicos despachos que tenían cifras disponibles informaron de un total de entre 26 y 65 asociados. El principal motivo para esas colocaciones era económico: cada asociado que asignaban a una organización pro bono le ahorraba al despacho entre 60000 y 100000 dólares, puesto que el salario y el apoyo que requerían esos abogados de haberse quedado en el despacho excedía el beneficio que hubieran generado con las tasas de honorarios facturadas por ellos en ese momento. Además, diferir la entrada de los abogados les daba a los despachos una forma de reaprovisionar sus rangos de abogados asociados con costos de transacción mínimos una vez que pasara lo peor de la recesión.

La formación fue otra razón importante para las colocaciones. Como uno de los consejeros encuestados señaló, proporcionar colocaciones pro bono les permitía a los abogados "continuar formando su conjunto de competencias" y a la vez cubrir necesidades legales urgentes de grupos vulnerables. Un consejero lo resumió de esta forma:

> El despacho está encantado de contribuir al bienestar público mediante los abogados participantes en el programa

de colocación temporal. El programa proporciona también una forma de desarrollar las competencias de los abogados y gestionar los recursos del despacho.

Un objetivo relacionado era encontrar colocaciones que ayudaran luego, a su regreso, a ubicar a los asociados en el despacho. Para los abogados litigantes, el consejero pro bono buscaba oportunidades en las que pasaran

tiempo en los tribunales. Para los abogados dedicados a las transacciones comerciales, buscamos grandes organizaciones sin ánimo de lucro con complejos departamentos jurídicos. Nuestro despacho está esperando resultados finales de todo eso. Si no, ¿cuál sería el beneficio? Queremos que los que vengan luego ya sean abogados.

Los programas variaban en el nivel de formalidad y el grado de apoyo ofrecido para identificar las colocaciones. En un extremo estaban los seis despachos que buscaban con empeño oportunidades de colocación. En esos despachos, el consejero contactaba a organizaciones de interés público, revisaba los empleos disponibles para determinar su potencial de formación y asistía a los asociados para enviar sus solicitudes y seleccionar organizaciones que encajaran en sus intereses. Un despacho identificó colocaciones entre las cuales podían escoger los asociados; los otros, en general, compilaban una lista, pero permitían a los asociados proponer alternativas. Ese trabajo absorbía a menudo una considerable cantidad de recursos de los programas. Como informó uno de los consejeros:

Hemos dedicado una cantidad enorme de tiempo administrativo a encontrar colocaciones de prácticas para nuestros 65 nuevos abogados, a los que les hemos diferido la entrada.

Los encuestamos [con respecto a] sus intereses y preferencias, solicitamos unas trescientas descripciones de empleos a las organizaciones de interés público que estuvieron de acuerdo en recibir a esos abogados, creamos una red con las organizaciones para que los asociados pudieran revisar esas descripciones de empleo y proporcionamos consejería individualizada para cada uno de los abogados.

Otros seis despachos fueron menos activos. Por ejemplo, en un despacho se les permitió a los abogados "decidir por sí mismos a dónde querían ir y [también] contactar a los grupos de interés público sobre posibles colocaciones para ellos". Aunque el "despacho solicitó manifestaciones de interés a los grupos de interés público y las subió a la red interna del despacho", no "hizo juicios de valor sobre las colocaciones". En ese mismo sentido, otro despacho declaró que estaba proporcionando opciones a los abogados "a partir de sus intereses". Otro más estaba "facilitando vínculos de internet a los sitios de colocación pro bono". En conjunto, cuatro despachos exigían aprobar las colocaciones antes de que los asociados comenzaran a trabajar. Otro permitía a los nuevos abogados cuya entrada hubiera sido diferida solicitar uno de los programas de práctica ya existentes en el área de interés público, que hubiera sido aprobado por el despacho, y otros crearon nuevos programas de prácticas de forma específica para los nuevos asociados, que seleccionaban su propio empleo tras consultar con los abogados del despacho.

El que los nuevos abogados asociados fueran tratados como empleados del despacho cuando estaban trabajando en otro lado variaba también y tenía consecuencias significativas para las obligaciones tributarias y los conflictos de interés del despacho, y la posibilidad de que el trabajo contara o no como actividad pro bono para esos asociados. Aunque APBCo ha desarrollado un documento que subraya las principales cuestiones laborales, muchos consejeros sentían que carecían de modelos listos para su aplicación y, como lo expresó uno de ellos, estaban "creando una especie de mentira". Cuando les pregunté sobre la situación laboral de los abogados colocados en otras organizaciones, seis de los despachos dijeron que trataban a esos abogados como empleados del despacho, dos despachos los trataban como empleados de la organización en la que estaban colocados, y uno los clasificaba como voluntarios. Otros cuatro no habían decidido nada. En cuanto a las horas pro bono, dos despachos aspiraban a contar todas las horas de los abogados colocados fuera del despacho como parte del servicio pro bono del despacho (uno de esos despachos consideraba a los abogados colocados fuera como empleados suyos, mientras el otro los consideraba empleados de la organización en la que estaban colocados). Siete despachos estaban pensando no contar como pro bono las horas de los abogados colocados fuera, dos todavía no habían adoptado una posición al respecto y tres contarían las horas usadas en actividades de abogacía, pero no las usadas en actividades administrativas o de formación. Nueve despachos no estaban pensando estudiar posibles conflictos de interés de los abogados colocados fuera usando la teoría de que "no eran empleados", una posición adoptada "en gran medida para evitar conflictos de interés". Como es natural, y un consejero así lo reconoció, cuando los abogados regresaban a trabajar al despacho, "efectuaban la comprobación normal sobre conflictos [de interés]". Cuando los abogados colocados fuera eran tratados como empleados del despacho, los consejeros indicaron que considerarían los casos pro bono como cualquier otro asunto a efectos de conflictos de interés. Dos despachos también reportaron estar realizando un control general de conflictos de interés cuando evaluaban las organizaciones de colocación.

Las condiciones de colocación también variaban. Varios despachos indicaron que las colocaciones tenían una vigencia de un año, tres establecieron periodos más cortos, dos dejaron la determinación al abogado y a la organización en la que iba a trabajar, y otra indicó que el periodo de tiempo era determinado por el despacho "caso por caso". En los despachos que cuentan con programas de un año y que informaron sobre los salarios pagados a los abogados colocados fuera (n = 6), el salario anual promedio fue de 62500 dólares. De los dos despachos cuyos abogados colocados fuera lo estaban por menos de un año, uno informó que pagaba 15000 dólares por un periodo "breve" de colocación, y el otro, 7000 dólares al mes.

A pesar de esos generosos salarios, surgirían fricciones si las organizaciones de interés público sentían presión por aceptar asociados cuya formación, supervisión y gastos administrativos excedieran lo que los grupos podían asumir en la práctica. Esas preocupaciones comenzaron a manifestarse en público en algunos relatos de prensa sobre los "pro y contras" de los programas de colocación temporal. El consejero pro bono de O'Melveny & Myers señaló:

> Hay un montón de costos fijos en dólares asociados con los abogados "gratis": seguro por negligencia profesional, seguro de salud, computadores, espacio de oficina, personal de apoyo. En una época en la que las organizaciones de asistencia jurídica tienen grandes retos desde el punto de vista financiero, es difícil conseguir de 5000 a 10000 dólares para financiar un abogado "gratis".

Algunos despachos de nuestra propia encuesta mostraban preocupación por esos costos, pero la repercusión general de esa preocupación seguía siendo poco clara. Los despachos por lo general cedían sus responsabilidades de formación a las organizaciones receptoras de los abogados (puesto que la formación de los asociados era una de las principales razones de esas colocaciones), aunque uno invitó a los abogados en préstamo a "participar en todos los programas CLE ofrecidos por el despacho", mientras que otro mencionó la posibilidad de que una organización del colegio de abogados local ayudara con la formación. Ocho de los despachos encuestados informaron que pagaban al menos un porcentaje de los costos de salud. Unos pocos despachos cubrían gastos diversos, como el seguro de responsabilidad profesional, tasas del colegio de abogados, costos de reubicación y préstamos a estudiantes. Solo uno de los despachos informó que "asumía todos los costos asociados a la recolocación de los abogados".

Puede surgir una tensión adicional en las organizaciones sin ánimo de lucro que han experimentado sus propias olas de despidos. Algunos líderes del sector del interés público no pueden evitar sentir que si los despachos estuvieran motivados sobre todo por un deseo de promover el bien público, ayudarían subsidiando a los abogados de las organizaciones sin ánimo de lucro que hubo que despedir durante la recesión y no presionarían para colocar a sus propios asociados no formados. Todavía está por verse si los despachos, las asociaciones de abogados y las facultades de derecho pueden trabajar juntos para ocuparse de forma efectiva de esas frustraciones y cubrir algunos de los costos de las colocaciones temporales.

Implicaciones a largo plazo

Las implicaciones a largo plazo de la recesión económica en el trabajo pro bono están menos claras, pero nuestro estudio reveló algunos temas interesantes y, en unos pocos casos, cambios programáticos que tendrían efectos duraderos.

Aguantar el tirón

Una cuestión importante eran los efectos de la recesión en los compromisos con el servicio público. Aunque las pruebas encontradas en la encuesta no reflejaron cambios radicales en el personal pro bono y en las organizaciones, algunos consejeros sentían que era difícil mantener el nivel de participación. Mantener una participación generalizada era una preocupación:

> • [Necesitamos asegurarnos de] que la gente no se aparta de este trabajo para cumplir con sus objetivos de horas facturables. Los directivos están recordándoles una y otra vez a los abogados que se espera que hagan trabajo pro bono como parte de sus obligaciones profesionales, y el compromiso del despacho no flaquea en tiempos económicos difíciles [...]. Ahí es donde se prueba nuestra voluntad.
> • Mi principal reto es superar la idea preconcebida de que [...] no podemos permitirnos ya hacer trabajo pro bono. Mi reto es convencerlos de que podemos.
> • Creo que una vez que el polvo se asiente, veremos menos despachos que ofrezcan ilimitadas horas facturables de trabajo pro bono.

Otra preocupación conexa era cómo las políticas sobre conflictos de intereses podrían afectar la prestación de servicios a aquellos más afectados por la recesión. Sobre problemas como la ejecución de hipotecas,

> Los mayores retos incluían encontrar un mecanismo mediante el cual los despachos pudieran representar a los clientes pro bono [...] que [está] en la actualidad limitado debido a problemas sobre los conflictos de interés y garantizar que continuamos teniendo una repercusión significativa en las comunidades de bajos ingresos cuando sus necesidades jurídicas aumenten como resultado de la crisis económica.

Relajación organizativa y señales de los despachos

A consecuencia de la recesión, la mayoría de los despachos enfrentó problemas de "relajación organizativa": demasiados abogados para poco trabajo. La creación de ese "exceso de capacidad", como lo llaman muchos encuestados, produjo dos respuestas principales, que afectaron en diferentes aspectos la participación pro bono. Durante la primera ola de desaceleración económica, en 2008, muchos despachos decidieron al principio recolocar a sus abogados asociados en lugar de reducir el exceso de capacidad, un enfoque congruente con las políticas de aplazamiento de la entrada de nuevos abogados en el despacho. El objetivo era evitar los problemas de la era dot.com, en la que los despachos reaccionaron de manera exagerada y despidieron abogados, con los correspondientes costos morales y de reputación asociados, y luego se vieron sin suficientes abogados cuando el mercado se recuperó más rápido de lo que habían previsto. Para evitar repetir esos problemas, los despachos respondieron por lo general animando a los abogados sin suficiente carga de trabajo facturable a que asumieran trabajo pro bono, lo que explicó el aumento reportado de las horas pro bono en los despachos, como reflejó la clasificación de 2009 de *The American Lawyer*. En muchos sentidos, ese fue un matrimonio de conveniencia: una forma de permitir a los despachos retener abogados talentosos, promover el desarrollo de competencias y responder a las crecientes necesidades jurídicas. Ambos lados del mercado pro bono, la oferta y la demanda, crecieron, y los despachos respondieron aumentando la participación de todas las oficinas y los departamentos golpeados con especial dureza por la recesión:

- Hemos visto más trabajo [pro bono] porque ahora estamos facilitando a la gente encontrar casos que quieran llevar.
- A corto plazo, la recesión ha sido positiva en cuanto al aumento de la participación [pro bono].
- Las oportunidades se han estado presentando durante el último año o más a medida que los abogados subutilizados en los grandes despachos se han dirigido hacia el trabajo pro bono para mantenerse ocupados.
- Tenemos más abogados de empresa y más abogados disponibles para ayudar en casos de situaciones concursales y trabajo sin ánimo de lucro.

Sin embargo, a medida que la recesión se profundizó en 2009 y los despachos comenzaron a recurrir a los despidos, los consejeros reportaron que el trabajo pro bono se había visto afectado negativamente; el exceso de capacidad se acabó, los líderes del despacho se preocuparon más de los imperativos económicos y los asociados sintieron que eran más vulnerables. En algunos despachos, los asociados que se habían empeñado con la actividad pro bono para "mantenerse ocupados" el año anterior estuvieron entre los primeros despedidos. En uno de esos despachos, que informó de una reducción reciente de horas pro bono de casi un diez por ciento, "los asociados han entrado en pánico […]. Ver gente despedida que no tenía horas facturables [ha creado] la preocupación de 'estar disponible [para el trabajo facturable]'". Ese temor no parece infundado. El mismo consejero pro bono informó que en su despacho, "el último año, los diez asociados más destacados que se fueron por exceso de capacidad promediaban 280 horas de trabajo pro bono". Otro consejero describió preocupaciones parecidas: "En el nivel junior hay miedo". Los abogados asociados creen que "no pueden ser vistos haciendo pro bono" o podrían ser "el siguiente en la fila". "Estar disponible" para hacer trabajo facturable se ha convertido en una consideración importante para los abogados asociados que intentan mantener sus empleos. Muchos empezaban a tener "una desconfianza hacia los compromisos a largo plazo [con el trabajo pro bono]" y comenzaron a rechazar casos pro bono que podrían "indicar que no estaban haciendo lo suficiente en otras actividades".

En esos despachos, la consecuencia fue una profunda caída en horas pro bono. Un consejero describió una frustración común:

> Me he pegado contra un muro en mi despacho. No hay un camino fácil para asignar cosas [pro bono]. Puede ser porque la capacidad ya está usada o porque nos hemos vuelto perezosos y nos vamos a las 5:30. Algunos quieren mantener su horario disponible, quieren conservar su empleo o tal vez estén buscando otro trabajo. Eso no crea un clima favorable para la actividad pro bono.

Otros despachos que no han experimentado un declive de la actividad pro bono están anticipando qué ocurrirá en poco tiempo: una tendencia que sería congruente con patrones sociales más amplios de trabajo voluntario.

Una dificultad adicional en algunos despachos fue resultado de un desgaste adicional. Puesto que los despachos "tenían que absorber casos que eran manejados por los abogados despedidos", se volvieron más precavidos a la hora de aceptar nuevos asuntos. Algunos despachos, como sus abogados asociados, estaban intentado mantenerse "flexibles" y planear sus actividades pro bono en anticipación a una recuperación futura del trabajo facturable. Como lo expresó un consejero, "Necesitamos estar seguros de poder manejar, si la economía se recupera, todos los asuntos gratuitos de forma eficiente". La recuperación también produjo preocupaciones sobre la calidad:

> El movimiento ha aumentado tanto [...] que me vuelvo loco [...]. No estoy preocupado sobre el compromiso pro bono, sino sobre lo que entra y lo que sale. Me preocupa dejar algo por fuera [...] ser negligente.

La reducción del número de asociados contratados también supuso un reto. La preocupación de uno de los consejeros pro bono giraba en torno al hecho de que "¡No tendremos asociados el próximo otoño!". La mayor atención de su despacho a la contratación de abogados con experiencia no era útil para los objetivos del pro bono, porque los abogados provenientes de otros despachos llegaban con un "escepticismo innato" hacia el pro bono. Otro consejero señaló de forma parecida que "gran parte de nuestro trabajo pro bono ha sido resultado de nuevos proyectos de verano o de conseguir ayuda [de los abogados asociados más jóvenes] para los ya existentes". Junto con los aplazamientos, las incertidumbres sobre el tamaño de las promociones disponibles y las reducciones de los futuros programas de verano y contrataciones de primer año, ese consejero sentía que ya era difícil "intentar mantener el ritmo".

Mirando hacia el futuro, no es claro cómo el cambio de actitud de los asociados, las percepciones de inseguridad económica y el número reducido de asociados afectará la participación pro bono. Gran parte de eso depende de cómo los líderes de los despachos respondan a las ansiedades sobre los efectos del trabajo pro bono en sus carreras profesionales. En un despacho, las respuestas habían sido efectivas: "Las personas han recuperado el juicio y se han dado cuenta de que lo que decimos es en serio". Otro consejero informó que había usado "la presión sobre el pro bono proveniente de algunos sujetos" para motivar al comité pro bono a pedir una "declaración fuerte de apoyo de los socios gestores, que conseguimos". Aunque algunos consejeros pro bono eran optimistas de que "al final de todo saldrían más fuertes", otros estaban mucho menos seguros. Uno de los encuestados más pesimistas creía que "en el cambio de paradigma económico [...] los despachos reconsiderarán el papel que el pro bono debería tener en la práctica de cada uno de los abogados", haciendo que la actividad pro bono se desplace hacia los márgenes con el fin de concentrarse en la línea de negocio.

Recursos

Además de las preocupaciones generales sobre la participación pro bono, algunos consejeros expresaron preocupaciones más específicas sobre la repercusión en los recursos de los programas. Las proyecciones a corto y largo plazo eran poco claras. Como explicamos antes, algunos despachos indicaron que no había presión para recortar los costos —"nadie ha dicho que paremos de gastar dinero en el pro bono"—. Pero otros informaron sobre una "gran tendencia" a no asumir "procesos judiciales largos y costosos, como los de pena de muerte o las grandes acciones de clase sobre discriminación", debido al temor de usar demasiado tiempo y de gastos demasiado altos. Como señaló el consejero, "La actitud de que el pro bono es un gasto está siempre ahí [...]. Cuando las cosas se ponen duras y la gente se pone nerviosa, esas preocupaciones se expresan con más fuerza". Algunos despachos que habían asumido rápidamente compromisos pro bono en la primera fase de la desaceleración económica ahora estaban superados por la situación al experimentar nuevas reducciones de personal. Eso creó un desajuste entre la oferta y la demanda que hizo a los despachos muy sensibles a asumir nuevos asuntos intensivos en recursos. Aunque no sabían "cuánto duraría esa situación", reconocían que a diferencia de

hace dos años, [cuando] estábamos buscando casos pro bono de gran repercusión, ahora gastamos más tiempo gestionando lo que ya tenemos y asegurándonos de que esos clientes están siendo atendidos de manera efectiva.

Otro consejero reconoció: "No puedo pagar costos grandes. Puedo asumir cuarenta representaciones legales en casos de seguridad social, pero no puedo asumir un gran caso de pena de muerte".

Aunque algunos consejeros consideraron los recortes recientes como un correctivo necesario a corto plazo, otros sugirieron un legado más permanente de la desaceleración económica. Parte del desacuerdo giraba en torno a determinar por cuánto tiempo se eludirían los casos más costosos. Algunos manifestaron su confianza en que esa reticencia hacia los casos grandes no fuera "un problema a largo plazo". Otros sugirieron ajustes más permanentes. Un consejero predijo que "sería más difícil para los despachos respaldar procesos judiciales importantes en casos de interés público", pero sugirió que podrían "comenzar a asociarse entre sí para hacer más digeribles los costos", dividirse "los honorarios de los peritos y los costos de interrogar testigos, y trabajar con mejores organizaciones de remisión [de casos pro bono]". Otros propusieron lograr que la "ABA cambiara algo de opinión" y facilitara la recuperación de costos para los despachos.

Los efectos inciertos de los aplazamientos y las licencias

Los participantes en nuestra encuesta estaban de acuerdo en general en que las colocaciones en organizaciones dedicadas al interés público para los nuevos abogados o los asociados sin suficiente carga de trabajo eran un fenómeno a corto plazo. Pero seguían sin responderse las preguntas acerca de "cómo resultarían algunos de esos experimentos"; "¿Volverán los asociados a los que se les ha aplazado la entrada en el despacho? […] ¿Van a tener algún impacto en la cultura pro bono del despacho?".

En general, los consejeros veían beneficios en tener en el despacho abogados asociados que hubieran tenido experiencias significativas en el sector del derecho de interés público. Los consejeros vieron las colocaciones temporales como oportunidades para reforzar el compromiso con el trabajo pro bono y formar una base de interesados que lo apoyara en el despacho. El paso por el servicio público podía hacer más probable que los asociados "pensaran [en el pro bono] como parte natural de su práctica". Esos abogados

> como mínimo [pueden] ser tutores de otros abogados aquí y […] continúan haciendo, como parte de nuestro programa

pro bono, la clase de trabajo que hacían durante el año [que estuvieron colocados fuera].

El consejero estaba deseoso de aprovechar el conocimiento acumulado durante el año que estuvieron por fuera del despacho:

> Mi esperanza es que todos estos [asociados] con conocimiento especializado regresen al despacho sabiendo qué es ser un defensor [del interés público] y [...] continúen teniendo conexiones estrechas con los grupos para los que trabajaron.

Otro consejero esperaba que las colocaciones influyeran en las actitudes de los asociados con respecto no solo a la práctica pro bono, sino también, de modo más general, a la vida profesional. Al menos la experiencia podría "hacerles abandonar" la idea de que "los abogados dedicados al derecho de interés público son perezosos y no son efectivos". También reduciría el "sentimiento de superioridad" y proporcionaría a los asociados competencias que les dieran ventajas profesionales. Como lo expresó un consejero:

> Si veo a dos jóvenes regresando [al despacho], uno que ha trabajado para un organismo dedicado al interés público [y otro que no], veré con ojos más favorables al que ha hecho el trabajo de interés público. A aquellos que no lo hicieron, podríamos decirles: "¿Para qué vienes aquí? Si viniste y no había trabajo [y te fuiste], ¿qué nos has dado a nosotros y al mundo [durante ese tiempo]?".

La colocación de asociados cuya entrada es diferida podría afectar también las relaciones a largo plazo entre los grandes despachos y las organizaciones asociadas sin ánimo de lucro. Aunque la mayoría de los consejeros destacaron los beneficios positivos producto del mayor número de contactos y el conocimiento especializado, unos pocos tenían algunas reservas. Un consejero señaló que esos

> nuevos puntos de contacto entre la comunidad dedicada al interés público y la comunidad de profesionales del derecho […] podría ser un desastre.
>
> Si esos abogados [colocados temporalmente fuera del despacho] van a las organizaciones y dicen: "Tienen suerte de que trabaje para ustedes", podrían estropear las relaciones [entre el despacho y la organización] durante mucho tiempo.

En sentido contrario, "si los estudiantes de rendimiento sobresaliente regresan a los despachos [después de su colocación externa], y esos despachos perciben que su calidad ha disminuido, eso podría ser también desastroso" a la hora de apoyar el trabajo pro bono en el futuro.

Giros programáticos

Aunque en la mayoría de los despachos la reciente recesión económica pareció involucrar solo una reestructuración a corto plazo, unos pocos informaron cambios programáticos a largo plazo. Por ejemplo, un despacho impuso un límite máximo de cien horas anuales con respecto al trabajo pro bono que el abogado podía contar como parte de su trabajo facturable. Según un consejero:

> Eso enfrió la participación […]. Ahora, si hay demandas judiciales estratégicas, el despacho rota a los asociados para que no los penalicen. Algunas de las personas que están abandonando el despacho culpan de eso al trabajo pro bono.

Otro despacho reconfiguró de forma más drástica su programa para los asociados de primer y segundo año. En ese despacho, los nuevos abogados se dividen sus 1800 horas anuales por igual entre trabajo facturable, trabajo pro bono y formación, que incluye asistir a cursos sobre defensa judicial, acompañar a los socios a las reuniones y a las declaraciones de testigos, y pasar tiempo con el asesor interno de los grandes clientes. Aunque ese nuevo programa no era consecuencia directa de la recesión, las actuales condiciones económicas han reforzado su atractivo. Los clientes empresariales tienen cada vez más reticencia a pagar a asociados jóvenes para que trabajen en sus casos, porque no añaden suficiente valor.

IV. EL PRO BONO EN LA PRÁCTICA: PODER, PROFESIONALISMO Y LA POSIBILIDAD DE LA REFORMA

El crecimiento de los programas pro bono organizados plantea importantes preguntas sobre la relación en desarrollo entre el servicio público, la ética profesional y los imperativos económicos de la práctica en los grandes despachos. Un objetivo de nuestro estudio era iluminar esas cuestiones más amplias y comprender la influencia que tienen los líderes pro bono en los resultados de la actividad pro bono.

LA FUNCIÓN DEL CONSEJERO PRO BONO

La mediación entre las partes interesadas en el pro bono

Como nuestros hallazgos dejan en claro, la cantidad y la calidad de los servicios pro bono en los grandes despachos refleja los intereses competidores de los múltiples interesados: socios, abogados asociados y consejeros pro bono en los despachos, y los grupos jurídicos sin ánimo de lucro y los clientes en el exterior. Los consejeros pro bono son uno de los ejes para equilibrar las demandas de los diferentes interesados. Un consejero lo expresó de la siguiente forma: "Hay una oferta y una demanda enormes de servicios pro bono. Soy una de las personas que encauzan [la oferta y la demanda]". En los despachos, los consejeros responden a las prioridades de los directivos y las preferencias de los asociados, al mismo tiempo que difunden y promueven entre los abogados los casos y las causas que creen que servirán mejor a los intereses de la comunidad. Fuera de los despachos, los consejeros identifican y seleccionan oportunidades, promueven sus programas, evalúan las solicitudes de dinero y mano de obra de los grupos sin ánimo de lucro, y revisan los problemas en la gestión de los casos. Como en muchas negociaciones, no todos los interesados tienen el mismo poder de negociación, y los resultados reflejan una dinámica de poder compleja. En el análisis de las próximas páginas examinamos las principales consecuencias de ese proceso de "gestión" del pro bono.

Formalidad interna, informalidad externa

El enfoque general de los consejeros pro bono sobre la supervisión y la evaluación refleja una divergencia entre las operaciones internas y las interacciones externas. En los despachos de abogados, el control de calidad es relativamente formal. La gran mayoría de los despachos han estandarizado los mecanismos existentes para hacerles seguimiento a los casos y al desempeño de los abogados: estándares rigurosos de vigilancia de conflictos, evaluaciones anuales de desempeño, supervisión del socio y del consejero pro bono, y los sistemas de seguimiento de los casos. Aunque esos mecanismos a veces fracasan en la práctica, los despachos se han esforzado bastante en su desarrollo e implementación. En términos relativos, los despachos hacen bien el seguimiento de casos, el conteo de las horas pro bono y la supervisión de los gastos. Estas funciones están bastante relacionadas con los intereses del despacho a la hora de mantener estándares básicos de calidad, de minimizar las posibles responsabilidades, de tener buen desempeño en los sistemas externos de clasificación y de reducir costos.

Aunque la satisfacción de los abogados con la planificación del pro bono recibe menor atención, aun así es evaluada de forma más sistemática que la satisfacción de los clientes y de los grupos asociados sin ánimo de lucro, y otras medidas con repercusión social. Una razón es la conveniencia. El consejero pro bono puede interactuar fácilmente con los abogados del despacho y apoyarse en las estrategias ya establecidas para supervisar el desempeño y el descontento. Como se señaló antes, cerca de un cuarto de nuestros consejeros encuestados usó alguna clase de encuesta de satisfacción de los abogados para ayudar a asegurar un buen encaje entre las preferencias, el desarrollo de competencias y las oportunidades pro bono, y también para identificar toda fuente crónica de insatisfacción. La mayoría de los otros consejeros han encontrado otras formas menos formales de supervisar esas cuestiones. En efecto, los programas pro bono actúan orientando a los abogados del despacho hacia el servicio al cliente.

En contraste, el enfoque con respecto a los interesados en el pro bono que están fuera del despacho refleja más de un modelo de gestión de casos. Una forma frecuente en la que el consejero pro bono recibe información sobre las experiencias de los grupos asociados sin ánimo de lucro y los clientes es solucionando los problemas que surgen en el curso de la representación. Un consejero resumió así su responsabilidad:

Me presento como mediador. Si los clientes tienen problemas con alguien en el despacho, [les digo:] "Llámame, no dejes que se enquiste". No se trata de que delaten a los abogados. Es necesario que me lo digan para que me pueda ocupar de eso internamente.

Otra consejera creía que su función era ser un canal en los problemas crecientes cuando "podría ser difícil para un cliente o una organización abordar al abogado [directamente]". Por ejemplo, si un asociado no responde a llamadas reiteradas, el cliente puede contactar a la organización de remisión, que, a su vez, puede contactar al consejero pro bono; "Tanto al cliente como a la organización de servicios jurídicos les da una oportunidad de que un tercero medie".

Esa función de revisión de los problemas es fundamental, pero también necesariamente reactiva e insuficiente si los clientes y los grupos asociados sin ánimo de lucro son reticentes a cumplir. Ese enfoque puede revelar problemas relacionados con el estrés, pero no ofrece una imagen completa de si la representación legal es adecuada. En sentido inverso, aunque algunos despachos confiaban en las notas de agradecimiento y en los reconocimientos públicos como indicadores indirectos de un desempeño efectivo, esos índices tienden a proporcionar información ubicable en el extremo positivo de la escala de satisfacción. Sin embargo, ningún despacho tiene mecanismos formales para valorar la satisfacción de los grupos sin ánimo de lucro, y ningún despacho realiza un análisis sistemático de la efectividad de costos y repercusión social de sus esfuerzos. Los consejeros tenían sin duda preocupaciones legítimas sobre la formalización de la evaluación externa, sobre la falta de un sistema claro de medición, la falta de recursos y conocimiento especializado. Sin embargo, la discrepancia entre los enfoques internos y externos de la evaluación puede reflejar también una decisión de priorizar los intereses de los interesados más influyentes: los propios abogados.

La prioridad de las preferencias de los abogados

Las preferencias de los abogados también influyen en los programas pro bono mediante la selección de casos. Aunque los despachos reciben oportunidades potenciales de prestar servicios pro bono a partir de las necesidades de los clientes que llevan las organizaciones sin ánimo de lucro, nuestros datos provenientes de las encuestas sugieren que las consideraciones fundamentales en los asuntos seleccionados son si es probable que el caso sea atractivo para los asociados del despacho y si proporcionará o no una buena formación al abogado. Los consejeros pro bono que entrevistamos confirmaron que "intentar encontrar el caso perfecto" fue una parte sustancial de su trabajo. Hicieron esfuerzos para averiguar "en qué estaba interesada la gente y para emparejar esos intereses con lo que pasa en la realidad". Esa motivación estuvo detrás del interés en indagar sobre las preferencias que tenían los abogados asociados y los estudiantes durante las prácticas que hacían en los veranos. Como señaló un consejero, "Invertimos mucho tiempo" intentando identificar los intereses de los abogados que tenían posibilidades de ser contratados, para que pudieran "ponerse a trabajar [en las organizaciones] según entraran a trabajar [en el despacho]". El trabajo era más fácil cuando los abogados expresaban preferencias sustantivas claras, como "Estoy interesado en los derechos de los animales". Es algo mayor el reto cuando los abogados comercialistas quieren asuntos que encajen directamente en su área de conocimiento. "Me hacen preguntas como esta: 'Soy un abogado experto en

271

regulación de las comunicaciones. ¿Qué podría hacer en la FCC?'". Incluso para los abogados en prácticas de verano, la selección de los casos estaba a menudo "influida por lo que querían, y no necesariamente por lo que era más fácil asignarles".

Aunque la mayoría de los consejeros pro bono parecían aceptar la necesidad de hacer corresponder los casos con los intereses de los abogados, unos pocos expresaron su frustración. Algunos encontraban difícil hacer que los abogados se concentraran más en "responder a las necesidades de la comunidad" que a sus propias preferencias. Como señaló uno:

> Hay áreas en las que sé que hay inmensas necesidades legales [...], pero no consigo que los abogados se apunten. La cuestión de las personas sin techo es un asunto difícil de vender [...]. La gente tiene miedo de trabajar con clientes sin vivienda, mentalmente enfermos.

Para algunos de los consejeros, parte de su función era conseguir reconfigurar los intereses de los abogados, no solo ofrecer respuestas a ellos:

> Los consejeros pro bono deberían seguir siendo abogados dedicados al interés público: concentrados en la justicia social, no solo en los recursos financieros o la calidad de vida de su despacho. Tienen que tener un espíritu de misión social, más que mirar por el objetivo del despacho.

Desde esa perspectiva, privilegiar las preferencias de los abogados a la hora de desarrollar el conjunto de casos atendidos invierte las prioridades.

> [La] relación entre los asuntos de interés público y la profesión de la abogacía privada no puede ser pretender que

nos digan: "¡Estamos tan agradecidos!". Debería ser de colaboración: el liderazgo lo deberían tener los grupos de interés público [[...] y [debería ser] un honor para los despachos ser parte del equipo.

Eso no quiere decir que todo lo que hacen los despachos sea emparejar los casos con las preferencias de los abogados. Por el contrario, el consejero pro bono invierte mucho tiempo en proyectos sistémicos para abordar los vacíos de la justicia y, por consiguiente, considera cuidadosamente la forma en que los recursos jurídicos de su despacho pueden contribuir al bien público. Por ejemplo, APBCo ha instituido un programa llamado "Respuesta a la crisis" para promover las mejores prácticas entre los despachos, con el objeto de apoyar los servicios jurídicos y los grupos de interés público que se ocupan de clientes que han sufrido de modo más directo la crisis económica. Sin embargo, lo que nuestra encuesta indicaría es que en el contexto de intentar "hacer el bien", los consejeros deben prestar atención a los intereses de la base de abogados con la que trabajan

Promoción interna

Aunque los consejeros pro bono aspiraban a conseguir la justicia social, también reconocían las realidades de su posición, que a veces requerían hacer cabildeo a favor del trabajo pro bono como parte del propio interés del abogado. Un consejero pro bono describió cómo promovió la idea de que el pro bono era un "gana, gana y gana": el despacho se beneficiaba gracias a una mejor contratación, permanencia y relaciones con los clientes; los abogados se beneficiaban gracias al desarrollo profesional, y los clientes se beneficiaban porque recibían servicios gratuitos.

Sé que tengo que seguir contando [esa] historia [...]. Siempre se me han ocurrido nuevas formas de hacerlo [...]. Nomino a nuestros abogados para reconocimientos. Eso les hace sentirse bien y el despacho también queda bien [...]. No puedes ser idealista. No puedes ser un purista [...]. Intento tocar la fibra sensible de la gente. No me da vergüenza hacer eso.

Otro consejero señaló que "defender tus funciones" muchas veces tiene prioridad:

Entonces puedes decidir de forma estratégica cuándo llegar al límite y defraudar a algunos. Hoy envié un memorando al comité pro bono para que sepan lo que he estado haciendo los últimos meses. Si quieres mantener eso en la mente de la gente cuanto la están aplastando, si quieres ir más allá del límite, tienes que estar seguro de que ven lo que aportas.

Para promover la participación pro bono en el despacho, los consejeros recurrían a varias estrategias. Uno de ellos describió su estrategia de presionar a una socia sénior para hacer trabajo pro bono:

Se la conoce por ser una abogada dura. Factura 2600 horas al año [...]. Le dije que sería significativo para otras personas que ella hiciera trabajo pro bono [...]. Les envió un correo electrónico a los asociados, que decía: "Lo impensable pasó. Voy a hacer pro bono y también deberían hacerlo ustedes".

Otro consejero se acercaba directamente a los abogados que no tenían "ningún instinto" hacia el servicio público. "Les digo: 'Ustedes no quieren que los señalen como personas que no hacen lo que se supone que tienen que hacer'".

El consejero pro bono como camino profesional

Los cargos pro bono ofrecen a los abogados una nueva oportunidad de hacer trabajo de interés público pagado, recibiendo salarios propios del sector privado. ¿Quién consigue esos empleos? ¿Y por qué? En algunos casos, para los despachos son formas de retener a los abogados talentosos que no quieren dedicarse ya a la práctica comercial, al menos no a tiempo completo. En otros, a los abogados que están trabajando en el servicio público les ofrecen la oportunidad de perseguir sus objetivos desde un punto de vista más cómodo.

Para expandir nuestra comprensión de los caminos que llevan al empleo de consejeros pro bono, les preguntamos a los abogados de nuestra muestra cuál era su empleo justo antes de asumir el cargo de consejero. Aunque los números son demasiado pequeños como para permitir conclusiones generalizadas, los patrones sugieren trayectorias profesionales típicas. Para los socios pro bono, la ruta más común es "ascender" mediante los procesos normales de promoción dentro del despacho. Más de un tercio de los socios pro bono (n = 6) habían sido socios de pleno derecho dedicados a la práctica facturable. Cerca de otro tercio (n = 5) habían sido abogados asociados, bien en el mismo despacho o en otro distinto. Los coordinadores de los abogados provenían de carreras profesionales muy diversas, por lo general fuera del despacho.

Para aquellos que tenían un cargo oficial de "consejero", que es la posición más corriente (n = 26), una vía para lograr el cargo fue la promoción dentro del despacho; cerca de un tercio de nuestros encuestados (n = 8) provenían de las filas de los abogados asociados. La otra vía más común, que explicaba cerca de dos tercios de los "consejeros" encuestados (n = 17), es la contratación externa. De esos individuos, seis eran abogados contratados o directores ejecutivos en organizaciones jurídicas sin ánimo de lucro. Dos eran profesores de consultorio jurídico en facultades de derecho. Otros "consejeros" siguieron varias rutas: uno venía de la práctica privada en solitario, otro del campo internacional (aunque antes había sido asociado en ese mismo despacho) y otro había sido consejero en otro despacho.

Debido a la creación relativamente reciente de cargos pro bono, los que estaban en nuestra muestra eran en gran medida las primeras personas a las que asignaban esos cargos en los despachos, lo que nos permitió preguntarles cómo se habían creado los cargos. En algunos despachos, el impulso provino de los abogados gestores del despacho, que vieron la necesidad de tener un programa pro bono más estructurado. En esos casos, los consejeros recibían su empleo después de procesos de contratación formales. Una consejera describió su cargo como resultado de dos hechos: la presencia en su despacho de abogados que habían trabajado como defensores públicos y "querían mantenerse en contacto con los clientes pobres" y la resolución pro bono del Circuito de Washington. "Un socio con conciencia cívica le dijo al comité ejecutivo: 'Es una obligación', y el comité ejecutivo se lo tomó en serio". Proveniente de un cargo público, el despacho la contrató con el fin de gestionar a tiempo parcial el programa, debido a que el tamaño del despacho y las consideraciones económicas impedían ofrecerle una posición a tiempo completo a un abogado acostumbrado a los rangos salariales de la práctica privada.

Sin embargo, muchos consejeros describieron procesos más dinámicos, de carácter empresarial, en los que proponían a los directores del despacho crear el cargo. Los procesos variaban algo, pero por lo general involucraban a individuos con vínculos previos con el despacho, lo que les daba credibilidad como personas con capacidad de decidir. Una consejera pro bono había sido estudiante en prácticas durante los veranos y llegó al despacho sabiendo que "quería dedicarse al derecho de interés público", si bien acabó "haciendo otra cosa" porque estaba concentrada en "pagar sus préstamos". Después de comenzar a trabajar,

> me di cuenta de que no quería trabajar para clientes empresariales, sino para otras clases de clientes. En lugar de irme del despacho sin más —me encantan los abogados de este despacho—, pensé: "¿Qué pasaría si hiciera esto en cambio?".

Cuando terminó el verano, "estudió lo que estaban haciendo los grandes despachos de la Costa Este" y "elaboró una propuesta para ser consejera pro bono". El momento no pudo ser más oportuno: el despacho había perdido hacía poco a un abogado activo en el programa pro bono y estaba interesado en tener un enfoque más estructurado respecto a esa actividad. Fue la opción perfecta para ella: "Sentí que podía ayudar a más gente quedándome aquí y haciendo derecho de interés público en el despacho, que yéndome a una organización sin ánimo de lucro, porque aquí tendría más recursos...".

Otro patrón fue el de los asociados que no querían llegar a ser socios y propusieron cargos de consejero pro bono como alternativa. Una abogada que renunció al camino que la conduciría a ser socia mantuvo el contacto con su antiguo despacho, que

> comenzó a llamarme para que volviera. [El socio] dijo que podría hacer lo que quisiera. Le dije que solo quería hacer algo bueno para el mundo, así que el socio me dijo que pensara cómo hacer el bien desde allí. Hice algo de

investigación, vi que otros despachos tenían esto [el cargo de consejero], *The American Lawyer* había hecho esta encuesta y [el despacho] tenía una tradición de servicios pro bono. Vi la falta de correspondencia entre lo hecho y el compromiso, así que elaboré una descripción del empleo y quedaron convencidos.

No todos los abogados activos en la creación del puesto tenían vínculos con el despacho que les dio el empleo. Una de las consejeras hizo la transición al despacho desde un cargo de profesora de consultorio jurídico en una facultad de derecho, tras contactar con los despachos de abogados para solicitar referencias personales durante su búsqueda de empleo. Uno de los despachos contactados le dijo que estaba considerando crear un cargo pro bono y le preguntó si estaba interesada: "Les dije que quería que el cargo fuera de esta forma. Pasé cuatro meses diseñando el cargo", y al final la contrataron. Otra consejera era directora ejecutiva de una gran organización dedicada al interés público, y tenía conexiones con un socio director debido a las actividades pro bono del despacho. Cuando decidió que quería cambiar de empleo y entrar a trabajar al despacho,

les envié una propuesta que les mostraba cómo podrían ahorrarse dinero. No tenía sentido tener a un socio [manejando el programa]. Lo vieron como una forma de hacer seguimiento de una forma más sistemática, para garantizar que las cosas no dejaran de hacerse.

Ayudó el hecho de que "sabía lo que era estar del otro lado como prestador de servicios".

A la hora de ocuparse de cuestiones más generales sobre la función del consejero pro bono, algunos de los encuestados expresaron su preocupación sobre acuerdos que podrían recortar su poder interno y también socavar la legitimidad de su cargo entre la comunidad más amplia del despacho. Por ejemplo, una consejera pro bono creía que tener un estatus como "facturadora de horas" fue esencial. Sus horas tenían que contar de una forma análoga a las de los abogados que podían llegar a ser socios con el fin de garantizar su propia credibilidad. Su estatus era importante no solo en lo relativo a su influencia en el despacho, sino también porque enviaba un mensaje más general sobre la importancia del cargo en los despachos de abogados en general.

> El papel del consejero pro bono es un punto de contacto totalmente nuevo, y solo somos tan buenos como el eslabón más débil. Si alguien está actuando como si fuera una secretaria, perjudica a todos los que nos dedicamos a esto. Una persona del despacho habla con otros y dice: "Tenemos una chica que hace tal cosa". Entonces los despachos no ven ninguna razón de que [el consejero pro bono] sea un abogado que piense sobre las cuestiones de justicia social. Puede hacerse barato, no hace falta un nivel de primera clase [...]. Los despachos dirán: "Mira [...], les va mejor porque están consiguiendo reconocimiento por la vía fácil".

LA RELACIÓN FUNCIONAL DEL PRO BONO CON EL DESPACHO

Pro bono y formación

Una visión del trabajo pro bono lo describe como una expresión de la responsabilidad profesional: una manera de que los abogados particulares sirvan al público al mismo tiempo que intentan conseguir los fines de la práctica comercial. En ese sentido, el compromiso con la justicia social sirve menos como control del mercantilismo y más como un complemento de este; el trabajo pro bono ocupa una esfera diferenciada de la práctica empresarial cotidiana de los abogados. La institucionalización de los programas pro bono, sin embargo, ha difuminado la línea entre el empleo pagado y no pagado; las funciones formativas, de contratación y de incremento de la reputación del servicio pro bono están cada vez más integradas en el marco económico de los grandes despachos. En ningún otro lugar es eso más evidente que en los crecientes vínculos entre los programas de desarrollo profesional como abogado y los programas pro bono de los grandes despachos. La formalización de ese vínculo entre el pro bono y la formación variaba, pero su importancia era claramente evidente en prácticamente todos los despachos.

En el extremo más formal del espectro estaba el despacho, ya descrito, que había reconfigurado su programa para abogados contratados de primer y segundo año con el fin de exigir que el compromiso pro bono estuviera ligado al desarrollo de competencias. Para mejorar su función formativa, el programa asociado estaba siendo reestructurado como un consultorio jurídico, donde un consejero pro bono enseñara acompañado de otro abogado del despacho que había enseñado en consultorios jurídicos. Los abogados del despacho seleccionaban casos pro bono no solo por su repercusión social, sino también por su valor pedagógico para mejorar las "competencias que queríamos [en los asociados]". Los ejemplos eran casos de asilo, penales y de seguridad social. Esos casos ofrecían por lo general oportunidades para

> contactar a los clientes, entrevistar, averiguar, investigar, redactar documentos jurídicos y redactar declaraciones juradas. Esperamos que [los abogados] adquieran competencias para entrevistar, investigar y escribir, hacer averiguaciones, puede que algo de negociación, y otras competencias no

tan exigentes, como entrevistar a los clientes y desarrollar una estrategia para los casos. Eso y además ayudar a gente que lo necesita desesperadamente.

Los casos que tienen "una elevada posibilidad [...] de terminar en juicio" eran evaluados de forma especial. En respuesta a la desaceleración económica, ese mismo despacho también había concedido prácticas pro bono de un año a un pequeño número de graduados de facultades de derecho, con el fin de ayudarles a conseguir después un empleo permanente en el despacho. "Los animamos a conseguir un empleo. Si consiguen uno, se van. Entre tanto, aprenden competencias que [pueden] usar para conseguir un empleo". Otro despacho describió planes para iniciar, con el despacho de la defensoría pública local, un programa dedicado a delitos menores. La finalidad era apoyar el trabajo de defensa penal al mismo tiempo que sus abogados participaban en los juzgados en experiencias que no les demandaran "demasiado tiempo".

Otros despachos eran menos formales en sus métodos de uso de los casos pro bono como herramientas de formación. Un consejero describió este objetivo así:

Emparejamos [los casos pro bono] con tres objetivos: primero, para proporcionar la mayor cantidad posible de servicios jurídicos; en segundo lugar, [para garantizar] que los intereses de los abogados coincidan y, en tercer lugar, para satisfacer los fines de desarrollo profesional de los abogados [...]. Quiero maximizar el interés en desarrollar competencias y alinearlo con el trabajo pro bono.

La crisis económica ha llevado a varios despachos a establecer vínculos más estrechos entre el pro bono y la formación, lo que algunos consejeros consideraron como un efecto positivo a largo plazo. Las sinergias entre el pro bono y el desarrollo profesional se han fortalecido. Las presiones de los clientes empresariales para no pagar abogados de primer y segundo año pueden ayudar a hacer el pro bono más atractivo como vehículo de formación.

Un consejero predijo que el servicio pro bono "crecería para ajustarse más específicamente a las necesidades individuales de desarrollo profesional", y otros expresaron una opinión parecida sobre la importancia del pro bono para la formación profesional. Un despacho que estaba enfrentando dificultades económicas envió un mensaje a los abogados para que

> hicieran algo para desarrollar sus competencias profesionales, no solo esperar que les llegaran casos que se correspondieran con sus pasiones. En la medida en que [nuestro programa pro bono] puede proporcionar esas experiencias, es una forma de hacer progresar nuestros objetivos.

Otro despacho describió el uso de la dimensión formativa del pro bono para prevenir las críticas de los líderes de la práctica a los asociados que "se llenan" de horas pro bono:

> Puesto que el pro bono se supone que es una combinación de formación [y servicio], si alguien tiene que hacer investigación sobre la jurisdicción federal en un caso pro bono, esa es una forma legítima de aprendizaje.

El incentivo de ligar el trabajo pro bono con los objetivos de formación de los abogados fue en especial destacable en los despachos que habían eliminado para los asociados las escalas salariales fijas. En el nuevo modelo, el salario refleja la adquisición de competencias centrales que pueden conseguirse mediante los casos pro bono. El resultado, como lo describió un consejero, fue:

> Consigo que alguien diga: "Me han dicho en la evaluación de mi trabajo que antes de subir de nivel necesito hacer X cosa. ¿Tienes casos pro bono en los que pueda hacer X cosa?". Les encuentro un caso en el que puedan hacer eso.

Sin embargo, el uso del pro bono para conseguir competencias básicas tiene sus costos. En especial, si los despachos recurren a organizaciones sin ánimo de lucro con insuficiente personal para encargarse de gran parte de la carga de formación, el balance de recursos podría afectar la prestación de importantes servicios. Varios de los líderes del sector del interés público en el estudio de Rhode de 2008 manifestaron esa preocupación. Si bien estaban dispuestos a proporcionar a los voluntarios la formación necesaria en derecho sustantivo, no podían permitirse "formar a un abogado junior en cómo tomar declaraciones". Poner a los abogados en la primera línea de la prestación de servicios jurídicos sin que tengan una formación apropiada, bien en cuestiones jurídicas sustantivas, bien en "competencias culturales" que les permitan tratar con clientes de diferentes orígenes y antecedentes, puede tener consecuencias negativas para los grupos que los despachos están intentando ayudar.

Pro bono y generación de clientes para el despacho

Un objetivo menos destacado, aunque también relevante, de algunos despachos es usar la actividad pro bono para generar trabajo facturable. A pequeña escala, los despachos colaboran con clientes comerciales en programas voluntarios alineados con programas empresariales de caridad para reforzar las relaciones con esos clientes.

Un consejero describió la creación de un programa que proporcionaba testamentos gratis para los prestadores de primeros auxilios en emergencias, y dijo que lo había desarrollado en parte para fomentar las relaciones con los clientes empresariales que querían participar directamente en proyectos pro bono. "Promoví [el programa] porque es […] un buen consultorio 'en pequeño' que podemos hacer con los clientes empresariales". Otro despacho era más ambicioso: estaba promoviendo una iniciativa de pro bono en asuntos comerciales, pensada para ocuparse de "cuestiones de desarrollo, sobre todo en el tercer mundo", pero que tenía también potencial de generar ingresos. Como señaló un consejero:

> Hay una sinergia entre el trabajo pro bono y el trabajo facturable que puede combinarse mejor. Así que tenemos que expandir el alcance del pro bono y capitalizarlo […] para llegar a grupos que pueden pagar honorarios […]. Los socios reconocen que es posible ganar dinero haciendo el bien.

Sin embargo, una vez más el vínculo entre el servicio público y los objetivos pragmáticos pagaría un precio. Gran parte de la filantropía empresarial es objeto de crítica porque está centrada más en objetivos empresariales que caritativos. En la medida en que los despachos de abogados copien esa estrategia, existe el riesgo de que el interés público acabe eclipsado por las prioridades profesionales.

Pro bono y eficiencia

El potencial del pro bono de generar clientes de pago tiene también otra cara económica relativa a la reducción de costos. Que un abogado asociado comience de cero a investigar sobre cuestiones sustantivas específicas implica un gasto innecesario de tiempo y dinero si se tiene en cuenta que otros despachos tienen conocimiento especializado y pueden empezar de inmediato a trabajar en solucionar el caso. Desde el punto de vista de la eficiencia, los programas pro bono se benefician si están centrados en áreas en las que el despacho ya tiene fortalezas. Un consejero sugirió que esa clase de pensamiento representó el "pro bono 2.0":

> [un mundo en el] que los despachos no son solo consumidores pasivos de casos pro bono generados por organizaciones sin ánimo de lucro, sino que usan esa red de coordinadores para cooperar entre sí con el fin de desarrollar nuevos programas dirigidos específicamente a satisfacer las necesidades legales en las que los despachos tienen una práctica profesional.

En un intento de hacer realidad esas economías de escala, varios despachos han reorganizado sus actividades pro bono en "grupos de práctica" de manera parecida a como están organizados los grupos de práctica de trabajo facturable. La finalidad, como la describió una consejera, es "acumular conocimiento especializado y lograr economías de escala en ciertas áreas [con el fin de] prestar servicios legales de manera más eficiente y efectiva". Su despacho había creado varios grupos de práctica, en áreas como derecho de arrendamiento, violencia doméstica, defensa de la niñez, desarrollo de pequeñas empresas y beneficios públicos, cada una codirigidas por un socio y un abogado asociado.

> [La] idea es realmente gestionar el pro bono como una práctica facturable: desarrollar economías de escala, desarrollar una supervisión realmente buena llevada a cabo por de socios que tienen experiencia en temas de derecho

de la pobreza y tener al menos un socio que garantice la continuidad [de la supervisión del grupo de práctica].

En realidad, algunas áreas, como el grupo de práctica de derecho de arrendamiento, trabajaba de "forma más eficiente" que las otras, porque permitían a los abogados adquirir un profundo conocimiento especializado sustantivo y procesal. Otro consejero describió un marco parecido de grupos de práctica, que le permitía al despacho "asumir más casos a largo plazo porque no tenemos que redescubrir la rueda". Además, ese despacho buscaba también tener más eficiencia en su sistema de prestación de servicios pro bono mediante nuevos proyectos que "significaran compromisos de tiempo más limitados", algo que gustaba a los abogados. Con miras a ese fin, inició un programa de mediación en los tribunales dedicados a solucionar cuestiones de arrendamientos en las que los abogados dedicados al pro bono en asuntos comerciales fueran los conciliadores en las apelaciones. La finalidad era crear una situación en la que ganaran a la vez clientes y abogados. Los clientes conseguían resultados más rápidos y justos, y el abogado dedicado a asuntos comerciales conseguía una experiencia valiosa gracias al pro bono. Un consejero resumía así el programa:

> Estoy intentando conseguir tanta asistencia para la gente pobre como puedo. También intento que nuestros abogados hagan tanto trabajo pro bono como sea posible y conseguirles la formación y las competencias correctas. Puedo vender el programa de mediadores cuando estamos ocupados. Tomará de treinta a cuarenta horas distribuidas a lo largo de un año. Puedo vender eso mucho mejor que un caso de pena de muerte, que tomará cientos de horas. Funciona mejor con la dinámica cambiante del tiempo disponible en el despacho. Estoy siendo realista.

A pesar de esos esfuerzos, salen a la luz preocupaciones sobre la efectividad general de costos del trabajo pro bono. Un consejero fue en especial honesto:

> Creo que hay una tremenda falta de eficiencia y de diseño estratégico en lo que nosotros y los otros despachos estamos haciendo sobre el pro bono [...]. La cantidad de dinero que se gasta en mí y en mi trabajo [sin tener] un esfuerzo más coordinado —por no hablar de hacer eso entre todas las oficinas— es tremenda.

Las críticas no solo van dirigidas a los despachos:

> La forma en la que [los grupos sin ánimo de lucro] gestionan los proyectos, es decir, vendiéndote un cliente y luego pasándote el siguiente, [es como] beber de una manguera de incendios [te ahoga].

MODIFICACIÓN DE LOS INCENTIVOS

Si el objetivo predominante del trabajo pro bono, como implica su definición, es promover el bien *público*, entonces la estructura actual de los programas de los grandes despachos no siempre es adecuada para ese fin. Como muestran con claridad los hallazgos de nuestra investigación, gran parte del problema está en incentivos mal alineados. Entre las influencias más poderosas para establecer las prioridades pro bono están los sistemas de clasificación, en especial el de *The American Lawyer*, que premian a los despachos por la cantidad de trabajo pro bono y no por la calidad ni la efectividad de costos. Una dificultad relacionada son las diferencias de poder entre los involucrados. Los que gestionan los programas pro bono tienen que ser más receptivos a los líderes y abogados asociados de los despachos, cuyas prioridades involucran la formación, la reputación y el desarrollo profesional en lugar de los efectos sociales. Los incentivos son mucho más débiles para evaluar la satisfacción entre las organizaciones asociadas sin ánimo de lucro y los clientes. Muchos programas actúan suponiendo que los servicios gratuitos son en sí una contribución social valiosa, que no necesita evaluarse, salvo que alguien se queje en la práctica. Sin embargo, ese enfoque reactivo encaja mejor para la práctica comercial, en que los clientes insatisfechos pueden irse a otro despacho, y no en el entorno de las actividades caritativas en las que los beneficiarios de ayuda pueden carecer del conocimiento o del sentimiento de tener derecho a esos servicios como para expresar sus preocupaciones. La institucionalización del pro bono en los grandes despachos tiene muchas virtudes, pero todavía no ha respondido a los retos de garantizar la calidad, la efectividad de costos y su repercusión social.

Cuál sería la mejor forma de abordar esos retos, es una cuestión que merecería un análisis y una experimentación más amplios, y eso está más allá de la finalidad de este estudio. Pero concluimos con unas pocas ideas preliminares que requerirían estudios adicionales.

Una posibilidad es pensar sistemas alternativos para evaluar el servicio pro bono. Un modelo valioso es el de Equal Justice Works, un grupo sin ánimo de lucro concentrado en la promoción de carreras jurídicas dedicadas al interés público. Desde el 2005, ha publicado una *Guía de facultades de derecho* que busca llenar "un vacío en las clasificaciones comerciales de las facultades de derecho", recogiendo numerosos datos sobre cuestiones relacionadas con el servicio público. Al evitar realizar una clasificación global única y crear tablas en las que compara las diversas características de la práctica, la *Guía* intenta facilitar, a los candidatos a entrar en las facultades de derecho, tomar decisiones más informadas.

Al darles a las facultades mayores incentivos para competir en todas esas dimensiones, busca promover "una carrera hacia la cima" en los programas de interés público y pro bono. A ese respecto, la *Guía* es un contrapeso a la clasificación de las facultades de derecho que hace la revista US News & World Report, que son problemáticas en un sentido análogo a la clasificación de los despachos que hace *The American Lawyer*. Ambos sistemas asignan una puntuación única basada en ponderaciones arbitrarias de una lista parcial de características, que en general infravaloran la calidad del resultado.

Otro enfoque alternativo con respecto a las clasificaciones proviene de un grupo gestionado por estudiantes, Building a Better Legal Profession (BBLP), fundado en la Facultad de Derecho de Stanford y comprometido con "reformas de los lugares de trabajo, orientadas por el mercado, en los grandes despachos profesionales". Uno de los principales objetivos del grupo es contrarrestar la *AmLaw* 200, que convierte el desempeño económico en la principal medida de éxito. La alternativa de BBLP difunde los datos proporcionados por los despachos en cuanto a horas facturables, participación pro bono y "diversidad demográfica", con el fin de animar a los graduados a "ejercer su poder de mercado y trabajar solo en los despachos que demuestren un compromiso genuino con esas cuestiones". Con respecto a los compromisos pro bono, el enfoque del grupo está limitado por su confianza en la información comunicada por los despachos a la NALP, que se concentra en la cantidad más que en la calidad. Lo que es interesante para nuestros fines no es el contenido de la encuesta, sino la premisa subyacente: la necesidad de crear fuentes de datos adicionales, fácilmente accesibles, sobre el desempeño de los despachos de abogados con respecto a la justicia social.

¿Qué incluiría una estructura alternativa para evaluar el trabajo pro bono? Nuestros hallazgos sugieren criterios como los siguientes:

- *Mecanismos de evaluación.* ¿Qué sistemas existen para hacer seguimiento a la calidad y a los resultados de la asistencia pro bono? ¿Qué han intentado los despachos para evaluar la satisfacción de los interesados, la efectividad de costos y los efectos sociales?
- *Políticas.* ¿Cómo trata el despacho el trabajo pro bono en cuanto a las decisiones salariales y de promoción profesional? ¿Qué cantidad de trabajo gratuito cuenta como parte del requisito de horas facturables?
- *Tipos de casos.* ¿Cuál es la distribución de los casos pro bono y la proporción entre los efectos sociales y los servicios individuales? ¿Cómo selecciona el despacho los proyectos y establece las prioridades? ¿Hace esfuerzos sistemáticos por valorar las necesidades de las comunidades y consultar con los grupos de interesados?
- *Recursos y honorarios.* ¿Cuál es el compromiso financiero del despacho con el trabajo pro bono por abogado? ¿Cómo maneja el reconocimiento de honorarios para los abogados en los casos pro bono?

No subestimamos los retos de diseñar e implementar un marco de evaluación integral como ese. Esa información necesitaría estandarizarse entre los despachos para facilitar la comparación y algunos mecanismos serían necesarios para supervisar el cumplimiento. Habría que desarrollar medidas para los efectos sociales. Parece improbable que una publicación cualquiera, como *The American Lawyer*, asuma esos retos, aunque podría perfectamente estar dispuesta a ayudar en el proceso solicitando alguna información y haciendo públicos los resultados de otras encuestas. Lo mismo pasaría con algunos tribunales estatales y asociaciones de los colegios de abogados, que si bien podrían ser socios empáticos en los esfuerzos por promover los programas pro bono, enfrentarían dificultades políticas a la hora de instaurar alguna estructura obligatoria de comunicación de información y garantizar la congruencia de un estado a otro.

Un paso intermedio hacia esos fines sería partir de los esfuerzos existentes de organizaciones como APB-Co y el ABA Center on Professional Responsibility y el Pro Bono Institute, con el fin de desarrollar mejores prácticas y crear incentivos para que los despachos se comprometieran a cumplirlas. Esas organizaciones podrían asociarse con investigadores, filántropos con fines estratégicos y organizaciones de interés público para desarrollar una escala de medición de la efectividad y de los beneficios sociales de la inversión, así como para determinar diversos puntos, como los siguientes: el criterio para considerar si los programas satisfacen las necesidades que los expertos y los clientes consideran más apremiantes, cuántos individuos están ayudando al programa en relación con los gastos, cuán satisfechas están las organizaciones de remisión sin ánimo de lucro y aportar una muestra representativa de los clientes, si el trabajo implica iniciativas estratégicas de política pública o demandas judiciales, si se ha conseguido algún beneficio jurídico o político a largo plazo, si han ayudado los proyectos pro bono a elevar la comprensión pública o a empoderar a los clientes, si la asistencia ha llenado los vacíos de cobertura o ha aportado algún conocimiento especializado, cuáles son los otros usos del tiempo de los abogados, si podrían encontrar formas mejores de abordar las fuentes del problema, más que sus síntomas.

Si los líderes de la comunidad pro bono colaboraran entre sí, podrían ayudar a desarrollar estándares y a darles publicidad a los despachos que han tenido más éxito en promover la calidad y los efectos sociales. Podrían crearse reconocimientos públicos y dar financiación que apoyara la innovación. Los clientes y los estudiantes podrían unirse a los efectos colectivos que presionarían a los despachos a adoptar las mejores prácticas. Algunos organismos públicos y despachos comerciales empresariales aquí y en el extranjero ya han comenzado a considerar el historial pro bono a la hora de contratar servicios jurídicos. Si más interesados de esa clase se unieran en una campaña coordinada, que involucrara un espectro más amplio del mercado jurídico, el resultado podría cambiar significativamente las prioridades de los despachos de abogados.

Por último, habría que prestar más atención a la incorporación de los abogados pro bono a iniciativas más generales en pro de la justicia social. La caridad privada no es ningún sustituto de un sistema completo de servicios que preste servicios legales a bases sociales sin suficiente poder o representación. Los abogados de los despachos, por muy comprometidos que estén, carecen por lo general del tiempo, el conocimiento especializado y los recursos necesarios para garantizar un acceso adecuado a la justicia, y además de no están libres de conflictos de interés. Otras naciones que se apoyan menos en las contribuciones pro bono tienen un mejor desempeño a la hora de hacer que los servicios legales sean accesibles a la población mediante programas públicos, seguros de servicios legales y expertos no jurídicos. La profesión legal de nuestra nación tiene que ser más activa en la lucha por políticas que hagan de los derechos jurídicos una realidad para aquellos que más los necesitan.

V. Conclusión

Las recesiones económicas revelan muchas veces las dificultades más profundas de la prestación de los servicios profesionales, pero también abren nuevas oportunidades. La desaceleración actual no es una excepción. Aunque las consecuencias a largo plazo no están en absoluto claras, la recesión ha subrayado tanto la fragilidad como la flexibilidad de los programas pro bono de los grandes despachos. Por un lado, ha reforzado la lección ya sabida de que un sistema basado en la caridad privada es potencialmente vulnerable durante tiempos de dificultad económica. Por otro, ha mostrado que aquellos despachos que habían realizado las inversiones más profundas en los programas pro bono han podido evitar lo peor de la crisis, e incluso aprovechar la oportunidad para aumentar su participación pro bono y su apoyo a las organizaciones sin ánimo de lucro en épocas de gran necesidad. Hoy el reto es proteger las ganancias recientes, responder a las restricciones económicas y mejorar la efectividad y la responsabilidad de la representación legal a partir de las estructuras actuales.

Con ese fin, nuestro estudio ha pretendido subrayar los cambios en la forma y la función del trabajo pro bono tal y como ha sido institucionalizado y ocuparse de sus principales retos. Esa tendencia ha arrojado beneficios sustanciales al concentrar la atención y los recursos en el acceso a la justicia. El mayor número de cargos pro bono en los despachos ha producido una nueva base profesional comprometida con la promoción del servicio público. El resultado en cuanto a la participación pro bono ha sido impresionante.

Sin embargo, la integración económica del servicio pro bono en los grandes despachos ha tenido costos. La atención principal prestada a la formación, la contratación y la reputación ha configurado la selección de los casos de tal manera que se han privilegiado los intereses profesionales antes que los públicos. Sobre todo en tiempos de dificultades económicas, cuanto más vean los abogados el trabajo pro bono en términos instrumentales —para qué les vale a ellos la caridad—, con mayor facilidad lo dejarán a un lado cuando los beneficios personales parezcan menos claros.

Sin embargo, como hemos documentado, otras fuerzas están empujando en la dirección opuesta. La urgencia de las necesidades sociales y la satisfacción personal que da satisfacerlas persistirán. Para muchos abogados, desarrollar y usar sus competencias al servicio de la justicia social es uno de los aspectos más satisfactorios de la vida profesional. Esos abogados tienen ahora un apoyo cada vez más grande en sus despachos para trasladar sus aspiraciones más elevadas a la práctica cotidiana. El reto ahora es hacer realidad esas aspiraciones consiguiendo que los líderes de la comunidad pro bono participen en los esfuerzos sistemáticos por mejorar la efectividad de la asistencia. Nuestro objetivo debería ser garantizar que los abogados no solo están haciendo el bien, sino que lo van a hacer mejor.